Des mots et des phrases qui transforment

La programmation neurolinguistique appliquée à l'éducation

Isabelle David
France Lafleur
Johanne Patry

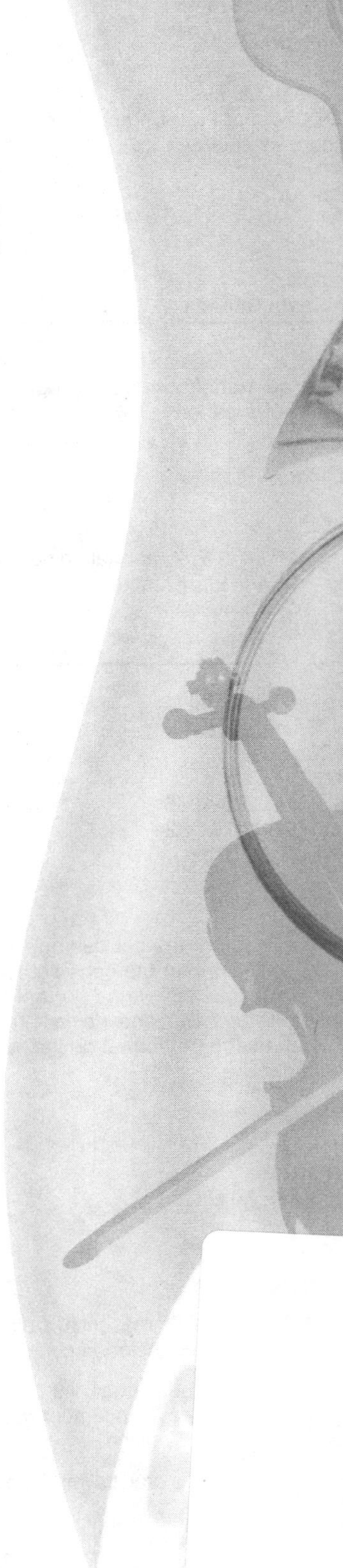

Chenelière/McGraw-Hill
MONTRÉAL · TORONTO

Des mots et des phrases qui transforment
La programmation neurolinguistique appliquée à l'éducation

Isabelle David, France Lafleur et Johanne Patry

Coordination : Josée Beauchamp
Révision linguistique : Jean-Pierre Leroux
Correction d'épreuves : Chantal Quiniou
Maquette intérieure: Josée Bégin et Fenêtre sur cour
Infographie : Fenêtre sur cour et ZaGraph
Couverture : Michel Bérard
Photographies : France Lafleur

Catalogage avant publication
de la Bibliothèque nationale du Canada

David, Isabelle, 1961-

Des mots et des phrases qui transforment : la programmation neurolinguistique appliquée à l'éducation

(Chenelière/Didactique)
Comprend des réf. bibliogr.

ISBN 2-89461-669-4

1. Communication en éducation. 2. Programmation neurolinguistique. 3. Psychopédagogie. I. Lafleur, France, 1970-. II. Patry, Johanne, 1955- . III. Titre. IV. Collection.

L.B1033.5,D38 2003 370'.1'4 C2003-940387-4

Chenelière/McGraw-Hill
7001, boul. Saint-Laurent
Montréal (Québec)
Canada H2S 3E3
Téléphone : (514) 273-1066
Télécopieur : (514) 276-0324
chene@dlcmcgrawhill.ca

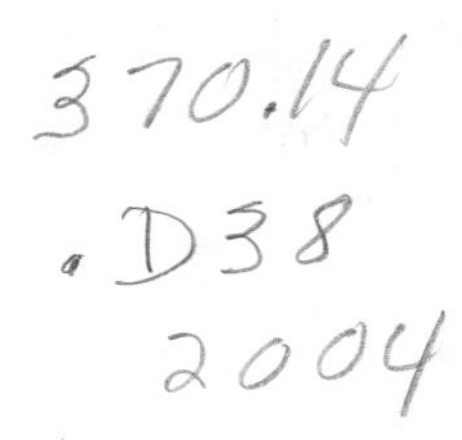

ISBN 2-89461-669-4

Dépôt légal : 1er trimestre 2004
Bibliothèque nationale du Québec
Bibliothèque nationale du Canada

Imprimé et relié au Canada

1 2 3 4 5 A 07 06 05 04 03

Dans cet ouvrage, afin d'alléger le texte, le masculin a été utilisé. La lectrice et le lecteur verront à interpréter selon le contexte.

Nous reconnaissons l'aide financière du gouvernement du Canada par l'entremise du Programme d'aide au développement de l'industrie de l'édition (PADIÉ) pour nos activités d'édition.

Gouvernement du Québec – Programme de crédit d'impôt pour l'édition de livres – Gestion SODEC.

L'Éditeur a fait tout ce qui était en son pouvoir pour retrouver les copyrights. On peut lui signaler tout renseignement menant à la correction d'erreurs ou d'omissions.

Le professeur médiocre affirme.
Le bon professeur explique.
L'excellent professeur démontre.
Le grand professeur inspire.

WILLIAM ARTHUR WARD

Table des matières

Avant-propos

Le XXIe siècle appelle des approches novatrices dans le domaine de l'éducation afin que les citoyens de nos sociétés soient de plus en plus responsables, autonomes et compétents tout en étant au service de leur communauté. Nous sommes d'avis que la qualité de l'éducation et, surtout, de la communication est à la base de telles attitudes. Or, la clarté de la communication dépend en grande partie de la perception que chacun a du monde qui l'entoure.

La programmation neurolinguistique (PNL) est une approche qui, appliquée au domaine de l'éducation, permet aux enseignants d'améliorer leurs interventions auprès des élèves en mettant l'accent sur le respect de la personne et en accordant une grande place à la rétroaction. En tant qu'éducatrices ayant tiré profit de l'utilisation des techniques de la PNL auprès d'élèves de tous les ordres d'enseignement, il nous est apparu comme essentiel de partager notre expérience.

Comme vous le verrez plus loin, la PNL est une discipline relativement jeune puisque sa naissance remonte aux années 1970. Ses fondateurs ont fait œuvre de pionniers en présentant une approche basée sur la modélisation effectuée par des experts dans les domaines de la psychologie, de la psychiatrie et de la thérapie familiale.

Les techniques de la PNL permettent de cerner le comportement verbal et non verbal de notre interlocuteur (l'élève, dans le cas présent), d'obtenir plus de renseignements à son sujet et de nous adapter à son mode de communication, afin de l'amener à modifier une attitude inadéquate ou un comportement déficient, et de l'épauler de cette manière dans la construction de ses savoirs. La métaphore, le recadrage et la modélisation sont des techniques qui permettent d'atteindre cet objectif. Elles vous seront exposées dans cet ouvrage.

Nous avons conçu *Des mots et des phrases qui transforment* de sorte qu'il ne soit pas nécessaire de lire cet ouvrage de façon linéaire. Chacun des chapitres, qui a été créé selon l'approche systémique, représente un outil en soi et peut être consulté indépendamment des autres. Néanmoins, il est utile de connaître l'ensemble des techniques présentées dans ce livre pour pouvoir choisir celles qui paraîtront les plus intégrantes et efficaces.

En plus des outils de programmation neurolinguistique, vous trouverez dans ce livre un glossaire contenant les principaux concepts abordés, ceux-ci étant également définis en marge du texte. De même, l'ouvrage est jalonné d'exercices et de fiches reproductibles s'adressant tantôt à l'enseignant, tantôt à l'élève. Vous pouvez par ailleurs consulter à la fin de chacun des chapitres la section « Pour en savoir plus », qui comprend une liste sommaire d'ouvrages et de sites Internet pertinents, sans compter une bibliographie générale qui se trouve à la fin du livre.

Si nous avons titré notre ouvrage *Des mots et des phrases qui transforment*, c'est que nous avons la conviction que lorsque les mots et les phrases sont bien employés, ils peuvent modifier une relation et influencer positivement une personne. Faites-en l'expérience : vous en serez transformés tout autant que vos élèves !

Remerciements

Les heures, la patience et l'énergie que nous avons investies dans le présent ouvrage ont été possibles grâce à des êtres extraordinaires. Ces personnes nous ont soutenues durant notre démarche tant par leur collaboration que par leur compréhension. Nous désirons exprimer notre reconnaissance aux personnes suivantes : les membres de nos familles, soit Jean-François Thibault et Normand Leroux ; de même, Marie-Jeanne et Guy David, Andrée Lambert, Simon Thibault, les jeunes Catherine, Dominic et Cassandre Patry-Sauvé, ainsi qu'Agathe et Pierre Patry ; Thérèse Lafleur, Roland Chamard, Hélène Chamard et son fils Dave, Pierre Chamard et ses enfants Kim, Alisson et Christian, Céline Chamard.

Nous tenons également à remercier nos collaborateurs et amis, soit Caroline Thibault, Gilles Thibert, Guy Bisson ; Nadine Patry, Mario Narreau et les enfants Stéphanie et Alexandre ; Nadine Lalonde, Domenico Ciarallo et les enfants Nicolas, Alexis, Sasha ; Gisèle Gamache, Guy Vachet ; Stéphane Coursol, Diane Campion, Marie-Claude Hallé-Bolduc, Colette Leblanc, Caroline Paquette, Jocelyne Allard, Martin Larouche, Lise Laverdière, Micheline Dufour, Carole Girard, Gervais Girard, Marc Brisebois, Charles Larocque, Ginette Poirier ; Céline Filiatrault, Jean-Michel Lévesque et les enfants Ariane, Julien, Sarah-Catherine ; Carole Morel, Daniel Mignault et les enfants Félix et Julia ; Nicole Marroni, Kina et Nanouk.

Enfin, nous remercions les enfants dont les photos apparaissent dans cet ouvrage, ainsi que leurs parents.

Isabelle David

France Lafleur

Johanne Patry

Introduction

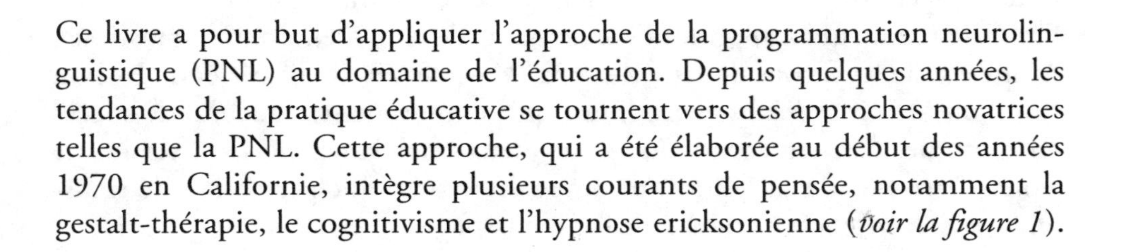

Ce livre a pour but d'appliquer l'approche de la programmation neurolinguistique (PNL) au domaine de l'éducation. Depuis quelques années, les tendances de la pratique éducative se tournent vers des approches novatrices telles que la PNL. Cette approche, qui a été élaborée au début des années 1970 en Californie, intègre plusieurs courants de pensée, notamment la gestalt-thérapie, le cognitivisme et l'hypnose ericksonienne (*voir la figure 1*).

Figure 1 **Les courants de pensée ayant influencé la programmation neurolinguistique**

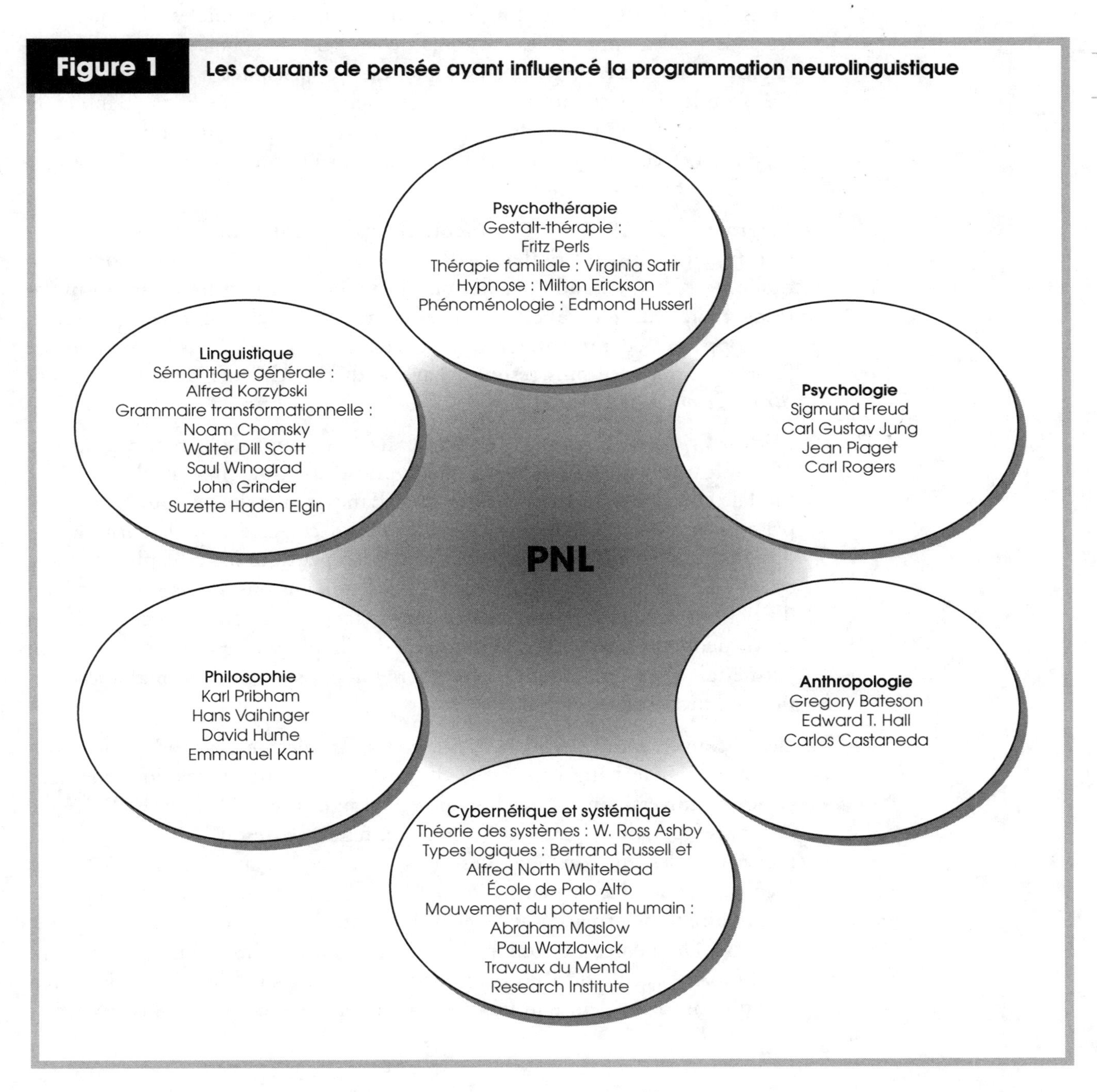

La programmation neurolinguistique est issue des travaux de Richard Bandler (1949-), qui s'intéressait au fonctionnement du cerveau et aux techniques psychothérapeutiques de guérison, et de John Grinder (1940-), un linguiste réputé qui a approfondi le domaine de la modélisation linguistique. Ayant étudié les façons de faire de Fritz Perls, de Virginia Satir et de Milton Erickson – trois spécialistes reconnus qui remportaient beaucoup de succès en pratique avec leurs patients –, ces deux chercheurs de l'Université de Santa Cruz ont mis au point une approche systémique permettant le transfert des compétences et facilitant l'apprentissage.

Fritz Perls (1893-1970) fut le premier des trois modèles cliniques sur lesquels se sont appuyés les créateurs de la PNL. Psychanalyste et neuropsychiatre, Perls a créé la gestalt-thérapie, qu'il a enseignée à l'Institut Esalen. De l'étude des structures du langage thérapeutique de Perls, Bandler et Grinder ont établi un modèle de questionnement qu'ils ont appelé le métamodèle. Les conclusions de leurs travaux ont été publiées en 1975 dans le livre *The Structure of Magic 1*.

Virginia Satir (1916-1988), auteure spécialisée dans la thérapie familiale et directrice de l'Institut Esalen en 1968, est devenue le deuxième modèle clinique de Richard Bandler et de John Grinder. La structure de ses formulations thérapeutiques a été étudiée selon le modèle de questionnement développé précédemment. Comme cela a été le cas pour Perls, la méthode de Satir a été analysée puis résumée par Bandler et Grinder dans le livre *The Structure of Magic 2*, publié en 1976.

Milton Erickson (1870-1980), psychiatre, fondateur de l'American Society of Clinical Hypnosis et créateur de l'hypnose ericksonienne, est le troisième modèle clinique sur lequel se sont basés Bandler et Grinder pour leur entreprise de modélisation. Le modèle d'Erickson consiste dans la formulation d'inductions facilitant les interventions thérapeutiques. Les explications de ce modèle, ainsi que les analyses et les conclusions de la modélisation d'Erickson ont été exposées dans deux ouvrages parus en 1975 et 1977, qui décrivaient son travail dans le domaine de l'hypnose. Le modèle d'Erickson permettait alors de démontrer, à travers l'hypnose, de quelle manière fonctionne l'inconscient.

Ces découvertes ont permis à Bandler et à Grinder de consolider leurs connaissances et de bâtir l'approche de la PNL, le tout en relation avec leur expertise universitaire en psychologie et en linguistique. De plus, la PNL a été influencée par des chercheurs tels que Gregory Bateson, anthropologue et théoricien des niveaux logiques d'apprentissage, Paul Watzlawick et ses théories sur le changement, Noam Chomsky, linguiste et fondateur de la grammaire transformationnelle, et Alfred Korzybski, le père de la sémantique générale. De même, des courants de pensée comme le mouvement du potentiel humain, l'école de Palo Alto, ainsi que les travaux du Mental Research Institute ont laissé leur empreinte sur les référents théoriques de la PNL.

La programmation neurolinguistique s'appuie sur des présupposés établis par Robert Dilts, qui s'est en cela inspiré des travaux de Robert Rosenthal et de Sid Jacobson. Dès les débuts de la PNL dans les années 1970, on a considéré qu'elle se fondait sur trois niveaux logiques par rapport à l'apprentissage, niveaux qu'on peut rendre par la formule « apprendre à apprendre à apprendre ». Dans la majorité des systèmes scolaires, l'enseignant apprend principalement aux élèves des notions (niveau 1). Les récentes réformes dans le domaine de l'éducation visent à développer une façon d'« apprendre à apprendre » (niveau 2). Par exemple, les enseignants doivent fournir aux élèves des outils, des stratégies cognitives et des stratégies métacognitives visant à les rendre plus autonomes en situation de résolution de problèmes. La PNL va encore plus loin en encourageant l'enseignant à devenir conscient de ses propres processus cognitifs par le biais de l'utilisation d'outils de modélisation (niveau 3), et ce, en vue de favoriser le transfert des connaissances aux élèves (DeLozier et Grinder, 1987). C'est cet objectif que poursuivent les outils pédagogiques que vous trouverez dans ce livre.

CHAPITRE 1

Les présupposés : les assises de la communication

« Les attitudes exercent une influence. »

Présupposé

Croyance sur laquelle s'appuient la mise au point et l'application de diverses techniques ; principe de base de la PNL.

L'approche de la programmation neurolinguistique est soutenue par un cadre théorique. En effet, la PNL repose sur un système de croyances, appelées **présupposés**, qui appuient la mise au point et l'application de diverses techniques. Les présupposés sont donc les cadres de référence sur lesquels est basée la PNL.

Les présupposés peuvent être appliqués fort utilement au domaine de l'éducation, car ils suggèrent à l'enseignant des attitudes à adopter dans des situations précises afin d'atteindre des objectifs pédagogiques. En d'autres termes, ils représentent des croyances conscientes contextualisées, qui ne correspondent pas nécessairement aux croyances profondes de l'enseignant en dehors d'un contexte donné. Les présupposés ont l'avantage d'agir comme des **prédictions créatrices** et influencent donc grandement l'orientation de l'intervention et ses possibilités de succès.

Prédiction créatrice

Aussi appelée « prophétie autoréalisante ». Attente qu'un comportement ou un événement se produise, qui accroît la probabilité que ce comportement ou cet événement se réalise effectivement.

Effet Rosenthal

Aussi appelé « effet Pygmalion ». « Effet que les opinions, les points de vue, les attentes, ainsi que les préjugés théoriques et pratiques d'un expérimentateur, d'un intervieweur, d'un professeur ou d'un thérapeute exercent sur la performance des sujets, même lorsque des préjugés, des attentes, etc., ne sont pas explicites » (Legendre, 1993).

Les présupposés de la PNL ont été proposés par Robert Dilts, lors de l'établissement de groupes de recherches qui s'inspiraient des travaux de Robert Rosenthal et Sid Jacobson, en 1968, sur l'**effet Rosenthal** à l'école. Il s'agissait d'une étude portant sur deux groupes, divisés au hasard, d'enfants du même âge. Les sujets de ces deux groupes ont été évalués au moyen de tests d'intelligence, qui ont déterminé que les élèves étaient aussi doués les uns que les autres. Malgré cela, les chercheurs ont signalé aux enseignants de ces enfants qu'un des groupes était plus doué que l'autre. Six mois plus tard, les sujets ont été soumis aux mêmes tests d'intelligence. Ces tests ont révélé que les élèves du groupe qui avait été étiqueté comme étant plus doué obtenaient de meilleurs résultats que l'autre groupe malgré le fait que les deux groupes étaient, au départ, équivalents. Cette étude a démontré que l'attitude et la façon de penser de l'enseignant déterminaient les résultats de ses élèves. Cette recherche permet de conclure que les enseignants ont tendance à influencer les résultats de toute intervention scolaire en raison de leurs croyances, ce qui correspond au principe des prédictions créatrices.

Effet placebo

Effet généré chez une personne, qui a été causé par une intervention virtuelle remplaçant une intervention réelle. Par exemple, en pharmacologie, un comprimé neutre est administré comme antidouleur à un patient, mais il est présenté en tant que médicament éprouvé. Le patient, en raison de ses croyances en l'effet du médicament, est soulagé de la douleur.

Depuis l'étude de l'effet Rosenthal, beaucoup de recherches ont confirmé l'effet des croyances d'une personne sur ses résultats et sur ceux des gens qui l'entourent. L'**effet placebo** est un autre exemple frappant de l'influence de nos pensées sur nos comportements : un patient qui croit avoir obtenu un médicament efficace pour réduire ses malaises voit effectivement ses symptômes disparaître, et ce, même si le remède est en fait une substance neutre !

Dans un autre contexte, Marc H. Johnson de l'Université d'Iowa a écrit un essai traitant des attitudes racistes (Bulla de Villaret, 1973). Il a choisi un groupe de Blancs racistes et un autre groupe de Blancs favorables aux Noirs et leur a fait lire un texte constitué de 50 énoncés concernant les relations entres les Blancs et les Noirs. Ces énoncés étaient répartis de la façon suivante : 30 énoncés portaient uniquement sur des faits et des statistiques (par exemple, des statistiques relatives au nombre d'habitants noirs dans l'État d'Iowa), 10 énoncés affirmaient que les Noirs n'étaient pas des citoyens à part entière et 10 énoncés disaient que les Noirs étaient aussi bien que les autres citoyens, voire meilleurs. Les deux groupes ont lu le texte et l'ont résumé. Puis, les résultats ont été comparés. Les données favorables aux Noirs étaient absentes des résumés fournis par le groupe raciste, tandis que les données défavorables aux Noirs ne figuraient pas dans les résumés faits par le groupe qui n'était pas raciste. Johnson en a conclu que les personnes des deux groupes manifestaient des comportements prévisibles, c'est-à-dire qu'elles déduisaient ce qu'elles voulaient bien en sélectionnant l'information qui avait un lien avec leurs croyances.

Dès les débuts de la PNL, les intervenants dans ce domaine, qui étaient au courant des prédictions créatrices (dont l'effet Rosenthal est un exemple) et des comportements prévisibles, ont voulu intégrer ces concepts à la discipline. Ils se sont alors posé la question suivante : « Quelles sont les croyances qui faciliteraient tous les types d'interventions, sachant que nos croyances façonnent le monde dans lequel nous vivons ? »

Cette interrogation trouve un écho dans le monde scolaire. Ainsi, l'enseignant peut se demander :

- « Quel effet mes croyances peuvent-elles avoir sur les résultats scolaires de mes élèves ? »
- « Quelles attitudes devrais-je adopter afin d'optimiser le potentiel des élèves ? »
- « Qu'est-ce qui est sous-entendu ou présupposé dans les conversations des jeunes ? »
- « Qu'est-ce que les jeunes croient au sujet de leurs amis, de l'enseignant, de l'école et de la commission scolaire ? »
- « Qu'est-ce que les parents croient au sujet des capacités de leur enfant ? »
- « Qu'est-ce que la direction de l'école croit au sujet de ses employés ? »

Les réponses à ces questions amèneront l'enseignant à découvrir l'incidence des présupposés sur son rôle et sa tâche. Il deviendra conscient des processus internes qui sont à l'œuvre, ce qui lui permettra de se situer lors de ses interventions auprès des jeunes, des parents, des collègues et de la direction.

Ainsi, l'enseignant pourra éviter d'adopter des prédictions créatrices susceptibles d'être nuisibles aux élèves. Par exemple, une prédiction créatrice consisterait pour l'enseignant à dire aux parents d'un élève, lors de la remise du bulletin, que les résultats de l'élève n'ayant jamais été fameux, il ne faudrait pas s'attendre à une grande amélioration de sa part. Si de telles paroles sont rapportées à l'enfant et que l'enseignant démontre cette croyance en classe, l'enfant adoptera un comportement prévisible qui aura un lien avec la prédiction de l'enseignant, ce qui, du coup, renforcera la croyance de l'enseignant.

Pour ne pas qu'apparaissent des comportements prévisibles ayant une influence négative sur l'évolution des autres personnes, chaque individu, et à plus forte raison l'enseignant, doit posséder des présupposés qui auront pour effet de soutenir les autres dans divers contextes.

C'est à la suite de leurs réflexions et de leur étude des croyances que les chercheurs de la PNL en sont venus à choisir des présupposés dans le cadre de cette discipline. Ainsi, trois présupposés provenant des recherches de Gregory Bateson, d'Alfred Korzybski et de Paul Watzlawick sont à la base de la PNL (*voir la figure 1.1*). Ces présupposés en entraînent plusieurs autres qui s'inscrivent dans l'esprit de la PNL.

Figure 1.1 **Les présupposés de la PNL**

- **« Le corps et l'esprit font partie du même processus systémique. »**
  Gregory Bateson

- **« La carte n'est pas le territoire. »**
  Alfred Korzybski

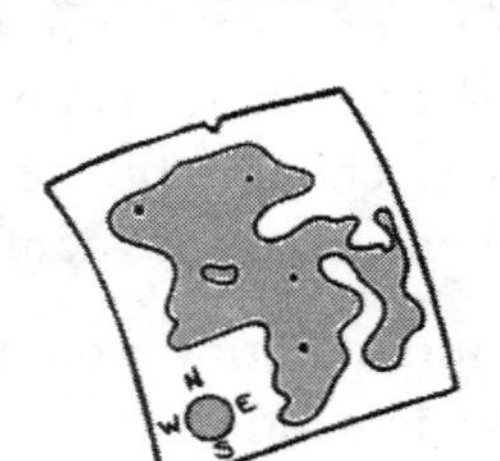

- **« On ne peut pas ne pas communiquer. »**
  Paul Watzlawick

Premier présupposé : le corps et l'esprit font partie du même processus systémique

Voisin de palier de Bandler et travaillant à l'Université de Santa Cruz tout comme Grinder, Gregory Bateson est un biologiste et un anthropologue réputé. Ses recherches sur les niveaux logiques (« apprendre à apprendre à apprendre ») ont influencé grandement la PNL. Ainsi, le premier présupposé qui a été intégré dans la PNL, et qui provient de Bateson (1977), est le suivant : « Le corps et l'esprit font partie du même processus systémique. »

Tout influence tout, c'est-à-dire que l'esprit et la matière fonctionnent et progressent ensemble. Lorsqu'un élément de la physiologie change, cela amène des modifications dans les états émotionnels. Lorsqu'une attitude mentale change, cela a un effet sur les émotions vécues. Par conséquent, toute perception déclenche un état émotionnel et toute représentation interne engendre un comportement externe.

L'être humain fonctionnant comme un système, il est nécessaire de prendre en considération le corps, les émotions, ainsi que les représentations et les opérations mentales afin d'effectuer des changements efficaces.

L'enseignant qui adopte cette approche systémique accepte le principe selon lequel l'élève est influencé par d'autres facteurs que ceux qui sont observables en classe. Par exemple, l'élève qui arrive à l'école sans son dîner peut éprouver de l'anxiété à l'idée de ce qui va se produire pour lui. Comme il est préoccupé, il ne reçoit plus l'information que tente de lui donner l'enseignant. Ainsi, le fait de penser à son repas manquant peut avoir un effet sur son rendement tout l'avant-midi et lui faire vivre des émotions négatives. D'ailleurs, la majorité des spécialistes dans le domaine de l'éducation s'accordent pour dire qu'un enfant qui n'a pas pris son petit-déjeuner a de la difficulté à se concentrer à l'école et qu'en conséquence son potentiel de rendement diminue.

Dans une telle situation, l'idéal serait que l'enseignant prenne en considération les trois plans (le corps, les émotions et l'intellect) en dédramatisant la situation que vit l'élève et en le rassurant, sans pour autant nier l'importance de l'événement. Il pourrait expliquer à l'élève que plusieurs solutions sont possibles, entre autres que des camarades partagent avec lui leurs repas, que la direction de l'école lui paie exceptionnellement son repas à la cafétéria ou encore qu'un de ses parents vienne lui porter son lunch.

La fiche 1 de l'enseignant (*voir la page 6*) vous permettra de vérifier vos croyances en ce qui a trait au premier présupposé.

Deuxième présupposé : la carte n'est pas le territoire

John Grinder, qui enseignait la linguistique à l'Université de Santa Cruz, en Californie, connaissait bien les travaux d'Alfred Korzybski, surnommé le Père de la sémantique générale. C'est de ce chercheur qu'est inspiré le deuxième présupposé de la PNL : « La carte n'est pas le territoire. »

D'autres penseurs se sont également intéressés à cette notion. Déjà, en 1787, le philosophe allemand Emmanuel Kant avait l'intuition que l'être humain gère des « cartes internes ». Dans son étude du développement des outils cognitifs, Jean Piaget (1926) fait référence à des schémas innés structurés de l'esprit. Bartlett (1932) indique également qu'il existe des mécanismes internes expliquant l'apprentissage humain. George Kelly (1955), de son côté, parle de construction personnelle qui déterminerait les expériences. Ces cartes internes, ou schémas structurés de l'esprit, ne sont pas l'expérience réelle, mais une représentation interne que l'on se fait d'une expérience donnée. Cette représentation du monde donne un sens à ces expériences et est à l'origine des comportements. Ainsi, si l'on change sa carte intérieure de la réalité, on change du même coup son expérience de la réalité. Le présupposé « La

Nom : ______________________ Date : ______________

1

Fiche 1 de l'enseignant

Vérifiez vos croyances : le corps et l'esprit font partie du même processus systémique

Pour chaque énoncé, cochez la case appropriée.

Énoncé	D'accord	Pas d'accord
1. Comme l'élève est en pleine forme physique, il va bien apprendre.	❑	❑
2. Si l'élève est perturbé sur le plan émotif, son rendement risque de diminuer lors de l'évaluation.	❑	❑
3. Si l'élève ne prend pas son petit-déjeuner, il aura de bons résultats scolaires.	❑	❑
4. Une attitude négative facilite les relations avec les autres.	❑	❑
5. Le fait d'imaginer un échec à un examen fait éprouver du stress à l'élève.	❑	❑

(*Voir la page 21 pour interpréter vos résultats.*)

carte n'est pas le territoire », qui concerne le monde de la perception, montre donc que l'expérience subjective, ou la carte, ne reflète pas la réalité, soit le territoire.

Voici une application de ce présupposé au domaine de l'éducation. Vous avez sûrement entendu parmi vos élèves des réflexions comme celles-ci : « Je n'y arriverai jamais, je suis nul en français ! » ; « De toute façon, ça ne sert à rien les mathématiques ». L'élève a parfois rangé, quelque part dans sa carte interne du monde, toutes ses expériences scolaires agrémentées d'un commentaire du type : « L'école, ce n'est pas pour moi... » Ces perceptions sont des distorsions de l'expérience réelle susceptibles de s'étendre à divers contextes. Ainsi, de telles perceptions peuvent amener l'élève à croire qu'il n'est bon dans aucun aspect de sa vie. Plusieurs élèves auraient intérêt à changer leurs perceptions d'eux-mêmes, de certaines disciplines ou de l'école en général.

Bref, chaque personne a un modèle du monde différent et limité, car la carte (perception) n'est jamais vraiment le territoire (réalité). Ce qui apparaît sur la carte peut être différent de l'expérience réelle. En fait, connaître la carte d'un élève peut être suffisant dans plusieurs situations vécues en classe. Cependant, pour résoudre certains problèmes, allant des plus simples aux plus complexes, il est souhaitable de mieux connaître le territoire réel d'un élève (ses amis, sa famille, ses loisirs, etc., c'est-à-dire tout ce qui influence sa perception). Par conséquent, afin de mieux intervenir, l'enseignant qui possède des renseignements supplémentaires [1] sur la vie d'un jeune tiendra compte de ces éléments. Le fait pour l'enseignant de savoir beaucoup de choses sur l'élève constitue un avantage, tout comme cela peut donner lieu à des prédictions créatrices, qu'elles soient efficaces ou non.

L'enseignant doit donc demeurer prudent lorsqu'il analyse la carte et le territoire d'un élève puisqu'il le fait à partir de sa propre carte, soit de ses croyances personnelles qui peuvent être partiales. Voici un exemple de différence entre la carte et le territoire d'un élève. Le moindre incident devenait disproportionné pour un jeune. Un jour, à la récréation, alors qu'il jouait au ballon chasseur, un camarade lui a dit : « Tu vas manquer ton coup ! » L'élève est alors allé se plaindre en pleurant au surveillant de la cour de l'école. De retour en classe, il a continué à se lamenter et à pleurer. Un tel comportement laissait entendre que quelque chose d'autre n'allait pas. Plus tard, l'enseignant a appris que cet élève était très affecté par la séparation de ses parents, information que celui-ci avait gardée secrète jusqu'alors. L'enseignant savait par expérience, avant même que l'élève ne le lui avoue, que quelque chose d'important se passait dans une autre dimension de sa vie. C'est dire que la carte, l'expérience subjective, n'est pas le territoire, la réalité.

1. Dans bien des cas, les enseignants n'ont cependant pas accès aux dossiers scolaires complets de leurs élèves, ce qui peut limiter leurs interventions.

Cela nous permet de conclure que ce que l'on peut lire dans les cartes n'est qu'une représentation d'un territoire beaucoup plus vaste qu'il n'y paraît. Il est très important que l'enseignant se rappelle ce fait dans les différentes situations scolaires, afin d'aider adéquatement les élèves et de les diriger vers d'autres ressources au besoin.

La fiche 2 de l'enseignant vous donnera l'occasion de vérifier vos croyances au sujet du deuxième présupposé.

Troisième présupposé : il est impossible de ne pas communiquer

L'influence des théories sur le changement de Paul Watzlawick (Watzlawick *et al.*, 1972) devient, au fil du temps, très pertinente pour toute intervention appliquée à la psychologie, à l'éducation ou à quelque autre domaine. Ces théories ont été reprises par Bandler et Grinder pour leurs présupposés. Voici le troisième présupposé : « On ne peut pas ne pas communiquer. »

Selon Watzlawick, il n'existe pas de « non-comportement », c'est-à-dire qu'il est impossible de ne pas avoir de comportement. Il s'ensuit qu'il est impossible de ne pas communiquer. En ce sens, l'inactivité et le silence sont des comportements qui portent un message aussi réel qu'une action et une parole. Cela constitue le principe de la **métacommunication**.

Métacommunication

Connaissance que l'on possède de ses propres processus de communication. La personne qui communique est alors dans une position de dissociation par rapport à la communication.

Dès que deux personnes sont en présence l'une de l'autre, elles communiquent de manière verbale ou non verbale en révélant quelque chose d'elles-mêmes et de la façon dont elles vivent cette expérience. Prenons l'exemple d'une directrice d'école qui gardait toujours sa porte fermée. Pour la rencontrer, il fallait prendre rendez-vous auprès de sa secrétaire. Lorsque les enseignants se croisaient dans les corridors, ils se disaient « Elle est encore fermée »... en parlant de la directrice et de la porte ! Il est possible que cette directrice n'ait pas voulu transmettre un tel message, mais c'est celui que son comportement non verbal communiquait à ses employés.

Dans un autre ordre d'idées, lorsqu'un enseignant demande à la classe : « Qui n'a pas remis son devoir ? », il arrive que certains élèves évitent de se manifester, ne lèvent pas la main, ne réagissent pas ou n'avouent pas, probablement par crainte des conséquences. Leur silence révèle quelque chose, mais pas nécessairement le fait qu'ils n'ont pas effectué le devoir en question. Il se peut, tout simplement, que le devoir soit dans leur cartable et qu'ils aient oublié de le sortir au début de la journée et de le remettre à l'enseignant.

Ainsi, tout comportement, qu'il s'exprime verbalement ou par le silence, véhicule un message. De là vient l'importance de comprendre les messages non verbaux et de déceler les incohérences des différents messages. La fiche 3 de l'enseignant (*voir la page 10*) vous amènera à vérifier vos croyances à propos du troisième présupposé.

Nom : ____________________ **Date :** ____________

Fiche 2 de l'enseignant

Vérifiez vos croyances : la carte n'est pas le territoire

Pour chaque énoncé, cochez la case appropriée.

Énoncé	D'accord	Pas d'accord
1. L'élève qui n'a pas fait ses devoirs est paresseux.	❑	❑
2. L'élève qui est un modèle pour sa classe peut être très agité à la maison.	❑	❑
3. Une élève qui excelle dans les sports excelle en tout.	❑	❑
4. Un élève heureux en classe est un enfant heureux à la maison.	❑	❑
5. L'opinion que possède un parent à propos de son enfant est identique à celle de l'enseignant au sujet de cet enfant.	❑	❑

(*Voir la page 21 pour interpréter vos résultats.*)

Nom : ______________________ Date : ______________

1

Fiche 3 de l'enseignant

Vérifiez vos croyances : il est impossible de ne pas communiquer

Pour chaque énoncé, cochez la case appropriée.

Énoncé	D'accord	Pas d'accord
1. Un parent qui a vu l'agenda de son enfant, mais qui ne fait pas de commentaire à l'enseignant est automatiquement d'accord avec lui.	❑	❑
2. La porte fermée du bureau du directeur indique que celui-ci n'est pas disponible.	❑	❑
3. Un enseignant qui s'absente volontairement d'une activité organisée par le comité social des employés indique par là qu'il n'a pas d'affinités avec ses collègues de travail.	❑	❑
4. Un élève qui demande de rester en classe durant la récréation a très envie d'aller jouer avec les autres.	❑	❑
5. Un élève sur le terrain de jeu qui mange sa collation lentement ne souhaite pas participer aux activités.	❑	❑

(*Voir la page 21 pour interpréter vos résultats.*)

Les présupposés liés au monde de l'éducation

Sur les trois présupposés de base qui viennent d'être présentés se sont greffés d'autres présupposés qui s'avèrent utiles dans différents contextes d'intervention. Le tableau 1.1 de la page 12 résume la majorité des présupposés qui font partie de la programmation neurolinguistique. Chacun de ces présupposés est accompagné d'une brève explication. Certains de ces présupposés supplémentaires s'appliquent plus spécifiquement au domaine de l'éducation. Les pages suivantes proposent quelques clarifications à leur sujet.

« L'être humain a toutes les ressources nécessaires afin de se développer et d'accomplir les changements qu'il désire. »

Il est possible pour une personne d'accéder aux ressources qu'elle possède, de les contextualiser et de les généraliser.

Chaque personne vient au monde avec un bagage génétique qui la différencie de toutes les autres personnes. À chaque instant, l'être humain vit de multiples expériences qui s'incorporent à son environnement biopsychosocial. De plus, le cerveau encode quotidiennement une énorme quantité d'informations, souvent de façon inconsciente.

Si l'on s'entend maintenant pour affirmer qu'un individu perçoit consciemment sept (plus ou moins deux) éléments d'information en même temps (Miller, 1957), il est rare qu'une expérience se limite à neuf éléments d'encodage simultanés. Par exemple, prenons une situation durant laquelle une personne nous parle pendant que nous entendons par la fenêtre ouverte les klaxons des autos dans la rue, le son de la télévision, et que nous percevons l'odeur d'un plat en train de cuire, et ce, tout en buvant un jus de fruits et en tenant un livre dans l'autre main.

Ces nombreuses informations reçues simultanément, tout comme la majorité des expériences, sont transmises sous une forme sensorielle inconsciente et se logent dans la **structure profonde**. Ces informations sont bel et bien enregistrées et peuvent être récupérées. Un bon exemple de récupération de faits est l'utilisation de l'hypnose, dans laquelle, en état de transe, un patient peut raconter des expériences dont il n'avait aucun souvenir auparavant et qu'il avait occultées.

Structure profonde
Expérience réelle d'une personne sur le plan sensoriel.

Le préjugé favorable à la base de ce présupposé a un effet important sur les communications et les relations interpersonnelles. Prenons l'exemple de conseillers en orientation, à qui nous avons posé la question suivante: « Croyez-vous que les jeunes qui vont vous rencontrer possèdent les ressources nécessaires pour opérer un changement et obtenir la carrière de leur choix? » Certains ont répondu qu'ils ne le croyaient pas. D'ailleurs, c'est parce qu'ils ne croyaient pas eux-mêmes posséder ces ressources que les jeunes venaient les rencontrer. Selon ces conseillers, les jeunes, qui étaient dénués de ressources, avaient besoin d'orientations précises. Nous avons ensuite discuté

Tableau 1.1 Les principaux présupposés de la PNL

Présupposé	Explication
Le corps et l'esprit font partie du même processus systémique.	Le corps et l'esprit s'influencent réciproquement.
La carte n'est pas le territoire.	Nos perceptions ne correspondent pas toujours à la réalité.
Il est impossible de ne pas communiquer.	Même le silence porte un message.
L'être humain a toutes les ressources nécessaires afin de se développer et d'accomplir les changements qu'il désire.	Socrate postulait que chacun porte en soi les éléments nécessaires à son accomplissement.
La signification d'une communication est donnée par la réponse obtenue.	La réaction du récepteur est liée à la capacité de l'émetteur à entrer dans son monde subjectif.
Il faut respecter la vision du monde de l'autre personne.	Chacun est différent et mérite d'être respecté.
Les mots ne sont pas la réalité qu'ils décrivent ; ils sont une représentation de la réalité.	Le mot « chat » ne miaule pas.
Chacun fait les meilleurs choix possible à un moment précis.	L'individu prend des décisions en considérant les faits connus au moment de la prise de décision. Les données changent avec le temps.
Je suis responsable de mes pensées et, par conséquent, de mes résultats.	Suivant le principe des prédictions créatrices, je crée ce que je crois.
Il n'y a pas d'échec, il n'y a que de la rétroaction.	Il n'y a pas d'apprentissage sans erreur.
L'élément d'un système qui a le plus de flexibilité contrôlera le système.	Le degré d'adaptabilité permet de diriger le système, c'est-à-dire de maîtriser temporairement une situation.
Derrière tout comportement, il y a une intention positive.	Chacun vise à satisfaire un besoin à travers un comportement.
Les mots en soi ne sont pas importants, c'est l'intention derrière eux qui compte.	Dans une communication, les mots sont souvent contredits par le langage non verbal.
Une personne n'est pas la somme de ses comportements. Il faut changer non la personne, mais ses comportements inadéquats.	Une personne a un comportement, mais son identité ne s'y résume pas.
Tout comportement peut être utile dans certains contextes.	Il est approprié d'être dévêtu dans un camp de nudistes.
Il n'y a pas d'apprenants résistants, il y a seulement des intervenants non flexibles.	L'apprenant n'a pas la même vision du monde que l'intervenant.
Si ce que vous faites ne fonctionne pas, faites autre chose.	Selon le principe d'uniformité de Newton, les mêmes causes produisent les mêmes effets.
L'individu dispose de deux niveaux de communication : le conscient et l'inconscient.	En matière de communication, les mots ne comptent que pour 7 % du message ; le reste, soit 93 % du message, se situe au niveau inconscient.
Tout individu cherche à assurer sa cohérence subjective.	Dans n'importe quelle situation, l'individu veut rester équilibré.
Toutes les distinctions que l'être humain peut faire à propos de son environnement interne ou externe ou à propos de son comportement peuvent être représentées par les modes visuel, auditif, kinesthésique, olfactif et gustatif.	L'être humain comprend le monde à travers ses sens.

avec eux de l'effet de cette croyance sur leurs interventions et sur leur rôle auprès des jeunes. Un des conseillers qui ne croyaient pas que les jeunes possédaient les ressources nécessaires a admis qu'il avait une attitude paternaliste infantilisante, qui n'encourageait pas les jeunes à se prendre en main. Il souhaitait protéger ces jeunes et les aider à faire face aux défis de l'avenir, mais en même temps il était persuadé qu'ils n'y arriveraient pas ou, alors, qu'ils feraient face à bien des embûches. Cette croyance exerçait par ailleurs une forte pression sur ce conseiller qui prenait la responsabilité de l'avenir de ces jeunes sur ses épaules.

Cela nous amène au concept d'utilité par opposition à celui de véracité. Les présupposés de la PNL ont été intégrés en fonction d'un objectif d'utilité pour l'intervenant et le client dans le contexte de la thérapie. Pour atteindre cet objectif, il n'est pas nécessaire pour l'intervenant de croire fondamentalement à un présupposé pour reconnaître son utilité et y adhérer. Pour illustrer ce concept, revenons à l'exemple des conseillers en orientation qui ne croient pas que les jeunes aient les ressources nécessaires. L'important, alors, n'est pas de savoir si ces derniers possèdent vraiment ces ressources, mais de connaître l'effet de ne pas croire qu'ils les aient.

Dans ce cas précis, il aurait été utile aux uns et aux autres que les conseillers croient que les jeunes ont les ressources nécessaires pour obtenir la carrière désirée parce que cela leur aurait permis de leur donner un soutien professionnel qui, de plus, ne les aurait pas engagés sur le plan personnel.

En classe, il n'est pas rare de voir un élève réaliser une tâche qu'il n'a jamais effectuée auparavant et pour laquelle il ne semblait pas avoir d'aptitudes particulières, ce qui peut à l'occasion déconcerter l'enseignant. Prenons le cas d'un élève de troisième année du primaire qui a surpris tout le monde en installant un logiciel avec succès et en l'exécutant du premier coup sans en connaître préalablement le contenu. En puisant dans ses ressources, c'est-à-dire en accédant à sa structure profonde où sont stockées ses connaissances, l'élève a su transférer des compétences en informatique qu'il avait acquises lors d'une autre activité.

De ce présupposé concernant les ressources existantes découle le fait qu'une personne conserve beaucoup plus d'éléments d'information pour chaque expérience vécue que ce que son conscient retient. Il est possible d'accéder, souvent même sans s'en rendre compte, à des informations qui se trouvent dans la structure profonde. Cela montre l'importance, pour un enseignant, d'éviter de sous-estimer les capacités des élèves. Même si un élève semble posséder peu de ressources personnelles, une attitude ouverte et positive de l'enseignant misant sur ce présupposé favorise la construction des savoirs de cet élève sans le limiter.

« Si ce que vous faites ne fonctionne pas, faites autre chose. »

Cette affirmation de Milton Erickson est un présupposé important en PNL. Ce présupposé est basé sur la définition de la démence d'Albert Korzybski : « Faire et refaire les choses de la même façon en espérant des résultats différents. » Pour sa part, Paul Watzlawick (Watzlawick *et al.*, 1975) disait qu'une interaction du type « plus de la même chose » consiste à chercher une solution en redoublant les efforts, alors que ce sont justement ces efforts qui rendent impossible la solution. Par exemple, un enfant hurle son désaccord, vous criez à votre tour, il continue à hurler, vous aussi continuez à crier, et ainsi de suite. Vous faites alors plus de la même chose, et cela ne donne pas les résultats escomptés. Dans la même optique, Albert Einstein avançait qu'on ne peut résoudre un problème en adoptant la façon de penser qui a créé ce problème. Pour obtenir des résultats différents, il faut alors faire autre chose. Ainsi, Erickson disait : « Si ce que vous faites ne fonctionne pas, faites autre chose. »

Nous avons rencontré un élève qui éprouvait des difficultés scolaires et qui les camouflait en faisant le clown. Il répétait d'année en année le même comportement. Il s'agissait alors d'amener cet élève à se comporter différemment. Pour ce faire, l'enseignant lui a confié un rôle important dans un projet pédagogique pour lequel le jeune a démontré un grand intérêt. Cette responsabilité a contribué à le valoriser, puisqu'elle représentait un défi de taille pour lui. Il a ainsi été motivé pour obtenir des résultats scolaires nettement supérieurs, qui ont même dépassé les attentes de l'enseignant.

Voici un autre exemple, pris dans un contexte très différent. Lors des réunions générales du personnel de l'école, un enseignant tentait sans succès de faire accepter un projet de financement depuis trois ans. Il était tenace, mais il n'obtenait pas le résultat escompté. En dehors des réunions, il recevait régulièrement des autres enseignants le commentaire suivant : « Oui, c'est une bonne activité. » Cependant, lorsque venait le temps de se prononcer ouvertement à l'assemblée générale, les mêmes enseignants adoptaient la position opposée à leurs propos initiaux. L'année suivante, l'enseignant a changé sa façon de procéder : au lieu de se diriger vers ses collègues, il s'est présenté directement devant le comité de parents organisateurs. Le comité a alors acquiescé à sa demande en votant à l'unanimité pour ce projet de financement. Les autres enseignants ont été étonnés du pourcentage de participation des parents à cette activité et surtout de la rentabilité élevée du projet. Ce changement de stratégie a donc permis à l'enseignant d'atteindre son objectif par un autre moyen.

Cela prouve, une fois de plus, que si ce que vous faites ne fonctionne pas, vous devez faire autre chose.

« Derrière tout comportement, il y a une intention positive. »

Abraham Maslow (1962) a établi la pyramide des besoins fondamentaux de l'être humain, qui vont des besoins physiologiques axés sur la survie aux besoins d'actualisation de soi. Reprenant les travaux de Maslow, Robert Dilts

(Dilts *et al.*, 1980) a créé le modèle des niveaux logiques de changement qui démontrent les intentions de l'humain vis-à-vis du changement. Suivant le modèle de l'individu, le changement prend naissance dans son environnement, générant ainsi certains types de comportements. Ces comportements l'amènent à développer des capacités, qui sont soutenues par des croyances et des valeurs motivantes. Ces croyances et ces valeurs répondent à la question « pourquoi devrais-je faire telle chose ? » et poussent l'individu à satisfaire un besoin. Ce besoin est à la base de tout comportement et il est lié à l'intention positive de satisfaction.

Voici un exemple d'**intention positive**. Au primaire, un père refusait que son fils participe à la sortie de fin d'année de sa classe. L'enseignant ne comprenait pas la décision du père et percevait ce refus comme un geste punitif envers l'enfant. Doutant de la validité des raisons du père et pensant qu'il y avait peut-être quelque chose de sous-jacent à une telle décision, l'enseignant a envoyé une lettre aux parents, leur disant que si le problème était pécuniaire, l'école pouvait assumer les frais de l'activité pour ce jeune. Dans sa réponse, la mère de l'élève a manifesté son intérêt pour la participation de son enfant et expliqué certains comportements du père. Il était, selon elle, « père poule », c'est-à-dire très protecteur, craignant que son fils s'expose à des dangers. Voilà quelle était l'intention positive du père dans sa décision de ne pas laisser son enfant prendre part à l'activité. Finalement, à la suite d'une discussion avec les parents, l'enfant a reçu l'autorisation de participer à l'activité.

Intention positive

Selon le contexte, but pour lequel une personne possède un désir de réussite ou d'accomplissement en liaison avec les objectifs qu'elle s'est fixés.

Lorsqu'un élève a des comportements inadéquats en classe, qu'il lance des objets, crie, dérange les autres ou se jette par terre, il arrive que dans un tel cas l'enseignant lui demande de quitter la classe. Celui-ci peut alors donner l'impression d'être sévère, alors que son intention positive est d'éloigner cet élève pour donner un répit bénéfique à chacun, ce qui facilitera la communication par la suite. Cette façon de faire permettra également aux autres élèves de continuer à travailler dans le calme.

L'intention positive n'est pas toujours évidente au premier coup d'œil, mais elle se cache derrière tout comportement. Pour la découvrir, il faut se poser la question « qu'est-ce que ce comportement rapporte à la personne qui le manifeste ? » Retenons que même un comportement négatif, comme le vandalisme, contient une intention positive, qui peut être le besoin de reconnaissance. Mais une intention positive ne justifie jamais un comportement inadéquat. Il s'agit alors d'inciter une personne à modifier son comportement, afin que celui-ci soit constructif et accordé avec l'intention positive. Cette affirmation vient rejoindre un autre présupposé du tableau 1.1, selon lequel il est important d'accepter la personne, mais qu'il faut l'amener à changer ses comportements inadéquats.

L'exercice présenté sur la fiche 4 de l'enseignant (*voir la page 16*) vous permettra de découvrir les croyances qui influencent vos comportements, que vous en soyez conscient ou non. En faisant cet exercice, vous mettrez au jour vos prédictions créatrices. Quelles sont vos croyances en ce qui concerne les situations suivantes ? Une fois que vous aurez énuméré vos croyances, vous pourrez vérifier s'il existe des points communs entre elles.

Nom : ______________________________ Date : ______________

1

Fiche 4 de l'enseignant

Vérifiez vos croyances

Pour chacune des situations suivantes, complétez l'énoncé en y inscrivant votre croyance.

1. Lorsqu'un élève n'a pas déjeuné, je crois que…

____

____

2. Lorsqu'un élève est absent, je crois que…

____

____

3. Lorsqu'un élève garde le silence après que je lui ai posé une question, je crois que…

____

____

4. Lorsqu'un élève effectue un nouvel apprentissage, je crois que…

____

____

5. Lorsque la direction de l'école refuse une activité proposée par les enseignants, je crois que…

____

____

6. Lorsqu'un enseignant est convoqué dans le bureau de la direction, je crois que…

____

____

7. Lorsqu'un enseignant doit prendre une décision dans une situation d'urgence, je crois que…

____

____

▸▸▸

Nom : ______________________________ **Date :** ____________________

Fiche 4 de l'enseignant (suite)

8. Lorsqu'un élève est convaincu qu'il va échouer, je crois que…

____

____

9. Lorsqu'un élève se trompe en répondant à une question, je crois que…

____

____

10. Lors des réunions avec les collègues, je crois que…

____

____

11. Lorsqu'un enseignant donne des devoirs, je crois que…

____

____

12. Lorsqu'un élève a un vocabulaire limité, je crois que…

____

____

13. Lorsqu'un élève a un comportement inapproprié, je crois que…

____

____

14. Lorsqu'un élève fait le bouffon en classe, je crois que…

____

____

15. Lorsqu'un élève se retrouve dans le bureau du directeur de l'école, je crois que…

____

____

16. Lorsque j'ai déjà répété cinq fois la même consigne aux élèves, je crois que…

____

____

Les croyances de l'élève

Les élèves aussi ont des croyances et adoptent des comportements s'appuyant sur des présupposés. Il est possible de découvrir ces croyances. L'exercice faisant l'objet de la fiche 1 de l'élève vise à découvrir les croyances des élèves, afin de pouvoir influencer celles-ci dans le cas où elles auraient un effet limitatif. Les énoncés de la fiche ont pour but d'amener les élèves à révéler leurs croyances en relation avec les présupposés de la PNL. Vous pourrez, si vous le souhaitez, adapter cet exercice à l'âge des élèves concernés.

Les réponses formulées par l'élève vous permettront de mieux intervenir en recadrant ses croyances limitatives. En vue de remplacer certaines croyances limitatives de l'élève par de nouvelles croyances qui pourront l'aider à réussir, référez-vous au chapitre 9, qui traite du recadrage.

Nom : ______________________ Date : ______________

Fiche 1 de l'élève

Tes croyances

Réponds aux questions ci-dessous.

1. Que penses-tu des athlètes olympiques ?

2. D'après toi, que signifie le fait d'être riche ?

3. Quelles situations te rendent triste ?

4. Qu'est-ce que tu connais de tes camarades de classe ?

5. Selon toi, quelles qualités faut-il avoir pour devenir comédien ?

6. Que penses-tu de quelqu'un qui préfère garder le silence ?

En bref...

- Les croyances engendrent les comportements.
- L'effet Rosenthal à l'école démontre que les résultats scolaires sont influencés par les croyances des enseignants.
- Toutes les interventions de l'enseignant sont basées sur des présupposés, qu'il en soit conscient ou non. Il en va de même pour tout être humain.
- La PNL a choisi certains présupposés comme cadre d'intervention.
- Les trois présupposés de base de la PNL sont les suivants:
  1. Le corps et l'esprit font partie du même processus systémique.
  2. La carte n'est pas le territoire.
  3. Il est impossible de ne pas communiquer.

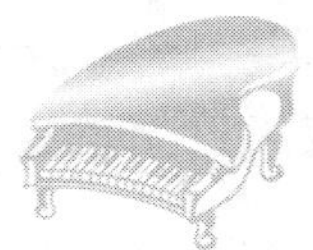

Pour en savoir plus

BATESON, Gregory (1977). *Vers une écologie de l'esprit,* Paris, Éditions du Seuil.

BATESON, Gregory (1980). *Vers une écologie de l'esprit 2,* Paris, Éditions du Seuil.

DAVID, Isabelle (1999). *Être au cœur de la PNL,* Montréal, Quebecor.

ESSER, Monique (1993). *La PNL en perspective,* Bruxelles, Éditions Labor.

KORZYBSKI, Alfred (1958). *Science and Sanity: An Introduction to Non-Aristotelian Systems and General Semantics,* Lakeville, États-Unis, The International Non-Aristotelian Library Publishing Company.

LLOYD YERO, Judith (octobre 2001). «NLP and education. Part 2: The influence of teacher's beliefs», *Anchor Point Magazine,* vol. 15, nº 10, p. 24-30.

MCDERMOTT, Ian, et Joseph O'CONNOR (1997). *Harmonisez votre corps et votre esprit avec la programmation neurolinguistique,* Montréal, Le Jour éditeur.

WATZLAWICK, Paul, J.H. WEAKLAND et R. FISCH (1975). *Changements, paradoxes et psychothérapie,* Paris, Éditions du Seuil.

YERRICK, R., H. PARKE et J. NUGENT (1997). «Struggling to promote deeply rooted change: The filtering effect of teachers' beliefs on understanding transformational view of teaching science», *Science Education,* vol. 81, p. 137-159.

Interprétation des résultats pour les fiches de l'enseignant 1, 2 et 3

Le tableau suivant vous permet de vérifier si les trois présupposés principaux de la PNL font partie de vos croyances personnelles. Pour chacune des fiches, si vos réponses correspondent aux chiffres inscrits dans ce tableau, c'est que vous avez déjà intégré de façon générale le présupposé en question dans votre quotidien.

Fiche	Présupposé	D'accord	Pas d'accord
1	Le corps et l'esprit font partie du même processus systémique.	1, 2, 5	3, 4
2	La carte n'est pas le territoire.	2	1, 3, 4, 5
3	Il est impossible de ne pas communiquer.	3, 5	1, 2, 4

Si vos réponses diffèrent de celles qui ont été indiquées précédemment, cela signifie que vous utilisez d'autres présupposés dans ces divers contextes. Vous auriez alors intérêt à vous demander : « Qu'est-ce que je crois par rapport à l'énoncé ? » et « Qu'est-ce qui sous-tend mon opinion ? » Vos réponses à ces questions vous permettront de vérifier si vos croyances sont utiles ou non dans ces contextes. Dans le cas où elles ne seraient pas utiles, vous avez la possibilité de les modifier avec la PNL.

Quant à la fiche 4 de l'enseignant et à la fiche 1 de l'élève, les questions ouvertes qui y sont posées visent à susciter, chez vous et chez vos élèves, une réflexion personnelle sur les croyances relatives à certains sujets.

CHAPITRE 2

Les cadres de conduite

«Pense avant d'agir.»

En plus des présupposés, qui, comme nous l'avons vu au chapitre 1, influent sur les interventions de l'enseignant, la PNL renvoie à des cadres de conduite qui guident et structurent ces interventions. Basés sur l'approche systémique, ces cadres de conduite doivent précéder n'importe quelle interaction, car il faut tenir compte des conséquences indésirables qui sont prévisibles. En outre, pour l'établissement d'une communication saine et efficace, nous privilégions une façon spécifique de retourner l'information aux autres. Celle-ci comprend des techniques de reflet, de communication interpersonnelle et de **rétroaction**.

Rétroaction
Dans le contexte scolaire, comportement ou commentaire constituant une réaction à un événement ou à une situation. Cette réaction est généralement sous forme verbale.

Quotidiennement, vous avez à œuvrer avec de nombreuses personnalités réunies en classe. Il est très important que les relations entre toutes les personnes du groupe (élèves, enseignant) s'effectuent d'une manière sereine, efficace et enrichissante, et ce, dans un contexte pédagogique. Pour essayer d'atteindre cette harmonie, il est nécessaire de s'appuyer sur les cadres de conduite suivants : l'écologie, la gestion des conséquences et la rétroaction.

L'écologie

Écologie
« Étude des milieux où vivent les êtres vivants, ainsi que des rapports de ces êtres entre eux et avec leur milieu » (*Le petit Robert*).

Dans la programmation neurolinguistique, l'**écologie** est intégrée dans tout processus de communication qui met en relation des êtres humains entre eux et avec leur milieu, que celui-ci soit familial, social ou professionnel (*voir la figure 2.1*).

Une communication est, dans certains cas, un outil de transmission d'informations et, dans d'autres cas, un outil de changement, et parfois les deux. Dans toute approche qui vise le changement, il n'y a rien de plus important que de s'assurer que le changement a lieu au bon moment et au bon endroit,

Figure 2.1 L'écologie

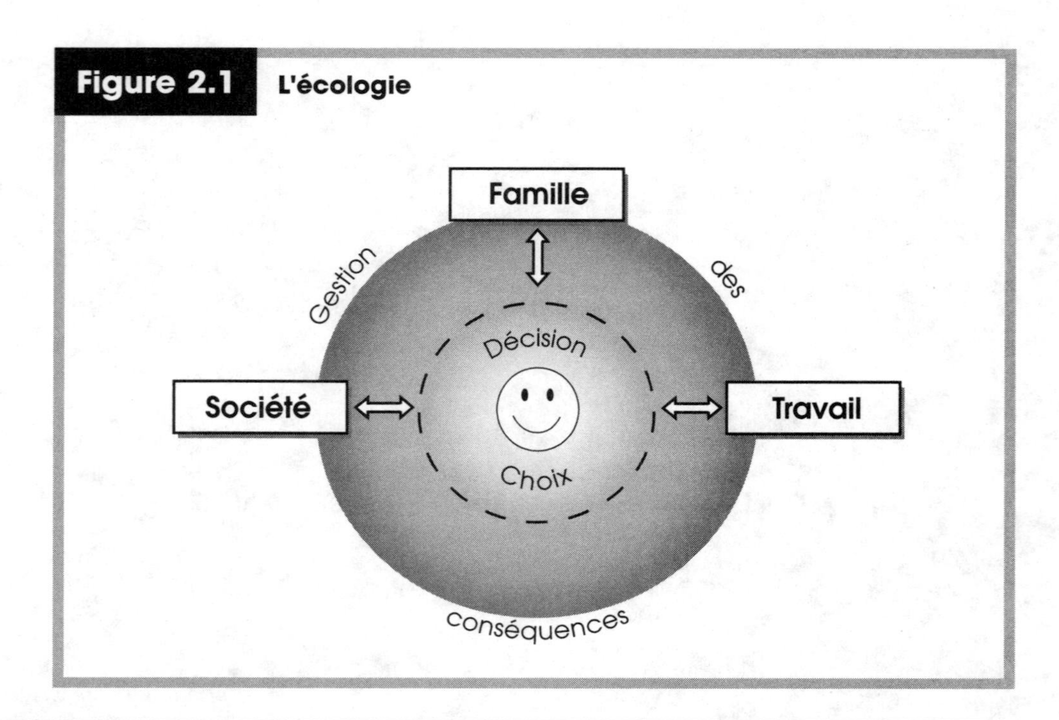

car « l'écologie est la gestion des conséquences » (David, 2003, p. 1.24). Il importe donc de créer des situations de changement qui auront des effets positifs sur la personne tout en respectant ses besoins. Les changements mal dirigés ont des effets négatifs sur le bien-être de la personne, de la même manière que la pollution a des incidences sur l'environnement et sur les êtres qui le composent. Dans cette optique, lorsque vous interagissez avec vos élèves et que vous désirez apporter des changements positifs, vous pouvez vous poser les questions suivantes afin de mettre au jour l'écologie :

- Lorsqu'une personne effectue un changement, cela a-t-il un effet positif ou un effet négatif sur son image de soi, sur son identité ou sur ses croyances ?
- Cette personne perd-elle quelque chose en effectuant le changement ?
- Le changement apporte-t-il quelque chose de plus à la personne ?
- Le changement entraîne-t-il des pertes ?
- Y a-t-il des précautions à prendre avant d'effectuer un changement ?
- Y a-t-il une partie de cette personne qui s'oppose au changement ?

Les réponses que vous apporterez à ces questions vous permettront peut-être de découvrir une problématique ou des difficultés liées au changement désiré et ainsi de préparer le terrain pour l'adoption d'un comportement efficace.

Manipuler ou influencer ?

La communication ou le changement doit se faire dans le respect des personnes en cause. C'est un aspect important de l'écologie. Pourtant, lorsque l'enseignant propose à l'élève des changements qu'il juge appropriés à son stade de développement, il arrive, souvent à son insu, qu'il dirige l'élève, ce qui a pour effet de limiter la liberté de cet élève, de le déresponsabiliser, de l'infantiliser ; cela provoque un recul dans la constitution de son autonomie. Afin d'éviter cette manipulation inconsciente, un enseignant peut mettre en pratique les concepts de la PNL et utiliser le vocabulaire adéquat pour amener l'élève à faire les bons choix. On parle alors d'influence et non de manipulation.

Pour ce faire, il est nécessaire d'éviter de donner des ordres. Il est préférable d'offrir des choix plutôt que d'imposer une solution, afin que l'élève prenne des décisions adaptées à ses capacités. De cette façon, l'élève aura un sentiment de contrôle et sa motivation n'en sera que plus grande. Par exemple, l'enseignant peut demander à l'élève de ranger le matériel des ateliers pédagogiques avant la récréation ou encore après la pause de l'après-midi. L'élève a alors la liberté de choisir le moment où il fera le rangement. Par contre, il doit faire ce rangement. Bien entendu, ce type de situation peut également être observé dans la relation entre l'enfant et ses parents.

La gestion des conséquences

Dans son travail quotidien, l'enseignant est appelé à gérer des comportements utiles et des comportements inappropriés. Dans le premier cas, il félicitera l'élève ou encore passera ses comportements sous silence. Dans l'autre cas, les gestes inadéquats retiendront toute l'attention de l'enseignant. Ils mettront à l'épreuve sa patience et demanderont également une très bonne maîtrise de soi, ainsi qu'une intelligence émotionnelle développée. De sa réaction dépendra l'orientation que prendront les conséquences : il pourra s'agir de sanction, de gratification, de punition ou de récompense.

Dans le but d'éviter de prendre une décision basée sur des éléments subjectifs ou émotifs, nous suggérons à l'enseignant d'établir clairement les règles de fonctionnement dès le départ. Ainsi, au tout début d'un événement, d'une situation ou d'une conversation, l'enseignant posera les règles en disant, par exemple : « Voici ce qui va arriver si votre devoir est malpropre. Vous devrez reprendre ce devoir durant la récréation le jour même de la remise. » L'enseignant vise ainsi à faire comprendre aux élèves que les règles sont immuables à partir du moment où elles sont bien spécifiées et comprises par tous. Afin d'atteindre cet objectif, l'enseignant, avant d'implanter les règles, réfléchira sur les comportements qui sont acceptables et sur ceux qui ne le sont pas, de même que sur les **conséquences logiques** qui découlent des comportements inacceptables. Quant aux conséquences, elles seront adaptées aux comportements. L'enseignant déterminera à l'avance une sanction, ce qui permettra d'éviter une surcharge émotive lorsqu'un comportement indésirable se produira. Cela est important car les émotions vécues à cet instant, comme l'impatience ou l'attendrissement, peuvent aggraver ou diminuer les sanctions choisies.

Conséquence logique

Tout effet résultant d'une action précise. La personne est renseignée de ce qui lui arrivera si une action donnée est entreprise.

Ainsi, au début de l'année scolaire, les élèves de la plupart des écoles reçoivent une copie des règlements de l'école. Certains enseignants ont leurs propres règles internes, qui peuvent être affichées dans la classe ou inscrites sur une feuille remise à tous les élèves. Ces règles portent sur les principales attentes et conséquences logiques en matière de travaux, d'absence, de sécurité, de respect et de retards. Le tableau 2.1 présente un exemple de règles et de conséquences logiques provenant de la politique d'une école primaire concernant les retards.

Lorsqu'une règle sera enfreinte, l'enseignant appliquera la conséquence logique immédiatement et intégralement, et il inscrira celle-ci sur le registre prévu à cet effet. Prenons comme exemple un élève qui donne un coup de poing à un camarade dans la cour de l'école. La direction de l'école peut demander à cet élève de se présenter à la retenue lors de la prochaine journée pédagogique. Or, cette journée pédagogique n'a lieu que dans deux semaines. Cette sanction sera certainement moins efficace que si l'élève devait rester en retenue le jour même, après la classe, et se voyait dans l'obligation de rédiger un texte sur son geste violent ou une lettre d'excuses à son camarade, ou encore que s'il devait faire des heures de service communautaire. L'importance d'une conséquence immédiate est que l'élève associe cette conséquence à son comportement inadéquat. Il arrive que des enseignants aient de la difficulté à appliquer les conséquences logiques de façon assidue, ce qui peut causer des comportements inadéquats. Cela est également de nature à démontrer aux élèves qu'il y a une incongruence entre le discours et les conséquences.

Tableau 2.1 Exemple de règles et de conséquences logiques au primaire

Retard	Conséquence logique
Premier retard	Un avertissement verbal est donné à l'élève.
Deuxième retard	Les parents doivent signer un avis écrit indiquant que, lors du prochain retard, l'élève sera en retenue le vendredi suivant, après les heures de classe, sous la surveillance d'un membre du personnel enseignant.
Troisième retard	Les parents sont avisés et l'élève est en retenue, le vendredi suivant, pour une période d'une heure ; pendant cette période, il doit effectuer des travaux scolaires supplémentaires, sous la surveillance d'un membre du personnel enseignant.

C'est pourquoi, avant toute chose, l'enseignant appliquera de façon intégrale les conséquences annoncées et expliquées préalablement. Lorsque les élèves sont conscients des conséquences et que celles-ci sont notées dans leur agenda ou affichées sur les murs de la classe, ils se plaignent moins et leurs comportements s'améliorent.

Néanmoins, toute technique comporte des imperfections. Ainsi, certains élèves rebelles ne tiendront pas compte des conséquences logiques et s'empresseront de transgresser celles-ci et de les dénigrer auprès de leurs camarades. L'enseignant peut alors rencontrer ces élèves individuellement et étudier de façon approfondie leurs métaprogrammes (*voir le chapitre 6*).

Ajoutons également qu'une conséquence logique peut être positive. Par exemple, lors d'une bonne action, un élève pourrait être récompensé. Il importe alors que l'enseignant définisse avec précision les récompenses et qu'il les applique à la lettre et en toute justice. Conséquemment, les élèves sauront à quoi s'en tenir en ce qui a trait à la gestion de leur classe.

La rétroaction

À l'école, les élèves ont besoin d'être stimulés par leur enseignant. Grâce au cadre de conduite qu'est la rétroaction, vous pouvez structurer vos commentaires de façon à obtenir un effet plus prononcé sur l'élève que vous désirez encourager. La PNL considère la rétroaction comme un processus d'échange d'informations qui aide à atteindre l'excellence. D'ailleurs, d'après

Wyatt Woodsmall (cité par David, 2003, p. 1.41), la rétroaction serait « le déjeuner des champions », ce dont se nourrissent les gagnants. C'est pourquoi elle constitue un outil de première importance, car elle permet de créer une motivation chez les jeunes, de mobiliser leurs ressources, et elle les dirige, par conséquent, vers la réussite scolaire.

La rétroaction donnée à l'élève prend la forme d'une reformulation adaptée à son mode de communication (ce concept est abordé plus en détail au chapitre 3). Cette reproduction verbale des faits lui montre que son enseignant désire qu'il s'exprime. Une telle façon de faire ne brusque pas l'élève. Elle ne freine pas sa démarche, respectant au contraire ses méthodes d'apprentissage. La rétroaction permet donc d'engendrer une relation de confiance et d'ouverture, pour ensuite permettre à l'enseignant d'obtenir une écoute active de la part de l'élève. Cette confiance réciproque a pour effet de stimuler la communication. L'élève est alors prédisposé à écouter ce que l'enseignant lui dira. Le message aura un effet positif sur lui et sur son cheminement.

Le modèle du sandwich

Pour qu'une intervention soit bénéfique, l'enseignant doit éviter de dire à l'élève ce que celui-ci veut entendre lorsque son comportement n'est pas approprié. L'enseignant doit plutôt lui dire ce qu'il pense, afin de corriger ce comportement. Il y a un moyen de passer le message avec délicatesse même si la rétroaction est franche. Il s'agit de le présenter sous la forme métaphorique d'un sandwich, c'est-à-dire en trois étapes. On débute avec un énoncé spécifique positif, on poursuit en parlant du comportement inapproprié et l'on termine avec un énoncé général constructif.

Modèle du sandwich

Modèle de communication qui permet de donner une rétroaction. Ce modèle comporte trois étapes : un énoncé spécifique positif, un énoncé sur le comportement à corriger et un énoncé général constructif.

La figure 2.2 montrent un exemple de l'utilisation du **modèle du sandwich**. Un père s'adresse à ses enfants alors que ceux-ci se trouvent dans une situation dangereuse ; il souhaite les réprimander de façon constructive.

En classe, le modèle du sandwich permet de faire passer efficacement une rétroaction qui aurait pu être perçue négativement par l'élève. L'élève est alors moins sur la défensive et plus réceptif au message que l'enseignant veut lui transmettre. De plus, lorsque l'enseignant encourage les élèves à adopter ce modèle de communication avec leurs camarades, ils sont forcés de trouver quelque chose de positif à formuler. Par conséquent, les élèves qui ont tendance à trouver à redire à tout deviennent plus soucieux de leur attitude et peuvent ainsi orienter leur communication de manière plus constructive.

Le modèle du sandwich comporte les caractéristiques suivantes :

- Il permet de maintenir une relation ouverte, saine et intègre.
- L'élève peut s'améliorer, car il sait exactement quoi faire.
- Il connaît les règles et les consignes formulées par l'enseignant.
- Il se sent moins menacé et plus respecté, ce qui favorise le changement.
- L'enseignant a l'occasion d'établir une communication orientée stratégiquement vers la réalisation d'un objectif préétabli.
- Les élèves entre eux apprennent à s'apprécier et à se respecter davantage.

Figure 2.2 **Le modèle du sandwich**

Énoncé spécifique positif: « Vous semblez avoir beaucoup de plaisir sur le balcon. »

Énoncé sur le comportement à corriger: « Il est plus sécuritaire de rester sur le balcon sans grimper sur la rampe. »

Énoncé général constructif: « Je sais que vous êtes capables d'être prudents. »

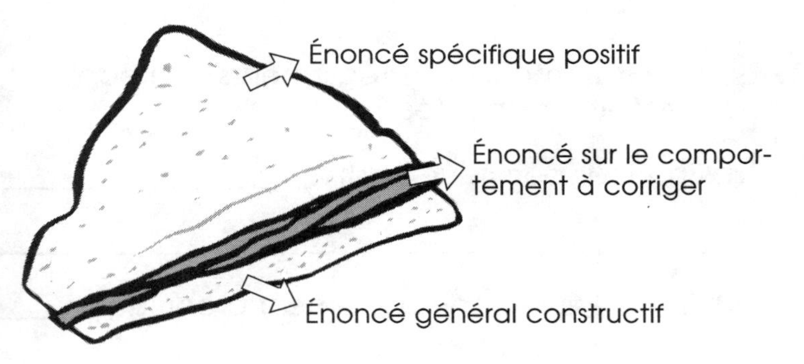

- Ils apprennent à mieux écouter les autres et à communiquer leurs messages plus clairement.

Pour que la rétroaction soit significative et qu'elle crée l'effet voulu, il est essentiel qu'elle soit donnée à l'élève immédiatement à la suite d'un événement. Il peut s'agir d'un comportement à améliorer ou d'une attitude à modifier en vue d'obtenir plus de succès. La qualité de la rétroaction dépend de la rapidité du retour de l'information, ainsi que des mots choisis par l'enseignant lors de son intervention auprès de l'élève. Elle dépend également de l'utilisation d'un langage verbal et non verbal approprié et cohérent. Les mots servent à éliminer des résistances et à tempérer une situation scolaire contraignante ou contrariante (*voir le chapitre 7*). Le langage non verbal (*voir le chapitre 8*), de son côté, sert à soutenir une communication axée sur les résultats.

La fiche 5 de l'enseignant (*voir la page 30*) vous donnera la possibilité de mettre en pratique les trois étapes du modèle du sandwich.

Le fait pour l'enseignant de présenter un message sous la forme métaphorique du sandwich lui permet de bien se faire comprendre par l'élève sans le brusquer et tout en gardant un bon rapport avec lui. En particulier, l'énoncé général de la troisième étape permet à la mémoire de l'élève d'enregistrer une conclusion agréable. Ainsi, l'enseignant peut terminer un entretien avec l'élève en lui disant: « Je savais qu'on finirait par bien s'entendre », « Tu verras que cela ira beaucoup mieux la prochaine fois », « J'ai confiance en toi et je sais que tu es capable de réussir », « Il y a toujours moyen de s'en sortir » ou « Il y a une solution à tout problème. » Notons que ces commentaires doivent avoir un lien avec le comportement positif souhaité.

Nom : ______________________ Date : ______________

Fiche 5 de l'enseignant

Le modèle du sandwich

Trouvez des énoncés qui traduisent l'idée à transmettre selon les trois étapes du modèle du sandwich.

1. Idée à transmettre : les règlements de l'école doivent être respectés.

a) Énoncé spécifique positif ______________________

____

b) Énoncé sur le comportement à corriger ______________________

____

c) Énoncé général constructif ______________________

____

2. Idée à transmettre : il est interdit de porter une casquette à l'intérieur de l'école.

a) Énoncé spécifique positif ______________________

____

b) Énoncé sur le comportement à corriger ______________________

____

c) Énoncé général constructif ______________________

____

3. Idée à transmettre : le matin, tu dois arriver à l'heure à l'école.

a) Énoncé spécifique positif ______________________

____

b) Énoncé sur le comportement à corriger ______________________

____

c) Énoncé général constructif ______________________

____

En tant qu'enseignant, vous pourrez vérifier la qualité de votre rétroaction au moyen de la présence ou de l'absence éventuelle de comportements inappropriés. Le modèle du sandwich peut aussi être utilisé par les élèves entre eux, particulièrement lorsque l'enseignant les met dans une situation où ils sont encouragés à se critiquer ou à s'évaluer. Par exemple, lors de l'exposé oral d'un élève, les autres élèves de la classe peuvent souligner les points forts de son argumentation, de même que les améliorations qu'il pourrait apporter. Le tableau 2.2 donne quelques exemples supplémentaires de rétroaction que l'enseignant peut fournir à l'élève.

Tableau 2.2 Des exemples de rétroaction

Message à transmettre	Rétroaction selon le modèle du sandwich
« Tu ne fournis pas d'effort suffisant pendant les cours d'arts plastiques. »	**Première étape**: « Ton enseignant d'arts plastiques m'a dit que tu étais très ponctuel. » **Deuxième étape**: « Par contre, j'ai cru comprendre que tu pouvais faire beaucoup mieux côté créativité… » **Troisième étape**: « Je sais que, la prochaine fois, tu lui montreras tous tes talents ! »
« J'aimerais que tu cesses d'être agressif avec tes camarades. »	**Première étape**: « L'ambiance s'est améliorée cette semaine à l'école. » **Deuxième étape**: « Quand on a un conflit avec une personne, je crois qu'il est plus avantageux de discuter avec elle plutôt que de la frapper. » **Troisième étape**: « La prochaine fois, en cas de conflit, je compte sur toi pour parler avec le surveillant dans la cour de l'école, afin qu'il t'aide à résoudre cette situation. »
« Garde ton agenda propre et lisible, afin de t'y retrouver. »	**Première étape**: « J'ai remarqué que tu présentes bien tes travaux avec des en-têtes très propres. » **Deuxième étape**: « Ce serait bien si tu pouvais t'appliquer autant dans ton agenda. » **Troisième étape**: « J'ai toujours constaté que tu avais une bonne organisation. »

En bref...

- Les cadres de conduite, qui se fondent sur l'approche systémique, guident et structurent les interventions. Ces cadres sont composés de l'écologie, de la gestion des conséquences et de la rétroaction.
- L'écologie fait partie intégrante du processus de communication. Elle permet de respecter la personne et ses besoins.
- Pour tenter d'influencer une personne, il faut lui proposer des choix.
- La gestion des conséquences passe par une définition claire des règles et des attentes, en plus des conséquences logiques qui y sont rattachées.
- La rétroaction crée la motivation qui, elle, mène l'élève au succès.
- Plus la rétroaction est effectuée tôt, plus elle s'avère efficace.
- La rétroaction peut être présentée sous la forme métaphorique d'un sandwich. Ce modèle comprend trois étapes : l'énoncé spécifique positif, l'énoncé sur le comportement à corriger et l'énoncé général constructif.
- La rétroaction peut être utilisée par les élèves entre eux.

Pour en savoir plus

CANAL, Jean-Luc, Pascal PAPILLON et Jean-François THIRION (1994). *Les outils de la PNL à l'école*, Paris, Les Éditions d'Organisation.

DAVID, Isabelle (2003). *Manuel du maître praticien en PNL*, Sainte-Anne-des-Lacs, IDCOM International.

DUBÉ, Louis (1996). *Psychologie de l'apprentissage*, Québec, Presses de l'Université du Québec.

ESSER, Monique (1993). *La PNL en perspective*, Bruxelles, Éditions Labor.

GORDON, Thomas (1979). *Enseignants efficaces*, Montréal, Éditions du Jour.

JACOBSON, Sid (1983). *Meta-Cation: Prescriptions for Some Ailing Educational Processes*, Cupertino, Meta Publications.

LABORDE, Genie (1987). *Influencer avec intégrité : la programmation neurolinguistique dans l'entreprise*, Paris, InterÉditions.

CHAPITRE 3

Les modes sensoriels

« Quel est ton mode dominant ? »

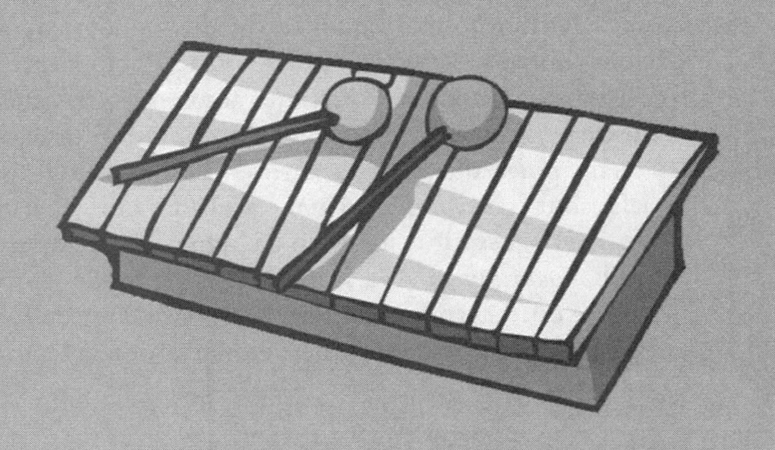

Système de représentation sensoriel

Système qu'utilise l'individu pour collecter de l'information et pour s'exprimer. Ce système comprend les modes sensoriels visuel, auditif, kinesthésique, olfactif et gustatif.

Mode sensoriel

Une modalité des représentations sensorielles ; celle-ci peut être visuelle, auditive, kinesthésique, olfactive ou gustative.

Visuel (V)

Mode sensoriel qui utilise les images pour collecter de l'information ou pour s'exprimer.

Auditif (A)

Mode sensoriel qui utilise les sons pour collecter de l'information ou pour s'exprimer.

Kinesthésique (K)

Mode sensoriel qui utilise les émotions et les mouvements du corps pour collecter de l'information ou pour s'exprimer. De plus, processus par lequel les émotions sont vécues ou remémorées lors de la recherche de l'information interne.

Olfactif (O)

Mode sensoriel qui utilise les odeurs pour collecter de l'information ou pour s'exprimer.

Gustatif (G)

Mode sensoriel qui utilise le goût pour collecter de l'information ou pour s'exprimer.

Dans le domaine de l'éducation, il est primordial de posséder des outils de communication efficaces, car l'enseignant doit développer des compétences, ainsi que transmettre des connaissances et des messages. Pour que cette transmission soit directe et atteigne son but, il est nécessaire que l'enseignant utilise les outils qui seront les plus appropriés aux diverses situations vécues, ainsi qu'aux élèves avec lesquels il travaille. À cet égard, la programmation neurolinguistique prend en considération non seulement le contenu du message, mais aussi les moyens et les représentations qui permettent de communiquer. Lorsque l'enseignant sait de quelle façon un élève reçoit l'information, il a la possibilité d'adapter son enseignement à cet élève et d'améliorer ses rapports avec lui.

Dans un processus d'acquisition de connaissances (*voir la figure 3.1*), la première étape consiste à collecter de l'information. La collecte s'effectue à l'aide des cinq sens, qui font partie d'un ensemble nommé le **système de représentation sensoriel**. L'être humain a tendance à privilégier un sens, aussi appelé **mode sensoriel**, plutôt qu'un autre ; il peut également arriver qu'il ait plus d'un mode dominant. L'information recueillie est alors encodée dans la mémoire à court terme de différentes manières, selon que la personne utilise un processus de sélection, de distorsion ou de généralisation (*voir le chapitre 4*). Cette information est ensuite entreposée dans la mémoire à long terme. Puis, lorsqu'une information spécifique est requise, la personne y fait appel. Elle la récupère dans le but de la transmettre ou de l'exprimer. Durant cette étape de l'expression de l'information, la personne privilégie un mode sensoriel qui ne sera pas nécessairement le même que celui qu'elle a utilisé lors de la collecte de l'information.

Ce chapitre présente principalement deux de ces étapes, soit la collecte et l'expression de l'information. Ces deux étapes sont très importantes dans la relation entre l'enseignant et les élèves, car elles permettent de déterminer comment s'effectue la communication, puis de procéder aux changements désirés. Pour terminer, nous aborderons un autre aspect de la représentation de l'information, soit la mémorisation et le rappel de l'information (ancrage).

La collecte de l'information selon les modes sensoriels

Les cinq sens de l'être humain lui permettent de percevoir et de coder les données qu'il reçoit du monde extérieur. Chaque individu sélectionne la « porte de perception », soit le sens (ou mode sensoriel) qui aura préséance dans un contexte particulier. Il recueillera alors plus d'informations par cette porte que par les autres. Les cinq modes sensoriels sont les modes **visuel**, **auditif**, **kinesthésique**, **olfactif** et **gustatif**, que l'on désigne par l'acronyme VAKOG (*voir la figure 3.2*). En général, le mode sensoriel privilégié est déterminé dès l'enfance. Au début de la vie, le stade de développement de l'enfant joue évidemment

Figure 3.1 Le processus d'acquisition de l'information

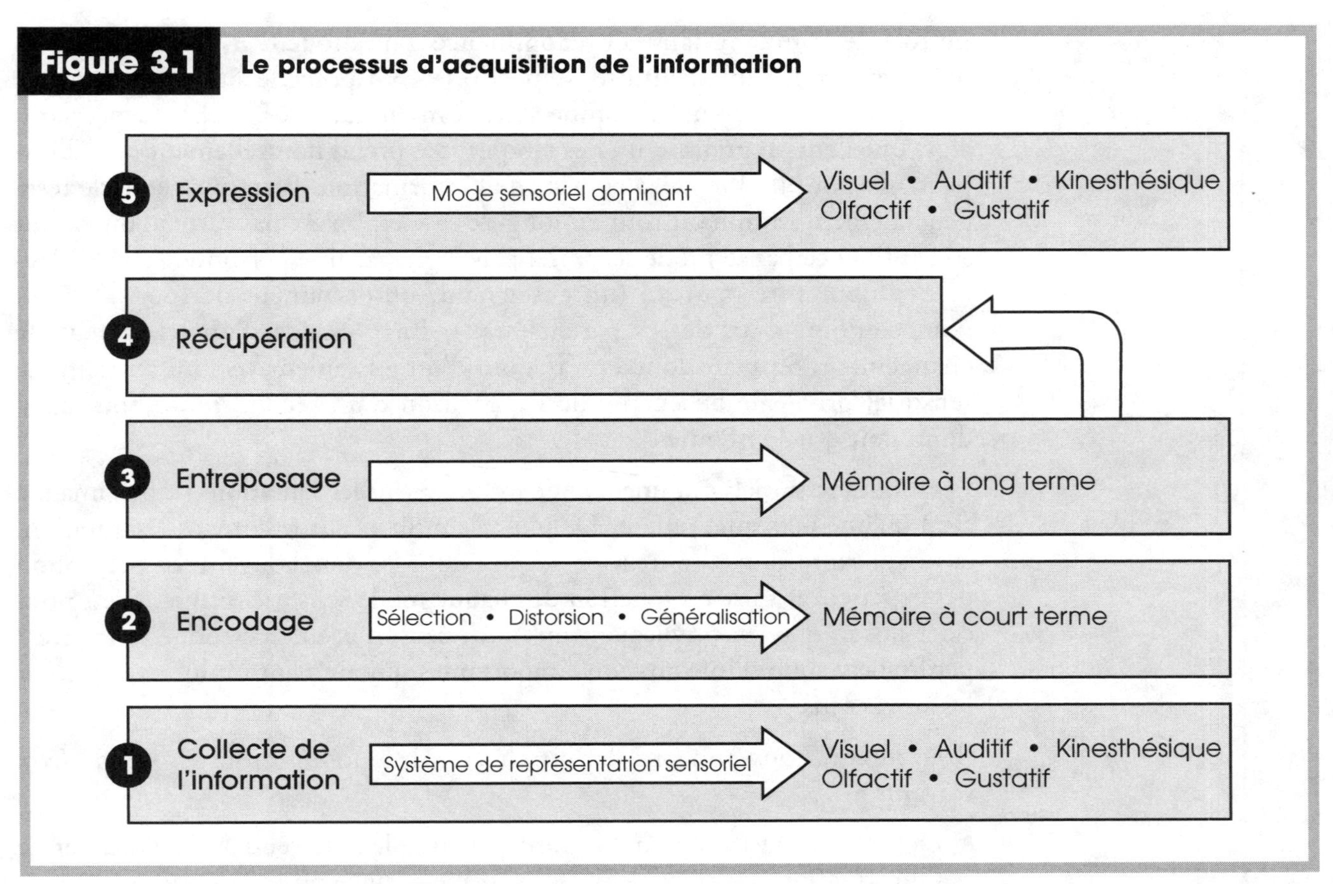

Figure 3.2 Les modes sensoriels (sens)

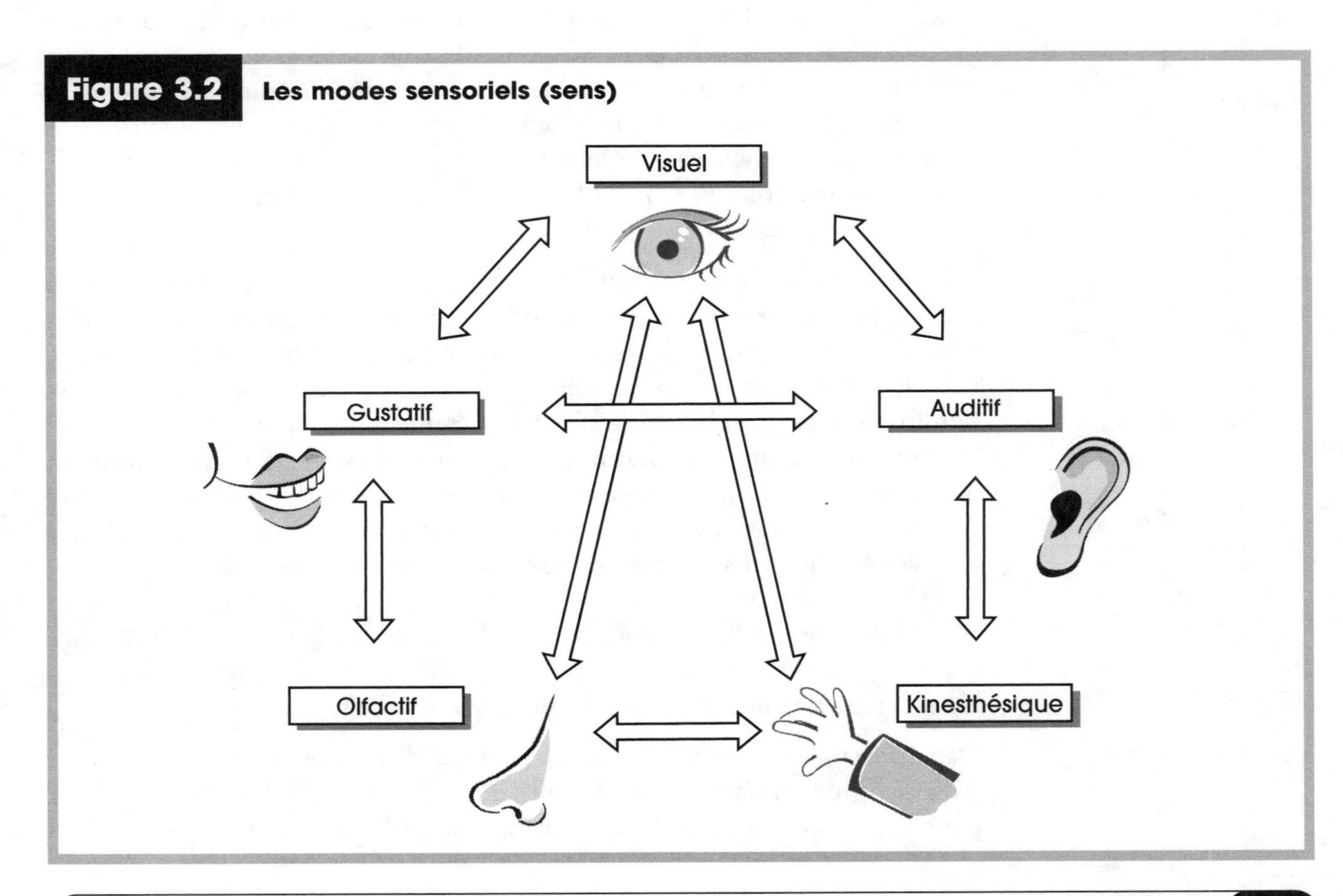

un rôle déterminant dans la prédominance d'un mode. Par exemple, jusqu'à un an environ, l'enfant utilise beaucoup le goût pour découvrir son univers en mettant tout ce qui lui tombe sous la main dans sa bouche. Cependant, alors que l'enfant grandit, un des cinq modes prend naturellement plus d'importance pour lui lors de la collecte de l'information. Bien que ce mode reste généralement dominant tout au long de sa vie, il n'est pas rare qu'un enfant soit influencé par le mode sensoriel privilégié par une personne particulièrement importante pour lui (un enseignant, un entraîneur de sport, le nouveau conjoint d'un de ses parents, etc.). En présence d'un tel facteur de changement, on peut donc être témoin d'un glissement vers un autre mode sensoriel privilégié ou encore de l'apparition d'un second mode tout aussi dominant que le premier.

Les modes sensoriels ont une grande influence sur les sensations (mots, images, etc.) qu'une personne retient. De plus, ils influencent le corps : la respiration, la voix, l'expression corporelle et la façon dont les yeux bougent. La perception des expériences varie en fonction de chaque mode sensoriel utilisé. C'est pour cette raison que, en privilégiant un mode sensoriel, une personne se trouve à perdre beaucoup d'informations importantes qui auraient pu lui parvenir par les autres sens.

Brièvement, nous pouvons définir chacun des modes sensoriels de la façon suivante :

- La personne ayant une prédominance visuelle aura tendance à collecter de l'information qui se présente sous forme imagée ou graphique.
- La personne qui favorise l'auditif sera portée à récolter de l'information sonore.
- La personne utilisant principalement le kinesthésique sera fortement attirée par les émotions, par la gestuelle et par tout ce qui est tactile.
- La personne privilégiant l'olfactif sera très influencée par les odeurs.
- La personne utilisant surtout le gustatif sera particulièrement sensible aux saveurs.

Lorsque l'enseignant présente un contenu, il doit prendre en considération le fait que chaque élève privilégie un mode sensoriel pour collecter de l'information. Il importe donc d'adapter cette information aux différents modes sensoriels des élèves. Par exemple, sachant que la plupart des modes sensoriels se retrouvent dans une classe, l'enseignant présentera un contenu à la fois visuel (comportant des images), auditif (en apportant des explications ou en utilisant de la musique) et kinesthésique (en faisant bouger les enfants, en suscitant des émotions et en transmettant ses propres émotions). Lorsque cela s'y prête, il ajoutera des éléments olfactifs (en présentant aux élèves des animaux) ou gustatifs (en leur montrant à cuisiner des plats simples en toute sécurité). Notons cependant que, de façon générale, peu de personnes ont une prédominance olfactive ou gustative. On trouve bien sûr des cas particuliers, tels que les œnologues et les parfumeurs (olfactifs), ainsi que les chefs cuisiniers (gustatifs).

Dans un contexte d'étude pour un examen, l'élève qui connaît son mode sensoriel prédominant sera en mesure de choisir la méthode la plus efficace pour se préparer. Un visuel aura besoin de regarder ses notes de cours, tandis qu'un auditif voudra « entendre » ses notes en les relisant à voix haute, ou encore il demandera à un camarade de lui poser des questions. De son côté, le kinesthésique aura besoin d'une ambiance propice à l'étude, c'est-à-dire d'un environnement rassurant où il sera le moins possible dérangé par des sources visuelles ou sonores. L'olfactif pourra étudier en faisant brûler de l'encens, tandis que le gustatif pourra préparer son examen en buvant une boisson rafraîchissante, comme un jus, ou une boisson stimulante, comme du café ou un cola.

Dans toute situation, une personne filtre l'information qu'elle reçoit selon ses préférences sensorielles. Par conséquent, un élève peut très bien écouter l'enseignant sans pour autant comprendre parfaitement tout ce qu'il a dit, et ce, pour la simple raison que son mode sensoriel prédominant n'a pas été sollicité.

Prenons l'exemple d'un élève qui collecte de l'information à partir du mode sensoriel kinesthésique. L'enseignant aura beau lui expliquer un concept donné à l'aide de plusieurs dessins, les chances sont minces que cet élève comprenne ce concept et l'intègre. Pour qu'il apprenne, il est essentiel qu'il participe physiquement à son processus d'apprentissage. Une telle situation n'est pas étrangère au fait que certains élèves préfèrent les cours d'arts plastiques, d'éducation physique ou encore les laboratoires en sciences.

Comment reconnaître le mode sensoriel privilégié pour collecter de l'information ?

Pour pouvoir reconnaître le mode sensoriel privilégié par un élève, l'enseignant peut se poser des questions, observer le comportement général de l'élève et le mouvement de ses yeux (*voir la page 41*) dans un contexte spécifique.

Les questions clés

Dans le but de découvrir le mode sensoriel privilégié par l'élève, ce qui pourra faciliter chez lui la collecte de l'information, l'enseignant peut se poser les questions suivantes :

- « Quel mode sensoriel préfère cet élève pour recevoir l'information ? »
- « De quoi a-t-il absolument besoin afin de retenir ce que je lui enseigne ? »
- « Quel est son matériel didactique préféré : les images ? la musique ? autre chose ? »

Voici un exemple concernant la reconnaissance des modes sensoriels dominants de collecte de l'information chez des élèves. Au primaire, dans un cours de sciences, certains élèves réussissaient les examens seulement lorsqu'il y avait eu des manipulations au préalable. Plusieurs élèves avaient saisi les notions présentées après les avoir expérimentées. Même après que l'enseignant avait expliqué que l'air occupe un espace dans un verre en apparence vide et que l'eau ne pourra y entrer si l'on enfonce le verre dans un bac d'eau, certains élèves ne voyaient pas pourquoi l'eau ne pouvait entrer dans le verre. Cependant, après avoir manipulé le verre eux-mêmes (mode d'encodage kinesthésique), ces élèves ont compris la notion de l'air occupant un espace.

Voici un autre exemple, cette fois en lecture. Un groupe d'élèves devaient réaliser une tâche de compréhension de texte. Ils n'avaient pas le droit d'écrire sur le document même. Il s'est avéré que la capacité à repérer et à sélectionner l'information de plusieurs élèves en a été réduite. À l'opposé, lorsque les mêmes élèves ont pu utiliser un surligneur (mode d'encodage visuel), les résultats ont été positifs au point de dépasser les attentes de l'enseignant.

Il est également important pour l'enseignant de connaître son propre mode sensoriel dominant, car celui-ci influera sur sa collecte de l'information. S'il a conscience du large éventail d'informations qui sont transmises durant une communication, il sera à même d'enrichir son bagage pour pouvoir mieux communiquer. Cela est d'autant plus nécessaire que l'être humain a tendance à utiliser son mode sensoriel privilégié et, par conséquent, à négliger les autres modes sensoriels. Dans le contexte de l'enseignement, cela se fait bien sûr au détriment des modes sensoriels de certains élèves.

Voici quelques exemples de reconnaissance des modes sensoriels dominants de collecte de l'information par l'enseignant. L'enseignant qui désire recevoir de l'information de façon visuelle fera en sorte que les élèves présentent leurs travaux suivant le mode visuel. Ainsi, il leur demandera, dans un contexte de résolution de problèmes, d'illustrer leur démarche. Ce faisant, il ne fera pas appel aux autres modes sensoriels que choisissent habituellement certains de ses élèves.

Dans le cas d'un enseignant dont le mode sensoriel prédominant est auditif, il pourrait être dérangé par des bruits de fond, alors qu'un jeune lui explique quelque chose. Plus il y aura de bruit, plus il sera difficile pour l'enseignant de bien se concentrer et de bien entendre l'information dont il aurait besoin pour intervenir auprès de l'élève.

La fiche 6 de l'enseignant de la page suivante vous permettra de déterminer votre propre mode sensoriel de collecte de l'information. Cette connaissance vous sera précieuse dans l'exercice de vos fonctions. Vous pourrez aussi recourir à ce mode sensoriel dans le cas où la mémorisation des informations s'avère importante. La fiche 2 d'observation de l'élève (*voir la page 40*), quant à elle, vous permettra de repérer chez l'élève son mode sensoriel dominant de collecte de l'information. Selon le mode que vous découvrirez, vous pourrez ajuster votre enseignement en conséquence afin d'accéder à la manière de fonctionner de l'élève, ce qui vous permettra de faire des interventions plus efficaces.

Nom : ______________________ Date : ______________

Fiche 6 de l'enseignant

Votre mode sensoriel dominant dans une situation de collecte de l'information

Répondez à chacun des énoncés. Pour tous les énoncés où vous aurez répondu par l'affirmative, notez le mode sensoriel correspondant en utilisant l'interprétation des résultats de la page 62. Faites ensuite le total de vos résultats.

Énoncé	Oui	Non	Mode sensoriel
1. Je préfère que l'élève me montre son problème écrit plutôt qu'il me questionne.			
2. Il est important pour moi que l'élève m'exprime oralement ses questionnements.			
3. Quand les enfants se rapprochent de moi, il faut que je m'assure qu'ils comprennent vraiment la consigne.			
4. Les odeurs m'apportent beaucoup d'informations essentielles.			
5. Lors de réunions, je préfère que l'ordre du jour nous soit donné par écrit.			
6. Le ton d'un collègue a un effet sur mon humeur.			
7. Lorsque je reçois les parents, je m'assois dans un fauteuil très confortable plutôt que sur une chaise en bois.			
8. Je laisse mijoter mes idées.			
9. Je suis attentif à mes émotions.			
10. J'aime bien les conférences et les causeries.			
11. Je suis porté à écrire mes idées.			
12. Le fait de prendre une boisson m'aide à me concentrer et à mieux comprendre ce que l'élève me dit.			

Résultats

Nombre de

V	A	K	O	G

Votre mode sensoriel dominant pour la collecte de l'information

Nom : ______________________ **Date :** ______________

Fiche 2 d'observation de l'élève

Le mode sensoriel dominant de l'élève pour la collecte de l'information

Posez les questions suivantes à l'élève. Pour chaque question où l'enfant aura répondu par l'affirmative, notez le mode sensoriel correspondant en utilisant l'interprétation des résultats de la page 62. Faites ensuite le total des résultats.

Énoncé	Oui	Non	Mode sensoriel
1. As-tu besoin de voir des graphiques, des tableaux ou des images pour comprendre ?	☐	☐	☐
2. Souhaites-tu que l'enseignant fasse une démonstration ou donne des exemples avant que tu commences un exercice ?	☐	☐	☐
3. Veux-tu fabriquer des jeux en relation avec ce que tu as appris ?	☐	☐	☐
4. As-tu besoin de répéter dans ta tête les règles de grammaire pour les retenir ?	☐	☐	☐
5. As-tu besoin que je te dise comment faire ?	☐	☐	☐
6. Préfères-tu faire des expériences plutôt que de lire la théorie ?	☐	☐	☐
7. Est-ce que les odeurs sont importantes pour toi ?	☐	☐	☐
8. Prêtes-tu attention d'abord à ce que tu vois ?	☐	☐	☐
9. Est-ce que la musique te dérange lorsque tu étudies ?	☐	☐	☐
10. Est-ce qu'il t'arrive de te parler à voix haute ?	☐	☐	☐
11. Aimes-tu regarder par la fenêtre ?	☐	☐	☐
12. Est-ce que le goût de certains aliments te rappelle de bons souvenirs ?	☐	☐	☐

Résultats

Nombre de

V	A	K	O	G

Le mode sensoriel dominant de l'élève pour la collecte de l'information

Les mouvements oculaires

Une autre façon de découvrir le mode sensoriel dominant de collecte de l'information consiste à observer les **mouvements oculaires**. Plusieurs chercheurs, dont Joe Kamiya, Robert Dilts, L. Owens et T.C. Thomason (Dilts, 1983), ont démontré que les mouvements latéral et vertical des yeux sont une réponse à une attention particulière correspondant à un mode sensoriel privilégié. L'observation des mouvements des yeux est un indicateur du mode sensoriel utilisé, ainsi que du mode d'accès aux souvenirs ou à l'imaginaire; cette technique ne nous renseigne cependant pas sur les modes olfactif et gustatif. Dilts (1983) a constaté qu'il y a un lien entre les divers modes sensoriels, les ondes cérébrales et les codes d'accès à la collecte de l'information.

Mouvement oculaire
Mouvement des yeux dans une certaine direction, lequel permet de découvrir le mode d'encodage de l'information et de différencier une expérience construite d'une expérience remémorée.

L'observation des mouvements oculaires donnent une idée du mode sensoriel utilisé par l'élève lorsqu'il exécute une tâche ou pose une question. Il peut quelquefois se produire des inversions, c'est-à-dire que les yeux se dirigent dans une direction opposée à celle qui est généralement observée pour un mode sensoriel, comme c'est souvent le cas chez certains Basques espagnols. Au début de leurs recherches, Bandler et Grinder (1976) pensaient que cette particularité était liée au phénomène de l'inversion de l'hémisphère droit et de l'hémisphère gauche du cerveau que l'on constate chez les gauchers. Cependant, il ne semble pas que ce soit le cas. Encore aujourd'hui, les chercheurs ne comprennent pas parfaitement le processus qui est à l'œuvre dans le mouvement des yeux. Il est toutefois possible pour l'enseignant de savoir s'il y a inversion des mouvements oculaires chez certains élèves: il lui suffit de poser des questions qui déterminent à l'avance le mode sensoriel qui sera activé. Cette connaissance est capitale pour l'interprétation des faits qui suivra.

Afin de bien pratiquer l'observation des mouvements oculaires, l'enseignant doit placer l'élève devant lui. Les figures 3.3 à 3.9 (*voir les pages 42 et 43*) présentent les différentes positions des yeux, ainsi que leur signification. La tête de l'enfant peut également bouger, mais c'est le mouvement de ses yeux qui détermine l'accès au mode sensoriel. Vous pourrez constater, par ailleurs, qu'il n'est pas toujours facile d'interpréter les mouvements. Ainsi, lorsque l'élève regarde (du point de vue de l'observateur):

- En haut à gauche: il se trouve dans le mode **visuel construit** (V^c). Dans cette position, il a accès à son imaginaire, il est créateur, il se bâtit des images (*voir la figure 3.3*).
- En haut à droite: il se trouve dans le mode **visuel remémoré** (V^r). Il se rappelle des images qui existent déjà (*voir la figure 3.4*).
- De côté, à gauche: il se trouve dans le mode **auditif construit** (A^c). Il a accès à son imaginaire, il est créateur et se bâtit des séquences sonores (*voir la figure 3.5*).
- De côté, à droite: il se trouve dans le mode **auditif remémoré** (A^r). Il se rappelle des sons, des mots, des expressions déjà entendus (*voir la figure 3.6*).
- En bas à gauche: il se trouve dans le mode kinesthésique (K). Il est dans ses émotions (*voir la figure 3.7*).
- En bas à droite: il est dans le mode **auditif digital** (A_d). Il se parle, il dialogue avec lui-même (*voir la figure 3.8*).

Visuel construit (V^c)
Processus par lequel des images sont construites lors de la recherche de l'information interne.

Visuel remémoré (V^r)
Processus par lequel des images sont remémorées lors de la recherche de l'information interne.

Auditif construit (A^c)
Processus par lequel des sons ou des mots sont construits lors de la recherche de l'information interne.

Auditif remémoré (A^r)
Processus par lequel des sons ou des mots sont remémorés lors de la recherche de l'information interne.

Auditif digital (A_d)
Processus par lequel une personne dialogue avec elle-même.

3

Figure 3.3 **Vous faites face à l'enfant, et ses yeux se dirigent vers le haut à votre gauche : c'est le mode *visuel construit.***

Figure 3.4 **Vous faites face à l'enfant, et ses yeux se dirigent vers le haut à votre droite : c'est le mode *visuel remémoré.***

Figure 3.5 **Vous faites face à l'enfant, et ses yeux se dirigent de côté, à votre gauche : c'est le mode *auditif construit.***

Figure 3.6 **Vous faites face à l'enfant, et ses yeux se dirigent de côté, à votre droite : c'est le mode *auditif remémoré.***

Figure 3.7 **Vous faites face à l'enfant, et ses yeux se dirigent vers le bas, à votre gauche : c'est le mode *kinesthésique.***

Figure 3.8 **Vous faites face à l'enfant, et ses yeux se dirigent vers le bas, à votre droite : c'est le mode *auditif digital.***

Figure 3.9 **Les mouvements oculaires majoritairement observés (l'adulte se trouve face à l'enfant)**

V^c

Visuel = images construites

En haut à gauche

V^r

Visuel = images remémorées

En haut à droite

A^c

Auditif = mots construits

De côté, à gauche

A^r

Auditif = mots remémorés

De côté, à droite

K

Kinesthésique = émotions

En bas à gauche

A_d

Auditif = dialogue interne

En bas à droite

Afin de vérifier les mouvements oculaires, de déterminer le mode sensoriel de l'élève et de constater s'il y a inversion ou non du modèle, l'enseignant posera une série de questions à l'élève tout en observant dans quelle direction vont ses yeux. Il est fort possible que l'élève réponde : « Je ne sais pas » à une question et que, simultanément, ses yeux fassent un mouvement latéral (auditif construit ou auditif remémoré) ou un mouvement vertical (visuel construit ou visuel remémoré). Or, l'accent n'est pas mis ici sur la réponse verbale (le mode d'expression), mais sur la manière dont l'enfant encode une expérience. Le tableau 3.1 propose des exemples de questions.

En posant ces questions, l'enseignant vérifie si les yeux de l'enfant suivent le modèle de la figure 3.9. L'enseignant évitera toute question qui conditionnerait la réponse ou qui ne donnerait pas accès à l'un des modes sensoriels. Par exemple, s'il demande à l'élève : « Qu'as-tu fait hier ? », celui-ci doit, pour répondre à cette question, faire appel à une représentation interne de ce qu'il a fait la veille, et cela implique le mode kinesthésique. Il peut arriver qu'à la suite de cette question les yeux de l'enfant accèdent au mode visuel. Il doit alors se représenter une image pour répondre à la question. Voici une autre question suggérant une réponse sensorielle donnée : « Qu'est-ce que tu ressens quand tu vois la couleur de ta première bicyclette ? » Cette question ne fournira pas d'information sur le mode visuel remémoré, car elle implique que l'enfant fait appel au mode kinesthésique avant de voir.

Des applications en classe

L'observation des mouvements oculaires peut avoir plusieurs applications en classe. L'enseignant peut ainsi l'utiliser afin d'obtenir des indices de la franchise d'un élève questionné sur un événement particulier. Étant donné que ce modèle permet de savoir si l'enfant accède à un souvenir (situation réelle) ou à une

Tableau 3.1 Questions permettant d'observer les mouvements oculaires liés aux différents modes sensoriels

Expérience	Question	Mode sensoriel
Une expérience ou un fait jamais vu auparavant.	« As-tu déjà vu une tortue rouge avec des pois jaunes ? »	Visuel construit (V^c)
Une expérience ou un fait vu auparavant.	« Peux-tu te rappeler la couleur de ta première bicyclette ? »	Visuel remémoré (V^r)
Les bruits et les expressions jamais entendus auparavant.	« Comment sonnerait ma voix si j'imitais Donald Duck ? »	Auditif construit (A^c)
Les bruits et les expressions entendus auparavant.	« Peux-tu te rappeler la voix de ton enseignant de l'an dernier ? »	Auditif remémoré (A^r)
Les sensations, les émotions et les actions.	« Peux-tu te souvenir de la dernière fois que tu as touché un chat ? »	Kinesthésique (K)
Le dialogue interne.	« Peux-tu répéter à l'intérieur de toi ce que je suis en train de te dire ? »	Auditif digital (A_d)

création (construction d'une situation fictive), l'enseignant peut se sentir mieux outillé pour porter un jugement.

Par exemple, si l'élève dit qu'il n'a pas brisé l'ordinateur et que ses yeux se placent dans le mode construit, cela signifie qu'il imagine l'événement, et donc qu'il n'a pas brisé l'ordinateur. Cependant, si la position des yeux correspond au mode remémoré, cela veut dire qu'il a brisé l'appareil ou bien qu'il se remémore une expérience semblable qui lui est déjà arrivée. Le modèle des mouvements oculaires permet d'obtenir de l'information sur les processus internes, mais il ne doit pas être pris seul en considération lorsqu'il s'agit d'interpréter des événements importants. L'enseignant pourra utiliser, entre autres, l'étude du langage non verbal et de la congruence et de l'incongruence (*voir le chapitre 8*), qui fournira les éléments indispensables à un diagnostic adéquat.

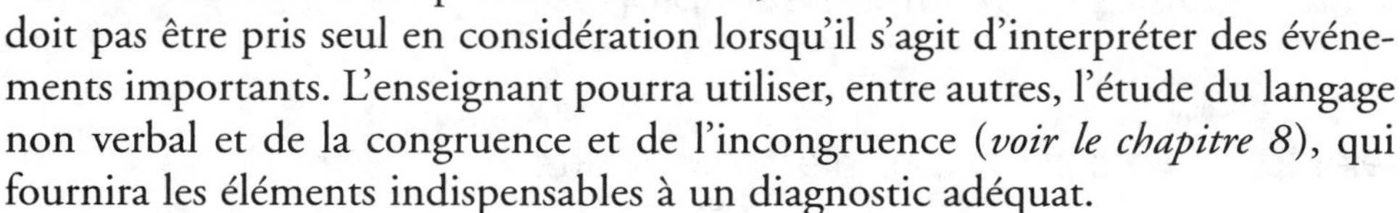

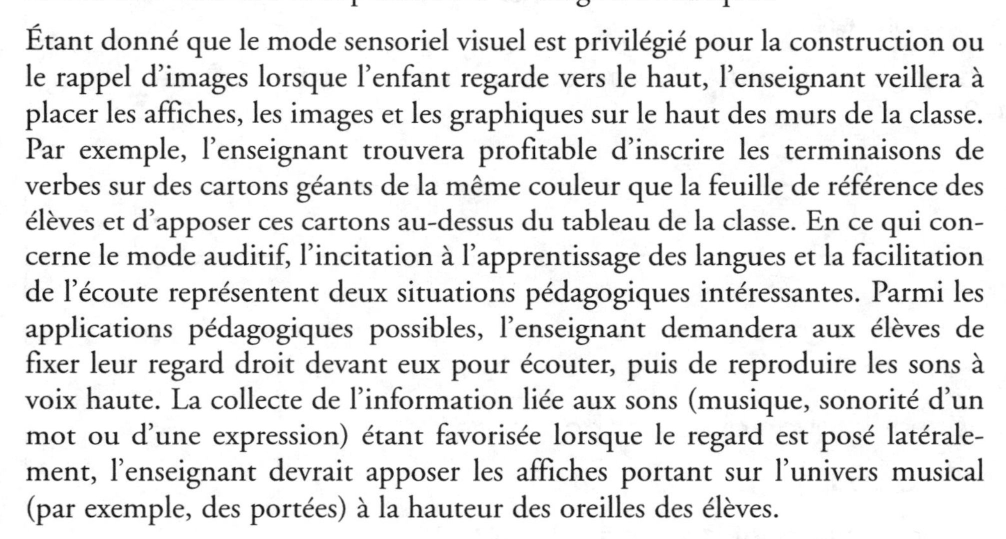

Étant donné que le mode sensoriel visuel est privilégié pour la construction ou le rappel d'images lorsque l'enfant regarde vers le haut, l'enseignant veillera à placer les affiches, les images et les graphiques sur le haut des murs de la classe. Par exemple, l'enseignant trouvera profitable d'inscrire les terminaisons de verbes sur des cartons géants de la même couleur que la feuille de référence des élèves et d'apposer ces cartons au-dessus du tableau de la classe. En ce qui concerne le mode auditif, l'incitation à l'apprentissage des langues et la facilitation de l'écoute représentent deux situations pédagogiques intéressantes. Parmi les applications pédagogiques possibles, l'enseignant demandera aux élèves de fixer leur regard droit devant eux pour écouter, puis de reproduire les sons à voix haute. La collecte de l'information liée aux sons (musique, sonorité d'un mot ou d'une expression) étant favorisée lorsque le regard est posé latéralement, l'enseignant devrait apposer les affiches portant sur l'univers musical (par exemple, des portées) à la hauteur des oreilles des élèves.

En outre, certains orthopédagogues utilisent cette technique pour favoriser l'apprentissage de l'orthographe, par exemple lorsqu'ils demandent aux élèves de fermer les yeux et de voir apparaître les lettres blanches une par une sur un tableau noir. Ces orthopédagogues observent alors le mouvement des yeux à travers les paupières. Pour que l'élève accède plus facilement à la représentation visuelle du mot, ils l'incitent à regarder vers le haut à droite lorsqu'il épelle un mot. L'efficacité de l'utilisation du mode visuel dans l'apprentissage de l'orthographe a été démontrée à maintes reprises, car cette technique facilite le rappel de la bonne orthographe (Yero, 2002).

L'enseignant aurait intérêt à exploiter certaines situations et applications pédagogiques touchant aux modes sensoriels. Ainsi, une situation pédagogique consiste à interrompre un état émotif de l'élève en le faisant passer du mode kinesthésique au mode visuel. Une autre situation consiste à ramener l'attention de l'élève vers l'enseignant en le faisant passer du mode auditif au mode visuel.

Les exercices des fiches 7 à 9 de l'enseignant et de la fiche 3 d'observation de l'élève, aux pages 46 à 50, vous permettront d'appliquer vos connaissances sur les mouvements oculaires.

Nom : ______________________ Date : ______________

Fiche 7 de l'enseignant

Les mouvements oculaires liés aux modes sensoriels de collecte de l'information

Dans cet exercice, il s'agit d'écrire des questions qui permettront d'obtenir de l'information sur la position des yeux et sur les représentations sensorielles qui s'y rapportent. Chaque question suggérera la réponse relative au mode d'accès préétabli pour l'observation. Quelques exemples sont proposés.

3

1. Visuel remémoré (V^r)

a) Peux-tu te rappeler la couleur de ta première bicyclette ?

b) Quelle est ta photo préférée ?

c) Te rappelles-tu la page couverture du livre que tu as emprunté dernièrement à la bibliothèque ?

d) ______________________

e) ______________________

f) ______________________

2. Visuel construit (V^c)

a) As-tu déjà vu une tortue rouge avec des pois jaunes ?

b) De quoi aurait l'air ton pupitre peint en vert ?

c) Peux-tu imaginer ton enseignant avec des bigoudis ?

d) ______________________

e) ______________________

f) ______________________

3. Auditif remémoré (A^r)

a) Peux-tu te rappeler la voix de ton enseignant de l'an dernier ?

b) Quelle est ta chanson préférée ?

c) Qu'est-ce que je t'ai dit tout à l'heure ?

d) ______________________

Nom : ______________________ Date : ______________

Fiche 7 de l'enseignant (suite)

e) ______________________

f) ______________________

4. Auditif construit (A^c)

a) À quoi ressemblerait ma voix si j'imitais Donald Duck ?

b) Pense au fait que ton meilleur ami a une voix aiguë.

c) Comment sonnerait la cloche de l'école si elle était comme celle de l'église ?

d) ______________________

e) ______________________

f) ______________________

5. Kinesthésique (K)

a) Peux-tu te souvenir de la dernière fois que tu as touché un chat ?

b) Peux-tu te souvenir de la dernière fois que tu as mis tes pieds dans le sable chaud ?

c) Pense à ton pyjama le plus doux.

d) ______________________

e) ______________________

f) ______________________

6. Auditif digital (A_d)

a) Peux-tu répéter à l'intérieur de toi ce que je suis en train de te dire ?

b) Qu'est-ce que tu te dis dans ta tête ?

c) À quoi penses-tu ?

d) ______________________

e) ______________________

f) ______________________

Nom : ______________________ **Date :** ______________

Suggestion du mode sensoriel « visuel »

Cet exercice est une application de la recherche sur les mouvements oculaires dans le contexte pédagogique. Il s'agit de permettre à l'élève, par divers moyens, d'accéder au mode sensoriel *visuel* pour favoriser les apprentissages. Voici un exemple :

- Situation pédagogique : interrompre un état émotif négatif
- Application pédagogique : faire passer l'élève du mode kinesthésique au mode visuel en lui demandant de dessiner son émotion.

1. Donnez un exemple de situation pédagogique :

2. Donnez un exemple d'application pédagogique :

Nom : ______________________ Date : ______________

Fiche 9 de l'enseignant

Suggestion du mode sensoriel « auditif »

Cet exercice est une application de la recherche sur les mouvements oculaires dans le contexte pédagogique. Il s'agit de permettre à l'élève, par divers moyens, d'accéder au mode sensoriel *auditif* pour favoriser les apprentissages. Voici un exemple :

- Situation pédagogique : l'apprentissage des langues
- Application pédagogique : demander à l'élève de fixer son regard droit devant lui pour écouter, puis de redire les mots à voix haute.

1. Donnez un exemple de situation pédagogique :

2. Donnez un exemple d'application pédagogique :

Nom : ____________________ Date : ____________

Fiche 3 d'observation de l'élève

Les mouvements oculaires observés

Afin de découvrir les mouvements oculaires d'un élève, utilisez les questions que nous vous avons proposées dans la fiche 7 de l'enseignant ou encore celles que vous aurez écrites. En posant ces questions, observez le mouvement et la direction des yeux de l'élève. Dessinez les pupilles des yeux en montrant la direction qu'elles prennent. Cet exercice vous permettra de déterminer si l'élève suit un mouvement inversé ou non.

1. Visuel remémoré (V^r)

a) ◯ ◯ **d)** ◯ ◯
b) ◯ ◯ **e)** ◯ ◯
c) ◯ ◯ **f)** ◯ ◯

2. Visuel construit (V^c)

a) ◯ ◯ **d)** ◯ ◯
b) ◯ ◯ **e)** ◯ ◯
c) ◯ ◯ **f)** ◯ ◯

3. Auditif remémoré (A^r)

a) ◯ ◯ **d)** ◯ ◯
b) ◯ ◯ **e)** ◯ ◯
c) ◯ ◯ **f)** ◯ ◯

4. Auditif construit (A^c)

a) ◯ ◯ **d)** ◯ ◯
b) ◯ ◯ **e)** ◯ ◯
c) ◯ ◯ **f)** ◯ ◯

5. Kinesthésique (K)

a) ◯ ◯ **d)** ◯ ◯
b) ◯ ◯ **e)** ◯ ◯
c) ◯ ◯ **f)** ◯ ◯

6. Auditif digital (A_d)

a) ◯ ◯ **d)** ◯ ◯
b) ◯ ◯ **e)** ◯ ◯
c) ◯ ◯ **f)** ◯ ◯

L'expression de l'information

Nous avons vu dans la section précédente que l'être humain perçoit et décode le monde qui l'entoure en privilégiant un des cinq modes sensoriels, soit le mode visuel, auditif, kinesthésique, olfactif ou gustatif. Il en va de même lorsque vient le temps de communiquer avec autrui. Toutefois, le mode sensoriel privilégié pour s'exprimer peut différer de celui qui prédomine lors de la collecte de l'information.

Par exemple, un élève utilisant le mode kinesthésique pour collecter de l'information peut s'exprimer selon le mode visuel. Reprenons l'expérience du verre rempli d'air, dans le cours de sciences, où le jeune avait un mode sensoriel kinesthésique dominant pour comprendre. Cependant, il expliquait son expérience en employant des termes visuels : « Je n'ai pas vu l'eau entrer dans le verre. C'est clair pour moi maintenant. »

Comment reconnaître le mode sensoriel privilégié pour s'exprimer ?

Pour reconnaître le mode sensoriel d'expression de l'élève, l'enseignant est à l'écoute des mots et des phrases à caractère sensoriel que le jeune utilise. Le choix de ses mots est influencé par son mode sensoriel dominant.

Il est à noter que les mots ne créent pas les mêmes représentations mentales selon le mode sensoriel privilégié par l'élève. Cela veut dire que les mots choisis pour s'exprimer (relater une expérience, expliquer un concept, etc.) ont un effet sur la façon dont l'information sera comprise.

Par exemple, voici une idée générale exprimée selon certains modes sensoriels :

- **Visuel :** « Je ne vois pas ce que tu veux dire. »
- **Auditif :** « Je n'entends pas ce que tu veux dire. »
- **Kinesthésique :** « Je ne ressens pas ce que tu veux dire. »

Nous verrons maintenant certains contextes liés à l'expression des différents modes sensoriels. Voici une série de cinq phrases qui pourraient exprimer l'irritation d'un individu selon chacun des cinq modes sensoriels :

- **Visuel :** « Arrête ! Je ne suis plus capable de voir cela en peinture ! »
- **Auditif :** « Cesse de me casser les oreilles avec cela ! »
- **Kinesthésique :** « Ça suffit ! Cela me tape sur les nerfs ! »
- **Olfactif :** « Assez ! Cela me pue au nez ! »
- **Gustatif :** « J'en ai marre ! Je n'ai plus le goût de discuter de cela ! »

Voici une série de cinq phrases qui pourraient exprimer les soupçons d'un individu selon les cinq modes sensoriels :

- **Visuel :** « Ce qu'il dit n'a pas l'air vrai. »

- **Auditif :** « Ce qu'il dit sonne faux. »
- **Kinesthésique :** « Ce qu'il dit transpire le mensonge. »
- **Olfactif :** « Ce qu'il dit sent le canular. »
- **Gustatif :** « Il me raconte des salades. »

Voici une série de cinq phrases qui pourraient confirmer la compréhension d'un individu selon les cinq modes sensoriels :

- **Visuel :** « Selon toi, qu'est-ce qui n'est pas clair ? »
- **Auditif :** « Qu'est-ce qui cloche ? »
- **Kinesthésique :** « Qu'est-ce que tu ne saisis pas ? »
- **Olfactif :** « Utilise ton flair pour me préciser ce que tu ne comprends pas. »
- **Gustatif :** « Dis-moi quelle notion tu trouves plus difficile à digérer. »

Prédicat

Mot ou expression spécifique favorisé par un mode sensoriel donné.

Chaque mode sensoriel fait appel à un vocabulaire différent. En PNL, les mots ou les expressions qu'une personne utilise pour s'exprimer sont nommés « **prédicats** ». Le tableau 3.2 présente une liste de prédicats en relation avec chaque mode sensoriel. Il est à noter que, suivant les contextes, certains prédicats peuvent être associés à plus d'un mode sensoriel ; par exemple, le substantif « choc » peut renvoyer au mode auditif, en raison d'un bruit qui est produit, et au mode kinesthésique, vu la sensation physique qui est provoquée.

Il arrive que certains prédicats ne spécifient pas le mode sensoriel privilégié, d'où leur appellation de modalités non spécifiques (*voir le tableau 3.3*). Des mots tels que « comprendre », « découvrir » et « demander » ne donnent pas d'emblée d'information sur le mode sensoriel utilisé pour comprendre, découvrir ou demander. Par exemple, pour comprendre, une personne peut avoir besoin de voir quelque chose (mode visuel), d'entendre certains sons (mode auditif) ou encore de passer à l'action (mode kinesthésique).

Pour pouvoir décoder le mode sensoriel utilisé par l'élève lorsqu'il dit qu'il comprend, l'enseignant aura besoin de lui poser d'autres questions, telles que les suivantes :

- « Comment sais-tu que tu as compris ? »
- « Qu'est-ce qui t'a aidé à bien comprendre le sujet ? »
- « Comment t'y es-tu pris pour bien comprendre la notion ? »
- « De quoi as-tu eu besoin pour mieux assimiler ? »

À la première question, l'élève pourrait répondre : « Je sais que j'ai compris parce que j'ai été capable de refaire l'exercice dans ma tête. » Dans ce cas, il est possible que le mot « refaire » renvoie au mode kinesthésique. Il est également possible que l'enfant se représente une image interne. Pour en savoir plus, l'enseignant pourrait lui poser une autre question : « Comment t'y prends-tu pour refaire l'exercice dans ta tête ? » L'élève pourrait alors répondre : « Je vois apparaître des bâtonnets de dizaines et j'en enlève. » Cette réponse signale qu'il utilise le mode visuel pour collecter de l'information. Ainsi, un mot exprimé en des termes non spécifiques, tel que « comprendre », apporte de l'information

Tableau 3.2 Les prédicats liés aux modes sensoriels

Mode sensoriel	Noms	Adjectifs	Verbes	Adverbes	Expressions
visuel	• écran • tableau • graphique • colonne • verticale	• clair • brillant • apparent • éclatant • remarquable	• voir • regarder • clarifier • illustrer • montrer	• visiblement • visuellement • lisiblement • clairement • brillamment	• Une image vaut mille mots. • jeter un coup d'œil • Ça regarde mal! • Allume! • Regarde comme c'est beau!
auditif	• cloche • bruit • note • refrain • déclic	• bavard • bruyant • résonant • discordant • mélodieux	• marmonner • écouter • crier • déclarer • sonner	• verbalement • harmonieusement • mélodieusement • bruyamment • délicatement	• être sur la même longueur d'onde • mettre l'accent sur… • suivre le rythme • se souvenir mot à mot • hausser le ton
kinesthésique	• pression • choc • tension • sensation • agitation	• épais • agité • apaisant • irritant • insupportable	• pousser • frapper • toucher • porter • ressentir	• confortablement • fortement • tendrement • instinctivement • sensiblement	• taper sur les nerfs de quelqu'un • en avoir ras le bol • se mettre les pieds dans le plat • mettre le doigt dessus • avoir bien saisi
olfactif	• odeur • parfum • arôme • senteur • essence	• épicé • frais • puant • parfumé • aigre	• empester • sentir • flairer • renifler • respirer	*En contexte, certains adverbes peuvent être liés au mode olfactif (vaporeusement, légèrement, etc.). Certains adjectifs sont, en outre, considérés comme des adverbes de manière lorsqu'ils modifient le sens du mot auquel ils se rapportent (sentir bon, par exemple). Toutefois, il n'existe pas en français d'adverbe qui évoque clairement le mode olfactif.*	• ne pas pouvoir sentir quelqu'un • sentir la soupe chaude • à plein nez • au pif • respirer le bonheur
gustatif	• saveur • goût • amertume • appétit • soif	• mielleux • épicé • amer • juteux • mordant	• déguster • saliver • goûter • alimenter • s'empiffrer	• savoureusement • amèrement • aigrement • goulûment • juteusement	• avoir le goût du risque • Il m'a laissé sur mon appétit. • manquer de piquant • avoir soif de savoir • avoir une faim de loup

Tableau 3.3 Les modalités non spécifiques

Noms	Adjectifs	Verbes	Adverbes	Expressions
• analyse • distinction • réflexion • solution • remarque	• motivant • intéressant • raisonnable • conscient • confus	• apprendre • comprendre • savoir • analyser • décoder	• sincèrement • évidemment • considérablement • favorablement • distinctement	• Je réfléchis sur le problème. • J'ai trouvé la solution. • Je considère que c'est faux. • J'analyse le problème. • Je prends conscience de ce que tu me dis.

non pas sur le mode sensoriel utilisé pour s'exprimer, mais sur le mode sensoriel privilégié de collecte de l'information, ce qui est déterminant dans l'intégration des notions.

La fiche 10 de l'enseignant et la fiche 4 d'observation de l'élève (*voir la page 56*) vous aideront à déterminer respectivement votre mode sensoriel dominant et celui de l'élève, et ce, par rapport à l'expression.

La mémorisation et le rappel de l'information (l'ancrage)

Ancrage

Association entre un stimulus et une réponse désirée. Les déclencheurs (ancres) sont liés aux différents modes sensoriels.

Ancre

Déclencheur, ou stimulus, qui, une fois activé, permet d'accéder à une information ou à un état désiré.

L'**ancrage** est un outil utilisé en PNL pour favoriser la mémorisation ou le rappel de l'information. Cette technique consiste à associer un stimulus à une réaction, à une réponse ou à un état désiré. Une **ancre** est en fait un déclencheur (stimulus) qui, une fois activé, permet d'accéder à tout moment à une information ou à un état désiré. La personne crée ses propres ancres, qu'elles soient positives ou négatives. Par exemple, une pièce musicale peut rappeler à une personne un moment agréable, tout comme elle peut évoquer chez elle un événement triste. Certaines images ou odeurs déclenchent aussi des sensations ou des émotions. Ces déclencheurs réactivent les souvenirs dans la structure profonde, là où est encodée l'expérience sous forme sensorielle et émotive (*voir la figure 3.10 à la page 57*).

L'enseignant peut utiliser la technique de l'ancrage afin de provoquer un changement chez les élèves pour les amener à un état désiré. Par exemple, les ancres peuvent prendre les formes suivantes :

- chanter l'alphabet ;
- apprendre les terminaisons des conjugaisons en suivant un rythme particulier ;
- utiliser des autocollants tels que les étoiles dans les cahiers ;
- marquer les succès sur un tableau d'émulation en avant de la classe ;
- exprimer les réussites de l'élève au moyen de termes stimulants ;
- faire des jeux de rôles ;

Nom : ______________________ **Date :** ____________

Fiche 10 de l'enseignant

Votre mode sensoriel dominant dans une situation d'expression

Répondez à chacun des énoncés. Pour tous les énoncés où vous aurez répondu par l'affirmative, notez le mode sensoriel correspondant en utilisant l'interprétation des résultats de la page 62. Faites ensuite le total de vos résultats.

Énoncé	Oui	Non	Mode sensoriel
1. Aimez-vous mettre la main sur l'épaule de l'élève pour lui donner des consignes ?	☐	☐	☐
2. Prenez-vous le temps de bien expliquer les consignes ?	☐	☐	☐
3. Aimez-vous faire des présentations avec des projections ?	☐	☐	☐
4. Donnez-vous des cours magistraux ?	☐	☐	☐
5. Faites-vous beaucoup de gestes afin de bien expliquer ?	☐	☐	☐
6. Répétez-vous souvent à vos élèves : « Regarde-moi quand je te parle » ?	☐	☐	☐
7. Êtes-vous touché lorsque vous recevez un cadeau d'un élève ?	☐	☐	☐
8. Est-ce qu'une de vos expressions favorites est : « Je me disais aussi… » ?	☐	☐	☐
9. Au lieu de cogner à la porte du directeur, préférez-vous l'entrouvrir pour éviter qu'il sursaute ?	☐	☐	☐
10. Choisissez-vous souvent de faire travailler vos élèves en équipe ?	☐	☐	☐
11. Êtes-vous un animateur de type comédien ?	☐	☐	☐
12. Tenez-vous un crayon ou un objet en enseignant ?	☐	☐	☐

Résultats

Nombre de	V	A	K	O	G

Votre mode sensoriel dominant pour l'expression

☐

Nom : ______________________ **Date :** ______________

Fiche 4 d'observation de l'élève

Le mode sensoriel dominant de l'élève dans une situation d'expression

Pour découvrir le mode sensoriel dominant de l'élève dans une situation d'expression, prêtez attention aux mots et aux expressions qu'il utilise. Dans le tableau suivant, inscrivez les prédicats que dit un élève durant une journée en particulier et notez le mode sensoriel correspondant à chaque prédicat. Le mode sensoriel qui reviendra le plus souvent sera le mode dominant.

Nom de l'élève : ______________________

Phrases et mots exprimés (prédicats)	Mode sensoriel

Résultats

Nombre de

V	A	K	O	G

Le mode sensoriel dominant de l'élève pour l'expression

- choisir un lieu dans la classe où se déroulera toujours le même type d'activité (comme un **conseil de coopération**, des ateliers, un coin de réflexion, etc.).

Conseil de coopération
Lieu de gestion visant à développer des habiletés sociales et de coopération, ainsi qu'à inculquer des droits collectifs et individuels.

Selon l'approche de la PNL, les ancres sont liées aux différents modes sensoriels. Afin de faciliter la réalisation de ses objectifs pédagogiques, l'enseignant peut utiliser les modes sensoriels qui ont le plus d'effet sur l'ensemble de la classe, et ce, sans négliger l'utilisation d'ancres propres à chaque élève (*voir la figure 3.11*).

Figure 3.10 L'ancrage et la structure profonde

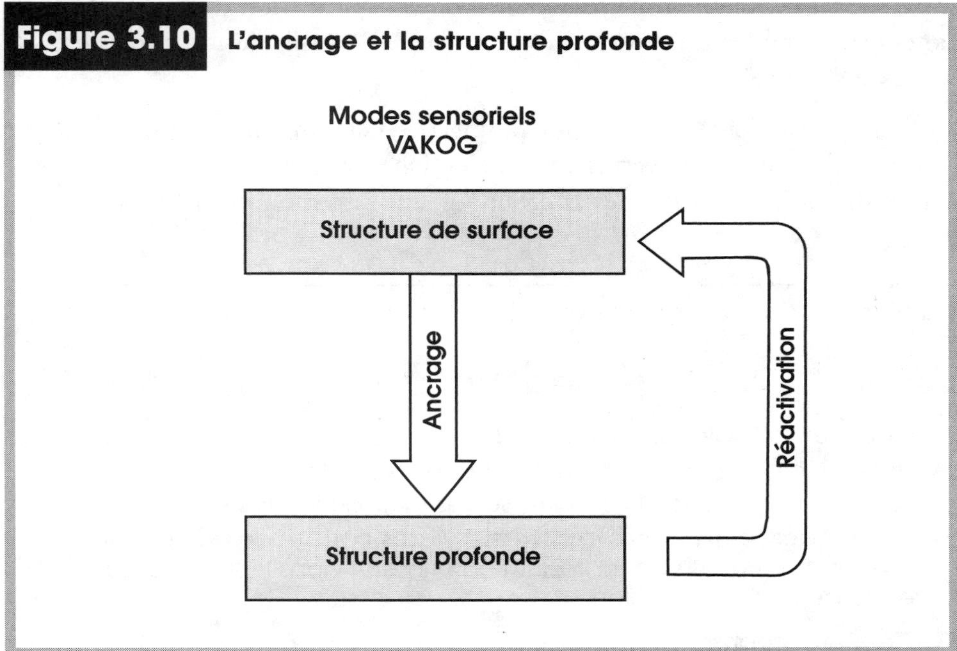

Figure 3.11 Les divers types d'ancres

Par exemple, l'enseignant utilisera différentes couleurs dans un texte à l'intention des élèves dont le mode sensoriel dominant est visuel. Pour les élèves auditifs, il expliquera un concept en recourant à des inflexions et à des changements de rythme. Pour les élèves kinesthésiques, l'enseignant emploiera des objets qu'ils pourront manipuler ou avec lesquels ils pourront jouer. L'utilisation d'ancres permet aux élèves de consolider l'apprentissage des concepts appris de cette manière.

Tous les sens peuvent être activés à différents degrés pour créer des ancres. Il appartient à l'enseignant d'être inventif dans l'application de la technique de l'ancrage. Le tableau 3.4 présente des exemples d'utilisation d'ancres dans le contexte scolaire.

La fiche 11 de l'enseignant, vous permettra d'établir une liste d'ancres que vous utilisez avec vos élèves, tandis que la fiche 12 (*voir la page 60*) vous donnera l'occasion de choisir des ancres pour une situation donnée.

Tableau 3.4 Exemples d'ancres dans le contexte scolaire

Mode sensoriel	Exemples d'ancres
Visuel	• Encercler les mots importants. • Utiliser une couleur spécifique pour une même tâche. • Apposer des affiches inspirantes sur les murs de la classe. • Afficher des terminaisons de verbes sur des cartons de couleur et en donner aux élèves une reproduction à insérer dans leur cahier sur une feuille de la même couleur.
Auditif	• Créer une chanson. • Réciter un poème qui comporte des rimes. • Faire entendre de la musique pendant que les élèves travaillent. • Répéter des terminaisons de verbes.
Kinesthésique	• Faire déplacer les élèves à l'occasion d'un jeu. • Porter un tablier spécial pour le cours d'arts plastiques. • Mettre l'accent sur les émotions lors de la lecture d'un conte. • Utiliser des crayons munis de guides d'écriture doux et confortables.
Olfactif	• Apporter des parfums en classe. • Utiliser des crayons feutre à odeur de fruit (fraise, framboise, etc.). • Appliquer l'aromathérapie. • Faire laver les pupitres avec un produit qui sent le citron.
Gustatif	• Organiser des pique-niques. • Faire préparer par les élèves des plats simples en toute sécurité. • Amorcer des discussions agrémentées d'une collation. • Offrir un gâteau d'anniversaire.

Nom : ______________________ Date : ______________

Fiche 11 de l'enseignant

Les ancres

Pour chacun des modes sensoriels, inscrivez dans le tableau ci-dessous les ancres que vous utilisez ou que vous pourriez utiliser pour l'enseignement d'un concept.

Mode sensoriel	Ancres
Visuel	
Auditif	
Kinesthésique	
Olfactif	
Gustatif	

Nom : ____________________ Date : ____________

Fiche 12 de l'enseignant

Des ancres variées

Pour la collecte de l'information, un de vos élèves est visuel-kinesthésique, un deuxième est auditif et un troisième est kinesthésique-auditif. Établissez pour chacun d'entre eux trois ancres qui les amèneront à être calmes pendant une évaluation.

Élève	Ancres
Visuel-kinesthésique	**1.** ____________________ ____________________ **2.** ____________________ ____________________ **3.** ____________________ ____________________
Auditif	**1.** ____________________ ____________________ **2.** ____________________ ____________________ **3.** ____________________ ____________________
Kinesthésique-auditif	**1.** ____________________ ____________________ **2.** ____________________ ____________________ **3.** ____________________ ____________________

En bref…

- Les cinq sens sont les modes sensoriels que l'être humain utilise pour percevoir le monde.
- Le système de représentation sensoriel comprend les modes visuel, auditif, kinesthésique, olfactif et gustatif (VAKOG).
- L'information est collectée selon un mode sensoriel privilégié.
- L'observation des mouvements oculaires permet de découvrir le mode d'encodage de l'information.
- L'observation des mouvements oculaires sert également à différencier une expérience construite d'une expérience remémorée.
- La compréhension de la technique de l'observation des mouvements oculaires permet de tirer profit des modes sensoriels.
- L'être humain utilise des prédicats sensoriels pour s'exprimer et raconter ses expériences.
- La technique de l'ancrage consiste à associer un stimulus à une réponse souhaitée.
- Les ancres sont liées aux différents modes sensoriels.

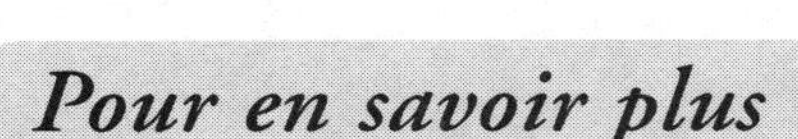

Pour en savoir plus

CANAL, Jean-Luc, Pascal PAPILLON et Jean-François THIRION (1994). *Les outils de la PNL à l'école*, Paris, Les Éditions d'Organisation.

DE SAINT PAUL, Josiane, et Sylvie TENNENBAUM (1995). *L'esprit de la magie,* Paris, InterÉditions.

DILTS, Robert (1983). *Roots of Neuro-Linguistic Programming*, Cupertino, Meta Publications.

GRINDER, Michael (1991). *Righting the Educational Conveyor Belt*, Portland, Oregon, Metamorphous Press.

THIRY, Alain, et Yves LELLOUCHE (1995). *Apprendre à apprendre avec la PNL*, Bruxelles, De Boeck – Wesmael.

YERO, Judy (2002). *Teaching in Mind: How Teacher Thinking Shapes Education*, Hamilton, États-Unis, MindFlight Publications.

Interprétation des résultats

Fiche 6 de l'enseignant (page 39)	Fiche 10 de l'enseignant (page 55)	Fiche 2 d'observation de l'élève (page 40)
1. Visuel	1. Kinesthésique	1. Visuel
2. Auditif	2. Auditif	2. Visuel
3. Kinesthésique	3. Visuel	3. Kinesthésique
4. Olfactif	4. Auditif	4. Auditif
5. Visuel	5. Kinesthésique	5. Auditif
6. Auditif	6. Visuel	6. Kinesthésique
7. Kinesthésique	7. Kinesthésique	7. Olfactif
8. Gustatif	8. Auditif	8. Visuel
9. Kinesthésique	9. Visuel	9. Auditif
10. Auditif	10. Kinesthésique	10. Auditif
11. Visuel	11. Kinesthésique	11. Visuel
12. Gustatif	12. Kinesthésique	12. Gustatif

CHAPITRE 4

Les processus de communication

« Que veux-tu dire ? »

Il vous est sans doute déjà arrivé de vous sentir désarmé en entendant un élève vous dire: «Ah, non! Je ne suis pas capable!» Comment réagir? Que lui répondre? Tout enseignant sait bien que chaque élève a un certain potentiel et qu'il peut développer les capacités nécessaires à sa réussite scolaire. C'est pourquoi il persévère dans l'implantation des processus d'intégration des apprentissages. Il souhaite que l'élève comprenne qu'il peut accomplir la tâche qu'il croyait jusqu'alors impossible à réaliser. Il veut influencer cet élève de façon constructive pour l'amener à trouver des solutions, plutôt que de le laisser s'arrêter sur les difficultés qui lui paraissent insurmontables.

Sélection
Processus de communication qui centre l'attention sur une partie de l'information seulement.

Distorsion
Processus de communication qui associe des éléments d'information modifiés les uns par rapport aux autres.

Généralisation
Processus de communication qui applique à un ensemble général un contexte spécifique.

Métamodèle
Outil linguistique, en liaison avec l'expression, permettant de reconnaître le processus qu'utilise une personne dans ses énoncés.

Filtre
Croyance, valeur, métaprogramme et expérience passée d'un individu.

Dans le but d'influencer positivement les élèves, l'enseignant prendra en considération les processus de communication, soit la **sélection**, la **distorsion** et la **généralisation**. Il aura également besoin de comprendre ce que les jeunes veulent vraiment dire et quelles sont leurs incapacités, qu'elles soient réelles ou imaginaires. L'enseignant veillera alors à reconnaître les informations qu'il reçoit des élèves, afin d'agir plus efficacement sur eux. Il doit régulièrement composer avec des données incomplètes, voire contradictoires, provenant des élèves. Celles-ci sont souvent influencées par des processus et des filtres qui n'apparaissent pas d'emblée lors de l'écoute du discours d'un élève.

Dans ce chapitre, nous expliquerons d'abord le modèle linguistique appelé **métamodèle**, lequel s'est inspiré des trois processus de communication, soit la sélection, la distorsion et la généralisation. Nous verrons ensuite les moyens de reconnaître ces processus. Le repérage de ces processus permettra en effet à l'enseignant de déterminer la provenance de l'information fournie et, au besoin, de changer l'encodage de celle-ci. Cela aura pour résultat de favoriser le développement maximal du potentiel de l'élève. Il sera enfin question des **filtres**, dont l'utilisation s'appuie sur les trois processus de communication.

Le métamodèle et les processus de communication

Le modèle de la communication en PNL (*voir la figure 4.1*) provient des travaux que Richard Bandler et John Grinder ont réalisés dans les années 1970. Ce modèle explique comment une personne collecte de l'information, encode celle-ci, puis l'exprime. Comme nous l'avons vu au chapitre 1, les images qu'une personne se construit, sa représentation d'une expérience, n'est pas la réalité même, mais une réalité filtrée par ses préférences, ses processus, ses croyances, ses valeurs et ses attitudes. Suivant le modèle de Bandler et Grinder, basé sur la grammaire transformationnelle du linguiste Noam Chomsky (1969, 1977), il existerait trois processus de communication, soit la sélection, la distorsion et la généralisation. C'est à travers ces processus que passeraient tous les filtres perceptuels influençant la collecte de l'information provenant des expériences d'une personne.

De ce modèle du comportement humain en matière de communication a découlé la découverte d'un autre modèle linguistique appelé métamodèle. À partir du comportement verbalisé, le métamodèle permet à l'enseignant de retourner à l'expérience réelle des élèves tout en décodant les processus qu'ils

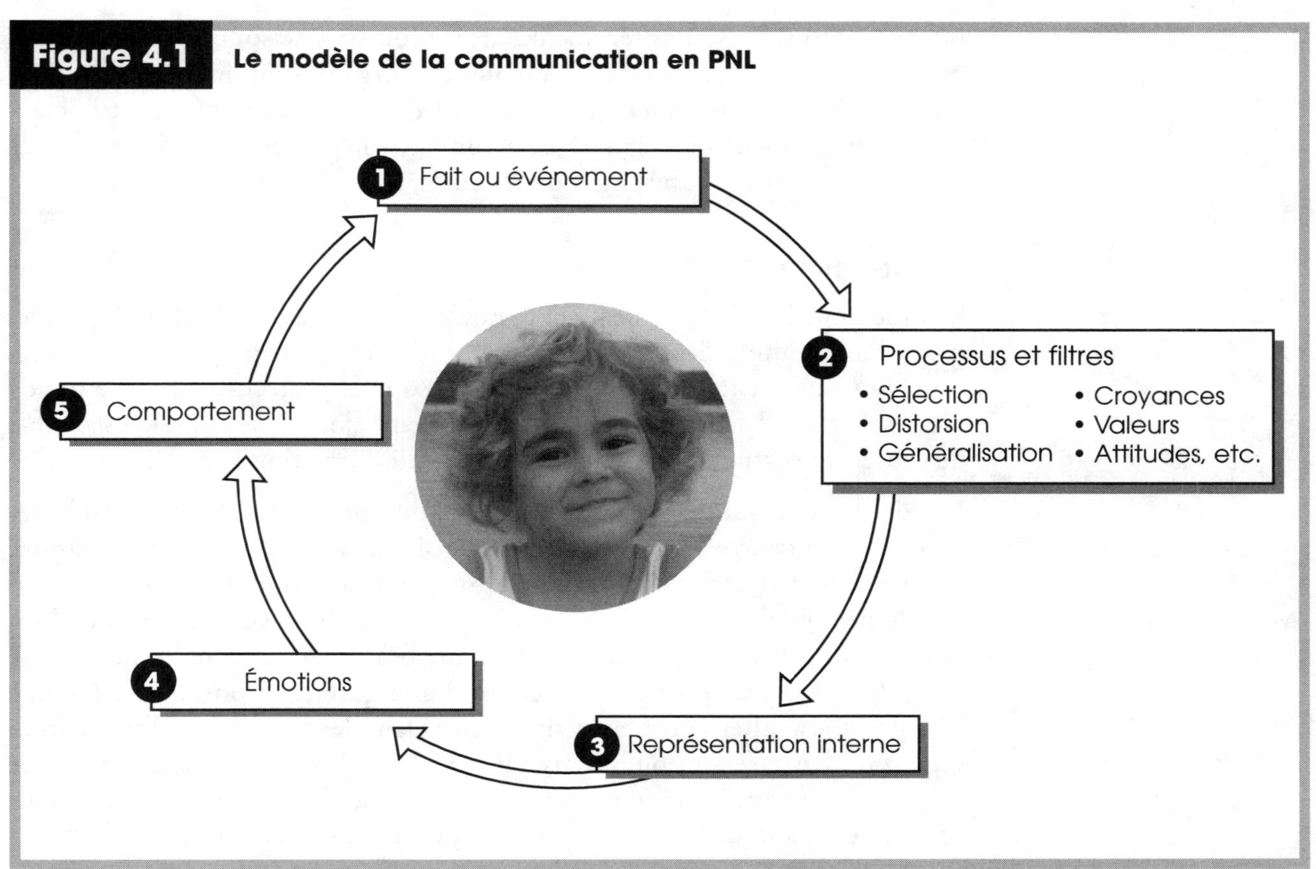

Source : Adapté d'IDCOM International, *Manuel du praticien en PNL*, Sainte-Anne-des-Lacs, 2002.

utilisent. Grâce à ce modèle, l'enseignant peut également mettre au jour les divergences entre ce que l'élève dit à propos de ses capacités et ses perceptions quant aux capacités réelles des élèves.

Les processus du métamodèle sont issus du monde de la linguistique. Les questionnements précis entourant chaque processus ont cependant été mis au point par le biais de la **modélisation** des techniques d'intervention thérapeutique de Virginia Satir (en milieu familial) et de Fritz Perls (au moyen de la gestalt-thérapie). Après avoir vu ces spécialistes à l'œuvre, Bandler et Grinder ont décodé les expressions linguistiques que ces thérapeutes employaient dans le but de modifier des comportements inadéquats. Cela leur a permis de créer un modèle linguistique de questionnement qui précise les informations reçues, afin d'amener l'interlocuteur à avoir une juste perception d'un événement ou d'une expérience. Le métamodèle, qui se fonde entièrement sur l'écoute des énoncés d'une personne, sert aussi à provoquer chez elle une prise de conscience des processus mentaux qu'elle utilise dans la communication pour élaborer des représentations internes constructives.

Modélisation

Technique par lequel on peut mettre au jour les éléments essentiels du processus de pensée, des croyances, des valeurs, des attitudes, ainsi que des comportements d'un expert, de même que transférer à d'autres personnes ces éléments essentiels au moyen d'un programme de formation structuré.

Dans le contexte de l'enseignement, lorsque l'enseignant repère un processus de communication chez l'élève, il peut utiliser des questions ciblées selon le processus que l'élève privilégie. Le processus choisi est déterminé par le vécu de l'élève, qui traitera l'information en recourant soit à la sélection, à la distorsion ou à la généralisation, ou encore en opérant un mélange de deux ou trois processus. Il est à noter que ces trois processus ne sont ni bons ni mauvais en soi ; ils sont simplement le reflet de l'organisation interne de la pensée d'un élève. Il est également important de comprendre que c'est l'observation qui permet à l'enseignant de reconnaître le processus privilégié, et que celui-ci peut varier d'une situation à l'autre.

La sélection

Dans le domaine de la psychanalyse, Eugene Enriquez (1983) affirme que, au cours d'une communication, seule une partie de l'information est sélectionnée, et ce, pour différentes raisons, comme le besoin de protection ou le besoin de reconnaissance. La communication, qui devient alors partielle, est susceptible de causer un écart entre les faits exprimés et l'information encodée.

Lorsqu'une personne sélectionne l'information provenant de son environnement, elle se trouve à omettre une partie significative de cette information. Elle ne retient consciemment que l'information sélectionnée. Il se peut alors qu'elle ne voie d'une situation que ce qu'elle veut bien voir. De même, il est possible qu'elle se prive inconsciemment de l'information et qu'il lui manque ainsi des éléments qui pourraient être d'une grande importance dans une interprétation ultérieure de la situation. Dans le cas où une information venant du passé serait douloureuse, le processus de sélection pourrait mettre en place un mécanisme de protection l'empêchant d'accéder à certains souvenirs, occultant ainsi toutes les informations liées à cet événement.

Ainsi, il arrive souvent que, lorsque l'enseignant revient sur un sujet, certains élèves ne se souviennent pas d'en avoir entendu parler. Ils révéleront leur sélection du contenu en utilisant des phrases comme celles-ci : « Vous ne nous avez jamais expliqué ce concept », « Comment se fait-il que vous ne nous ayez pas tout dit sur ce sujet ? », « Quand avez-vous parlé de ça au juste ? » On confond souvent ce type de réponses avec un manque d'attention de l'élève, alors que cela traduit clairement une sélection de la collecte de l'information, qui a pour effet de limiter les apprentissages. L'utilisation fréquente, par les élèves, du processus de sélection force l'enseignant à répéter plusieurs fois les mêmes contenus notionnels, ce qui réduit d'autant le temps alloué à l'atteinte des objectifs pédagogiques.

Il existe d'autres formes de sélection de l'information. Ainsi, un élève peut taire une information, ne pas dire tout ce qu'il sait sur un sujet ou tout simplement refuser de répondre aux questions de l'enseignant. Cette forme de sélection est consciente, tandis que la forme expliquée précédemment fait partie d'un processus inconscient de sélection et d'encodage de l'information.

À la suite des travaux de George Miller (1957) et, plus récemment, dans le contexte de la psychologie cognitive, il a été établi que dans la majorité des cas une personne peut retenir, en moyenne, sept unités d'information simultanément. Selon les capacités de chaque personne, ce nombre peut varier de cinq à neuf informations perçues consciemment (selon la formule « sept plus ou moins deux »). Par exemple, dans une classe, un élève prêtera attention à la voix de l'enseignant, au pupitre de son voisin ; il entendra les voitures passer dans la rue, se sentira inconfortable sur sa chaise, se parlera dans sa tête, pensera au repas à venir et percevra l'odeur de son crayon feutre. Pendant ce temps, il n'encodera pas ce que l'enseignant écrit au tableau, ce qu'un camarade chuchote ou toute autre information faisant partie de son contexte. Un autre élève de la même classe ne se souviendra pas des mêmes éléments d'information. La conservation de ceux-ci dépendra des éléments sur lesquels l'élève concentrera son attention. D'autres informations sensorielles seront cependant encodées de façon inconsciente, mais elles ne seront pas nécessairement accessibles pour un rappel futur. Toutefois, dans un contexte thérapeutique, ces informations sensorielles pourraient être retrouvées au moyen de l'hypnose ou du retour à la structure profonde.

La sélection est un processus naturel, à plus forte raison qu'il n'est ni possible ni souhaitable de retenir les innombrables informations provenant de l'environnement. Toutefois, pour que l'élève n'oublie pas d'importants éléments au cours du développement de compétences et de l'acquisition de connaissances, l'enseignant peut l'amener à être le plus conscient possible du processus de sélection.

Ainsi, un élève qui a fortement tendance à sélectionner l'information, à ne pas retenir une partie importante de celle-ci, pourrait se retrouver à la fin de l'année scolaire avec un manque de concepts, de notions ou d'habiletés susceptible de compromettre l'atteinte des objectifs pédagogiques. La difficulté causée par un usage inadéquat de la sélection lui nuira dans son cheminement scolaire jusqu'à ce qu'il intègre l'information nécessaire.

De son côté, l'enseignant peut recourir au processus de sélection pour maximiser les apprentissages de ses élèves. Pour ce faire, il se servira d'outils qui auront pour effet d'orienter l'attention des jeunes vers l'information qu'il considère comme importante. Par exemple, l'enseignant peut rendre les élèves beaucoup moins distraits en dirigeant leur attention vers une affiche, c'est-à-dire en excluant tous les autres stimuli autour de l'affiche. La présentation d'un transparent ou d'un diaporama comme élément visuel principal dans la classe force les élèves à centrer leur attention sur l'information projetée ; l'enseignant met alors l'accent sur des mots, des sons ou des actions qu'il aura choisis préalablement.

Les différentes formes de sélection

Les quatre exemples ci-dessous présentent les différentes formes que peut prendre la sélection (la suppression simple, l'absence d'indice de référence, la suppression de la comparaison et l'emploi de verbes non spécifiques), les précisions que l'enseignant recherchera dans la communication, ainsi que des exemples d'énoncés d'élèves et de questions clés que l'enseignant pourrait poser pour obtenir l'information manquante. Le tableau 4.1 de la page 68 résume ensuite le propos.

Exemple 1 : la suppression simple

L'élève dit : « Je ne suis pas capable. »

L'enseignant de mathématiques lui demande : « Tu n'es pas capable de quoi au juste ? »

L'élève répond : « De faire des additions. »

Tableau 4.1 Le métamodèle : le processus de sélection

Catégorie	Précisions recherchées	Exemples d'énoncés	Exemples de questions
Suppression simple Le sujet ou le contexte est manquant.	Le sujet Le contexte	« Je ne suis pas d'accord. » « Je ne suis pas capable. »	« À propos de quoi ? Avec qui ? » « Tu n'es pas capable de quoi au juste ? »
Absence d'indice de référence Le sujet ou l'objet est vague ou inexistant.	Le sujet Le sujet et l'objet	« Ça n'a pas d'importance. » « Il ne m'écoute pas. »	« Qu'est-ce qui n'a pas d'importance ? » « Qui ne t'écoute pas ? Et qu'est-ce que tu veux lui dire ? »
Suppression de la comparaison L'un des éléments de comparaison est absent.	Le référent de comparaison Le contexte de comparaison	« C'est comme ça que ça se passe à l'école. » « Elle est la meilleure ? »	« Qui a dit cela ? » « Elle est meilleure que qui ? En quoi est-elle la meilleure ? »
Emploi de verbes non spécifiques Il manque une base sensorielle, un critère ou une équivalence complexe.	Les modes sensoriels Les comportements Les critères et les équivalences complexes	« Elle m'a fait mal. » « Il m'a rejeté. » « Il me crie tout le temps des bêtises. »	« Comment s'y est-elle prise pour te faire mal ? » « De quelle façon t'a-t-il rejeté ? » « Qu'est-ce que tu entends par là exactement ? »

À la suite de cette réponse, l'enseignant pourra établir un programme qui visera à répondre au besoin précis de cet élève. Cette forme de sélection dans laquelle le contexte spécifique est manquant s'appelle une suppression simple.

Exemple 2 : l'absence d'indice de référence

L'élève dit : « Il n'arrête pas de me crier des insultes. »

L'enseignant lui demande : « Qui te crie des insultes ? »

L'élève répond : « C'est Pierre. »

L'enseignant sait maintenant qui a crié des insultes à cet élève, mettant fin par sa question à une absence d'indice de référence. La sélection effectuée par l'élève a éliminé le sujet de son histoire. L'enseignant peut désormais intervenir efficacement auprès de cet élève.

Exemple 3 : la suppression de la comparaison

L'élève dit : « Elle est la meilleure. »

L'enseignant lui demande : « Elle est meilleure que qui ? Et en quoi est-elle meilleure ? »

L'élève répond : « Anne-Sophie est la meilleure de la classe en français. »

Cet exemple montre que le contexte de comparaison était absent de l'énoncé de l'élève. Les questions de l'enseignant lui permettent de mieux connaître la perception de cet élève.

Exemple 4 : l'emploi de verbes non spécifiques

L'élève dit : « Elle m'a fait mal. »

L'enseignant lui demande : « Comment est-ce qu'elle t'a fait mal ? »

L'élève répond : « Elle m'a poussé dans la cour de récréation. »

La question de l'enseignant amène l'élève à utiliser un verbe spécifique, lequel précise le mode sensoriel employé, soit le mode kinesthésique.

La fiche 13 de l'enseignant (*voir la page 70*) vous donnera l'occasion de relever des énoncés d'élèves qui s'inscrivent dans les différentes catégories de la sélection et de poser des questions qui permettront de faire préciser l'information.

La distorsion

Des trois processus de communication, la distorsion est le plus important à décoder, car il est le plus problématique en ce qui a trait à une communication non efficace. En effet, le processus de distorsion déforme la réalité, causant alors de l'incompréhension et des incongruences. Dans sa forme la plus bénigne, la distorsion comprend les mensonges sans conséquences que tout enfant raconte à un moment donné. Dans sa forme la plus constructive, elle mène à une création artistique très élaborée.

Le processus de distorsion provient d'un phénomène linguistique que Noam Chomsky a appelé la **transdérivation**. Selon ce linguiste, il existe principalement deux types de structures d'expériences : la **structure de surface** et la **structure profonde** ; la transdérivation permet le passage de la première à la seconde. La structure de surface se réfère à l'expérience telle qu'elle est racontée par une personne. Quant à la structure profonde, elle correspond à l'expérience réelle vécue sur le plan sensoriel (*voir la figure 4.2 à la page 71*). Dans une situation de distorsion, une personne en vient à croire que son expérience réelle est la même que celle qu'elle raconte. Dans ce cas, elle a tendance à donner une interprétation erronée ou divergente de la réalité.

Transdérivation
Technique linguistique qui permet de passer de la structure de surface à la structure profonde et qui mène à une expérience sélectionnée, distordue ou généralisée.

Structure de surface
Expérience racontée par une personne.

Structure profonde
Expérience réelle vécue sur le plan sensoriel.

Habituellement, la distorsion est associée avec des faits et des événements qui ne correspondent pas à la réalité, mais plutôt à la représentation qu'une personne s'en fait. Il suffit de penser à des élèves qui présentent des états dépressifs ou des tendances suicidaires ; ils broient du noir et ont une perception négative de la vie. À l'opposé, il y a des élèves trop optimistes, qui voient la vie en rose ; leur perception est également subjective. Chez d'autres élèves encore, la perception des qualités d'un individu se fait au détriment d'une saine objectivité. Une telle attitude peut être observée, par exemple, chez les jeunes qui suivent un chef dans une bande. Ainsi, certains élèves

Nom : ______________________________ **Date :** ________________

Fiche 13 de l'enseignant

Le métamodèle : le processus de sélection

Dans les conversations de vos élèves, relevez des phrases qui correspondent aux différentes catégories de la sélection. Ensuite, composez une question qui servira à faire spécifier l'information.

Catégorie	Précisions recherchées	Énoncés	Questions
Suppression simple			
Absence d'indice de référence			
Suppression de la comparaison			
Emploi de verbes non spécifiques			

4

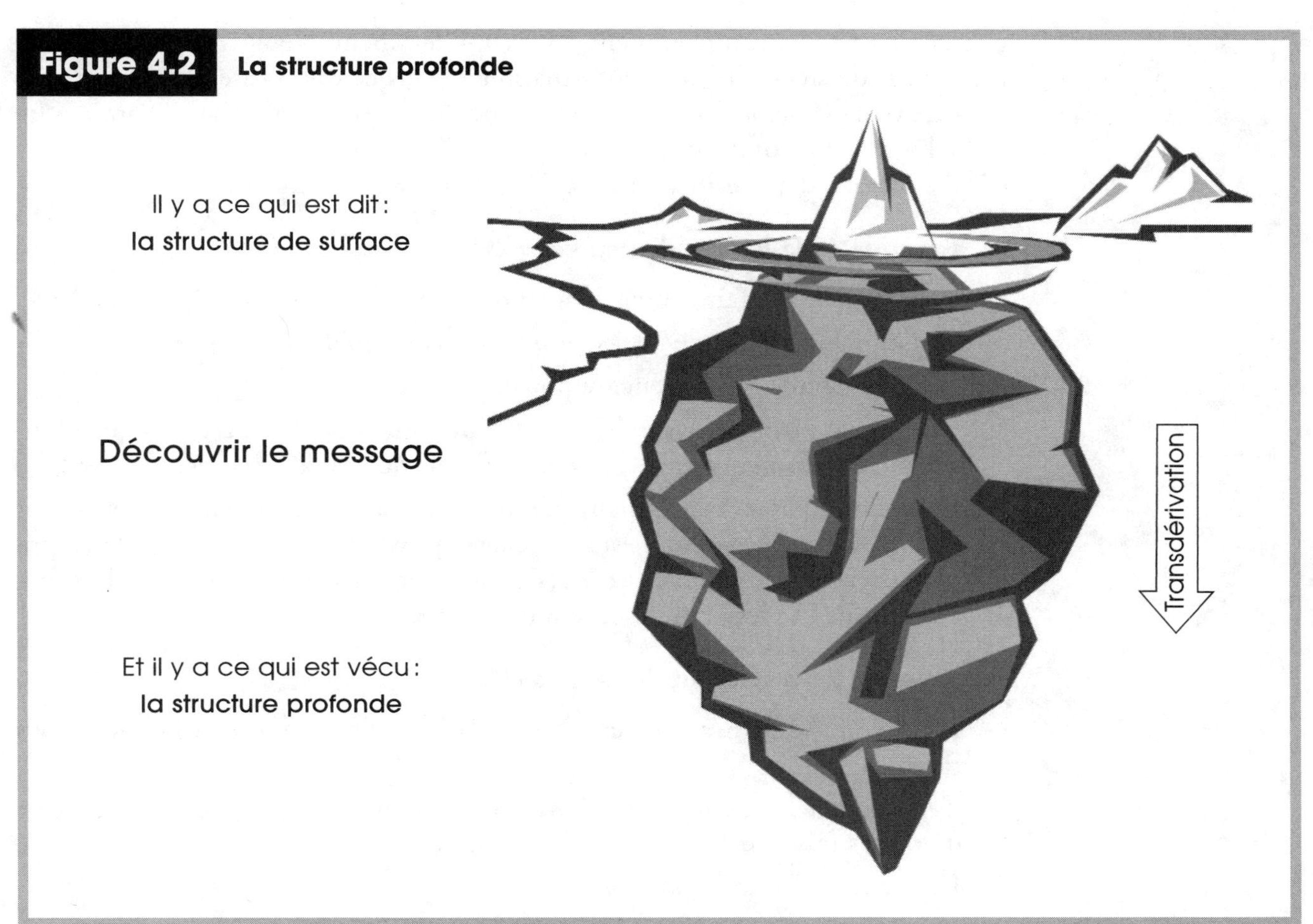

Source : Adapté d'IDCOM International, *Manuel du praticien en PNL*, Sainte-Anne-des-Lacs, 2002.

sont portés à modifier, consciemment ou non, des éléments de communication lors de la collecte de l'information ou lors de l'expression de l'information. Ils prennent l'information qui leur convient et la transforment à leur manière. La distorsion peut alors se manifester par des comportements comme le chantage affectif, la manipulation ou la colère.

La distorsion est très présente dans les écoles. Un bon exemple de ce fait est l'agressivité que certains jeunes expriment à l'endroit d'élèves plus vulnérables par le biais du taxage et du harcèlement. Les jeunes qui pratiquent différentes formes de harcèlement à l'école croient lire les pensées de leurs victimes et interprètent à leur guise les comportements de ces dernières. Ils se disent des choses comme : « Il m'a regardé de travers, donc je vais lui taper dessus », « Il a osé me parler sur un ton arrogant » ou « Il a bien mérité ce que je lui fais ».

Il est déjà arrivé qu'un élève se fasse poignarder pour avoir porté un foulard dont la couleur correspondait à celle choisie par un groupe d'élèves pour représenter leur affiliation. Le malheureux élève n'était pas membre de ce groupe... Ce dernier exemple est une forme de distorsion de cause à effet. À l'occasion, les élèves qui utilisent les diverses catégories de distorsion diront à leur enseignant des choses telles que : « Tu ne me comprends pas », « Je sais ce que tu penses de moi », « Tu fais cela juste pour me nuire ».

Un élève peut, consciemment ou inconsciemment, changer le sens d'événements, de situations ou d'informations. Dans ce cas, l'enseignant doit faire preuve de vigilance et vérifier la véracité des dires de l'élève, afin d'apprendre s'il y a distorsion. Les quatre exemples ci-dessous présentent divers moyens d'effectuer cette vérification. Le tableau 4.2 résume ensuite le propos.

Exemple 1 : la lecture de pensées

L'élève dit : « Il a fait exprès de me bousculer. Il me provoque. »

L'enseignant lui demande : « Comment sais-tu qu'il a fait exprès ? »

L'élève répond : « Il m'a encore poussé. »

L'enseignant lui demande : « N'y a-t-il pas une fois où il t'a poussé involontairement ? » ou encore : « Est-ce qu'il t'a dit qu'il le fait exprès ? ».

Dans cet exemple, l'enseignant sait qu'il y a une distorsion chez cet élève, car il connaît l'autre élève qui est accusé de le provoquer, et ce n'est pas son comportement habituel. Il peut alors influencer les perceptions de l'élève qui croit à tort lire les pensées de son camarade.

Exemple 2 : la relation de cause à effet

L'élève dit : « Elle m'a mise en colère parce qu'elle refusait de dire que j'avais raison. »

L'enseignant lui demande : « Y a-t-il des fois où ta camarade refuse de dire que tu as raison et où tu n'es pas en colère ? »

L'élève ne sait quoi répondre.

Dans cette situation, l'enseignant trouve un contre-exemple, afin de mettre au jour la fausse relation de cause à effet.

Exemple 3 : l'équivalence complexe

L'élève dit : « Il pleut, donc la journée sera moche. »

L'enseignant lui demande : « N'arrive-t-il jamais qu'il pleuve et que tu sois de bonne humeur ? »

L'élève répond : « Oui, c'est vrai. »

L'enseignant a trouvé un contre-exemple pour que l'élève puisse mieux comparer deux expériences qu'il juge équivalentes.

Exemple 4 : les présupposés

L'élève dit : « Je perds mon temps à l'école. »

L'enseignant lui demande : « Qu'est-ce qui te fait croire que tu perds ton temps ? »

L'élève lui répond : « Je n'apprends rien. »

L'élève fait un lien entre le fait de ne rien apprendre et celui de perdre son temps. Ce présupposé nuit à sa motivation et peut être un élément déclencheur du décrochage scolaire. En découvrant la croyance de l'élève, l'enseignant essaiera de déterminer ce qui pourrait l'intéresser à demeurer à l'école ou de trouver des stratégies qui lui permettront d'apprendre.

Tableau 4.2 Le métamodèle : le processus de distorsion

Catégorie	Précisions recherchées	Exemples d'énoncés	Exemples de questions
Lecture de pensées Le fait de prétendre connaître l'autre.	La source de l'information sur laquelle l'élève se base pour juger ou conclure	« Je sais ce qu'il veut. » « Il fait cela pour me nuire. »	« Comment le sais-tu ? » « Qu'est-ce qui te permet de dire cela ? »
Relation de cause à effet Une relation de causalité, où une cause entraîne un effet.	Un contre-exemple	« Elle m'a mise en colère parce qu'elle refusait de dire que j'avais raison. »	« Y a-t-il des fois où elle refuse de dire que tu as raison et où tu n'es pas en colère ? »
	La situation ou la source	« Si cela arrive, je ne réussirai pas. »	« Qu'est-ce qui te fait dire cela ? »
Équivalence complexe Deux expériences jugées équivalentes.	Un contre-exemple	« Il pleut, donc la journée sera moche. »	« N'arrive-t-il jamais qu'il pleuve et que tu sois de bonne humeur ? »
	L'élargissement du modèle par rapport à la représentation	« Il me regarde de travers, il ne veut rien savoir de moi. »	« Pourquoi dis-tu qu'en te regardant de travers il ne veut rien savoir de toi ? »
Présupposés Des croyances qui limitent les choix d'une personne.	La précision de la croyance	« Je perds mon temps à l'école. »	« Qu'est-ce qui te fait croire que tu perds ton temps ? »
		« Si mon ami savait comme je suis triste, il ne ferait pas cela. »	« Qu'est-ce qui te rend triste ? Que fait ton ami ? Comment sais-tu qu'il ignore qu'il te rend triste ? »

La distorsion utilisée de façon constructive

Les enseignants peuvent utiliser la distorsion de façon constructive en élaborant des exercices créatifs qui provoqueront chez leurs élèves un conflit cognitif ou un déséquilibre notionnel. Ainsi, un enseignant en géographie pourrait faire une affirmation exagérée ou fausse comme celle-ci : « Les Australiens se promènent la tête en bas. » Il attendra alors une réaction de la part de ses élèves, qui engageront une discussion sur la véracité de cette affirmation. À la fin de la discussion, l'enseignant indiquera bien sûr aux élèves que cette assertion est fausse. Dans le cas du taxage ou pour contrer l'agressivité que manifestent certains élèves, l'enseignant aura intérêt à mettre en perspective les éléments de la situation problématique en établissant les faits tels qu'ils sont en réalité.

La fiche 14 de l'enseignant (*voir la page 74*) vous permettra de relever des énoncés d'élèves qui s'inscrivent dans les différentes catégories de la distorsion et de poser des questions qui amèneront les élèves à préciser l'information.

Nom : ______________________ Date : ______________

Fiche 14 de l'enseignant

Le métamodèle : le processus de distorsion

Dans les conversations de vos élèves, relevez des phrases qui correspondent aux différentes catégories de la distorsion. Ensuite, composez une question qui servira à faire spécifier l'information.

Catégorie	Précisions recherchées	Énoncés	Questions
Lecture de pensées			
Relation de cause à effet			
Équivalence complexe			
Présupposés			

La généralisation

Ce dernier processus de communication consiste à généraliser une expérience qui, elle, est contextualisée. Dans la communication, l'utilisation massive de la généralisation peut causer un problème, car toutes les choses se valent, le contexte n'est pas distinctif, les personnes n'importent pas. Prenons la croyance très répandue suivant laquelle « tous les jeunes sont des drogués ». L'origine de cette affirmation s'est perdue ; il n'existe aucun lien avec une source quelconque. Elle se pose comme une évidence ou une vérité qui n'a pas besoin d'être démontrée. De même, un énoncé tel que « tout le monde le fait » représente clairement une généralisation. Lorsqu'on demande à l'élève d'où provient son affirmation, il ne peut que constater son ignorance. Dans certains cas, une généralisation est un fait mineur qui est transformé en une loi universelle.

La généralisation est importante pour l'apprentissage parce qu'elle permet de transférer des connaissances et des habiletés dans des contextes différents. Par exemple, lorsqu'un jeune enfant apprend à tourner une poignée de porte, il en vient à pouvoir appliquer cette habileté aux autres poignées de porte qu'il rencontre, pourvu qu'elles ressemblent un tant soit peu au modèle initial. Là s'arrête toutefois la comparaison, car la transférabilité est un sujet vaste qui déborde le cadre de ce livre.

L'enseignant a souvent l'occasion d'entendre les élèves dire des phrases comme celles-ci : « Il n'y a jamais rien qui fonctionne », « Je ne suis pas capable de faire quoi que ce soit de bon », « Je suis un imbécile », « C'est toujours moi que vous punissez », « Les enseignants sont tous pareils », « Je n'y arriverai jamais », et ainsi de suite.

Les jeunes qui s'expriment de cette façon évitent de mettre les choses en perspective ou n'arrivent pas à le faire. Il en va de même pour les enseignants qui avancent, par exemple, qu'un élève venant d'une classe d'appoint possède automatiquement des compétences moindres (*voir l'effet Rosenthal au chapitre 1*). L'inverse est aussi vrai dans le cas d'élèves doués, qui ont la réputation de posséder davantage de compétences. En outre, de nombreuses personnes ont tendance à marquer ou à quantifier leurs généralisations par des mots tels que « toujours », comme dans la phrase « Je manque toujours mon coup », et « jamais », comme dans « Je n'y arriverai jamais ». Ces quantificateurs universels donnent l'impression d'ajouter du poids aux affirmations.

Les généralisations ont également un effet sur les représentations qu'une personne se fait d'une expérience et déterminent ainsi l'émotion qui est liée à un événement. C'est le cas de la peur des araignées qu'éprouvent plusieurs jeunes élèves. Si un élève taquin apporte en classe une araignée en plastique, il risque de susciter une vive émotion parmi ses camarades arachnophobes. La simple vue de l'objet déclenchera un comportement associé à la phobie et à la généralisation des représentations que se font ces jeunes des araignées.

Par ailleurs, un enseignant peut se servir du processus de généralisation pour amorcer une discussion, en proposant par exemple l'assertion « La nuit, tous les chats sont gris ». Il peut également remettre en perspective certains éléments d'une problématique, comme lorsqu'un élève se croit incapable de réussir quoi que ce soit. Dans l'exercice de sa profession, l'enseignant est habituellement conscient de ce qui est généralisable et de ce qui ne l'est pas. Il s'agit alors pour lui de faire usage de concepts, de notions et de compétences, dans certains cas transversales, susceptibles d'être adaptés à plusieurs contextes. Voici des exemples des quatre catégories que comporte le processus de généralisation. Le tableau 4.3 résume et exemplifie ensuite le propos.

Enfin, dans la fiche 15 de l'enseignant (*voir la page 78*), vous pourrez relever des énoncés d'élèves qui s'inscrivent dans les différentes catégories de la généralisation et poser des questions qui amèneront les élèves à préciser l'information.

Exemple 1 : la nominalisation

L'élève dit : « Je veux qu'on me respecte. »

L'enseignant lui demande : « De quelle manière veux-tu être respecté ? Par qui ? »

L'élève lui répond : « Je veux que Karine cesse de se moquer de moi. »

Dans cet exemple de nominalisation, l'élève est amené à préciser l'indice de référence (Karine) ainsi que l'objet (les moqueries) de son énoncé, ce qu'il exprime par un verbe.

Exemple 2 : le quantificateur universel

L'élève dit : « Il a toujours raison. »

L'enseignant lui demande : « Y a-t-il une fois où c'est toi qui as eu raison ? »

L'élève lui répond : « Oui, c'est déjà arrivé. »

L'enseignant lui demande alors : « Quand, au juste ? »

Cette généralisation exprime des conditions absolues en ce qui a trait au quantificateur universel. L'élève doit ainsi trouver dans son vécu une occasion où il a eu raison, ce qui invalidera sa première affirmation.

Exemple 3 : l'opérateur modal

L'élève dit : « C'est impossible de le faire. »

L'enseignant lui demande : « C'est impossible ? Qu'est-ce qui se passerait si cela devenait possible ? »

L'élève répond : « Je serais très content. »

Dans ce cas, l'élève associe un sentiment de joie avec la réalisation d'une activité, au lieu de se concentrer sur la possibilité d'un échec. Il est alors permis de penser que ce sentiment de joie pourrait l'amener à faire des tentatives pour réaliser l'activité en question. Cette généralisation, qu'on appelle l'opérateur modal, détermine les règles qu'il est nécessaire ou possible de suivre en vue d'obtenir un résultat.

Exemple 4 : l'origine perdue

L'élève dit : « C'est simple. »

L'enseignant lui demande : « C'est simple par rapport à quoi ? »

L'élève lui répond : « C'est plus simple de faire des additions que des multiplications. »

Dans cette situation, la question de l'enseignant invite l'élève à préciser le contexte de son affirmation, ce qui est à son origine.

Tableau 4.3 Le métamodèle : le processus de généralisation

Catégorie	Précisions recherchées	Exemples d'énoncés	Exemples de questions
Nominalisation Un processus transformé en un nom ou un verbe transformé en substantif	L'objet, le verbe et l'indice de référence	« Je veux qu'on me respecte. » « Je veux qu'on soit capable de me parler. » « C'est impossible de réussir. »	« De quelle manière veux-tu être respecté ? Par qui ? » « Qui devrait te parler ? Et de quoi ? De quelle façon veux-tu qu'on te parle ? » « Qu'est-ce que tu veux réussir ? »
Quantificateur universel Les conditions absolues, qu'elles soient exprimées ou sous-entendues	Un contre-exemple	« Il a toujours raison. » « Il n'y a jamais rien qui fonctionne. »	« Y a-t-il une fois où c'est toi qui as eu raison ? » « Jamais ? Il n'y a pas une seule fois où cela a fonctionné ? »
Opérateur modal Des règles qui déterminent ce qu'il est nécessaire ou possible de faire pour obtenir un résultat	Les conséquences prévisibles	« C'est impossible de le faire. » « Je dois faire attention à ce que je dis. »	« C'est impossible ? Qu'est-ce qui se passerait si cela devenait possible ? » « Qu'est-ce qui arriverait si tu ne faisais pas attention ? »
Origine perdue Des affirmations sans source, sans contexte ou sans norme	La source, le contexte ou la norme	« C'est simple. »	« C'est simple par rapport à quoi ? »

La combinaison des processus

Il est possible d'utiliser plusieurs processus de communication en même temps, comme le démontre la phrase suivante : « Cela ne dérange pas les parents de mes amis que leurs enfants aient des vêtements à la mode. Alors, je peux m'habiller comme eux. » Cette phrase présente une combinaison de deux processus, soit la généralisation (« les parents de mes amis ») et la distorsion (« Alors, je peux m'habiller comme eux. »).

Par ailleurs, il arrive parfois que la distorsion s'allie à la sélection ou à la généralisation. À titre d'exemple, dans l'énoncé « C'est inutile de faire mes devoirs. Je coule de toute façon », il y a une sélection (« C'est inutile »), ainsi qu'une distorsion sous forme de relation de cause à effet, qui démontre que le fait de faire ses devoirs donne lieu à un échec.

Plus encore, dans l'énoncé « Je manque toujours mon coup », il y a à la fois une sélection (suppression simple du contexte : « Quand, exactement, manques-tu

Nom : ______________________ Date : ______________

Fiche 15 de l'enseignant

Le métamodèle : le processus de généralisation

Dans les conversations de vos élèves, relevez des phrases qui correspondent aux différentes catégories de la généralisation. Ensuite, composez une question qui servira à faire spécifier l'information.

Catégorie	Précisions recherchées	Énoncés	Questions
Nominalisation			
Quantificateur universel			
Opérateur modal			
Origine perdue			

ton coup ? »), une distorsion (un présupposé, soit une croyance dans la fatalité de l'échec) et une généralisation (un quantificateur universel exprimé par « toujours »).

Lorsque deux ou trois processus de communication se trouvent liés, il est plus difficile pour l'enseignant de neutraliser ou de désamorcer leurs composantes. Celui-ci doit alors poser à l'élève les questions appropriées, afin de faire surgir l'expérience réelle provenant de sa structure profonde. La plupart du temps, les élèves utilisent deux processus de communication en même temps, ce qui complique la mise en perspective. Dans de tels cas, l'enseignant utilisera en premier les questions du métamodèle concernant une distorsion de la réalité avant celles de sélection et de généralisation.

En somme, le fait de poser des questions selon le métamodèle vise à permettre aux élèves de retourner à leur expérience réelle, à l'encodage de l'information, et de retrouver une précision dans l'information. L'avantage de ce type de questions pour l'enseignant tient à la clarification des perceptions de chaque élève et à la précision de l'information donnée. Cela favorise une meilleure communication entre les élèves et l'enseignant, et permet l'élaboration de stratégies d'intervention propres au contexte réel.

Dans la fiche 16 de l'enseignant (*voir la page 80*), vous pourrez apporter des exemples d'applications en classe pour chacun des trois processus de communication.

Les filtres

À la suite des travaux de Noam Chomsky, Bandler et Grinder ont déterminé que les processus de sélection, de distorsion et de généralisation servent de fondement pour l'utilisation des filtres personnels. Ces filtres sont composés de la structure du langage d'une personne, de ses souvenirs, des décisions qu'elle a prises par le passé, de ses attitudes, de ses croyances, de ses valeurs et de ses métaprogrammes (*voir la figure 4.3*). Les filtres sont les lunettes à travers lesquelles une personne interprète ses expériences de vie. Les différents filtres sont présentés en détail dans les chapitres 1, 5 et 6.

Figure 4.3 **Les filtres**

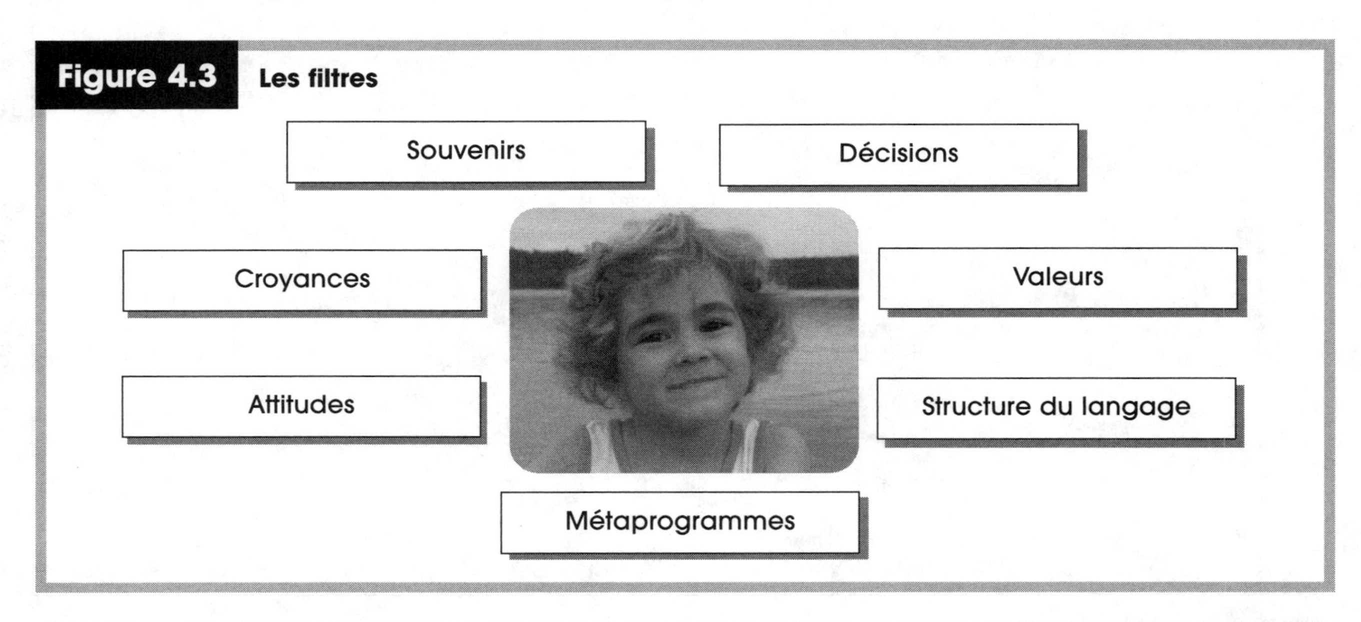

Nom : ______________________________ Date : ________________

Fiche 16 de l'enseignant

Le métamodèle et l'apprentissage

Donnez des exemples d'applications en classe pour chacun des processus de communication.

Sélection	Distorsion	Généralisation
Exemple : attirer l'attention des élèves dans la direction du tableau.	*Exemple :* exagérer un fait	*Exemple :* appliquer un fait à plusieurs contextes

En bref...

- Le modèle de communication de la PNL comprend trois processus de collecte et d'expression de l'information : la sélection, la distorsion et la généralisation.
- Le métamodèle est un outil linguistique, en liaison avec l'expression, qui permet de trouver le processus qu'utilise une personne dans ses énoncés.
- La structure de surface représente l'expérience racontée par une personne.
- La structure profonde représente l'expérience réelle d'une personne sur le plan sensoriel.
- La transdérivation est une technique linguistique qui permet de passer de la structure de surface à la structure profonde et qui mène à une expérience sélectionnée, distordue ou généralisée.
- La sélection est un processus qui centre l'attention sur une partie de l'information seulement.
- La distorsion est un processus qui associe des éléments d'information modifiés les uns par rapport aux autres.
- La généralisation est un processus qui applique à un ensemble général un contexte spécifique.
- Deux des trois processus de communication ou les trois peuvent se combiner dans un même énoncé.

Pour en savoir plus

CAYROL, A, et J. DE SAINT-PAUL (1984). *Derrière la magie, la programmation neurolinguistique*, Paris, InterÉditions.

CHOMSKY, Noam (1977a). *Langue, linguistique, politique*, Paris, Flammarion.

DAVID, Isabelle (2000). *Être au cœur de la PNL*, Montréal, Quebecor.

DOVERO, M., et E. GREBOT (1995). *Enseigner, former, conseiller avec la PNL*, Paris, ESF Éditeur.

HALL, L. Michael (1996). *The Linguistics of Psychotherapy: How Language Works Psycho-therapeutically*, Grand Jonction, Colorado.

ROBBIE, E. (novembre 2000). « The ordering principle of the meta model of NLP », *NLP World*, vol. 7, n° 3, p. 25-66.

CHAPITRE 5

Les valeurs rattachées à la communication et aux comportements

« Qu'est-ce qui est vraiment important pour toi ? »

Il est souvent question du conflit des générations. C'est qu'il est difficile pour une génération donnée de comprendre la suivante, l'inverse étant également vrai. Chaque personne reçoit une éducation propre à son époque, laquelle véhicule un ensemble de **valeurs**. Ces valeurs déterminent ce qui motive l'individu, ce qui le pousse à agir, ce qui est important pour lui. De ce fait, les valeurs peuvent devenir la source de préjugés ou de différends, ce qui entraîne bien sûr des problèmes de communication.

Valeur
Motivation ancrée dans l'inconscient qui pousse l'être humain à agir ou à réagir.

Les valeurs constituent la motivation de l'être humain à aller vers quelque chose ou à s'en éloigner. Elles l'incitent à consacrer du temps, de l'énergie et des ressources pour atteindre un objectif ou pour éviter une situation. Les valeurs sont ancrées dans l'inconscient et dirigent tout être humain vers ses véritables buts dans la vie. Elles l'amènent, dans un premier temps, à agir et, dans un second temps, à évaluer les actions qu'il a entreprises. Par ailleurs, une personne s'appuie sur ses valeurs pour déterminer si une chose est bonne ou mauvaise, correcte ou incorrecte, appropriée ou inappropriée.

Dans ce chapitre, nous examinerons la question des valeurs en relation avec les croyances et les attitudes. Ainsi, l'enseignant qui connaît bien les valeurs de l'élève pourra s'appuyer sur celles-ci pour provoquer le changement souhaité. Nous aborderons également le système de valeurs à huit niveaux de Clare Graves, système qui mène à d'intéressantes applications en classe.

Les valeurs et les croyances

Les valeurs sont également appelées des « critères » dans le langage de la PNL, et ce sont sur eux que se greffent les croyances. Les critères sont exprimés en fonction de nominalisations telles que la satisfaction, la sécurité, le bonheur, le défi, l'accomplissement ou l'intégrité. On peut comparer un critère à un support sur lequel se trouvent des crochets permettant de suspendre des tasses dans une armoire. Le support constitue la valeur ou le critère, alors que chaque tasse qui y est suspendue correspond à une croyance qui est associée directement à cette valeur.

Les croyances sont généralement ancrées moins profondément que les valeurs. Ce sont des généralisations concernant les actions qu'une personne aurait besoin d'accomplir. Par exemple, lorsqu'un élève dit : « Je ne suis pas bon en mathématiques », cela constitue une croyance qui découle d'une représentation interne et reflète une perception. Les croyances sont un processus cognitif, alors que les valeurs émergent d'états internes. Les valeurs de l'enfant se forment et s'imprègnent de la naissance jusqu'à l'âge de 7 ans approximativement. Cela est suivi d'une période de modélisation qui s'étend de 8 à 13 ans, puis d'une période de socialisation qui se déroule de 14 à 21 ans (James et Woodsmall, 1988). Par ailleurs, les personnes importantes pour un individu continueront d'influencer celui-ci tout au long de sa vie.

Les valeurs et les croyances se situent à la fois au niveau conscient et au niveau inconscient, et elles sont en liaison avec l'identité d'une personne. Chez l'enfant naissant et jusqu'à l'âge de sept ans, elles se forment en grande partie de façon inconsciente par la modélisation, c'est-à-dire par l'observation des comportements de ses parents. Les valeurs et les croyances inconscientes sont les plus importantes parce qu'elles sont ancrées profondément et influencent une personne malgré elle. Comme elles sont hors du champ de la conscience, elles définissent la personnalité et déterminent des comportements.

Une personne organise inconsciemment ses valeurs selon une hiérarchie. Lorsqu'elle évalue ses actions, elle le fait d'abord en fonction de ses valeurs les plus importantes. Par la suite, d'autres valeurs s'imposent dans la hiérarchie. La figure 5.1 présente la position des valeurs sur le continuum conscient-inconscient par rapport aux attitudes, aux croyances et aux métaprogrammes (*voir le chapitre 6*). Les décisions et les souvenirs se situent à différents points sur ce continuum, selon qu'ils sont associés à des valeurs plus ou moins profondes.

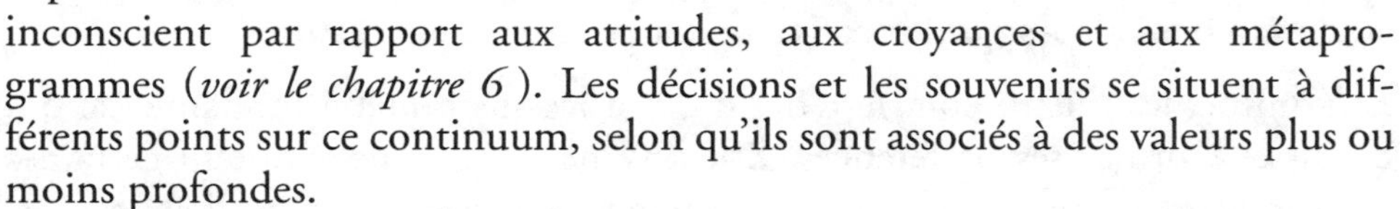

Plus une personne devient consciente de ses valeurs, plus elle est en mesure de choisir celles qui lui conviennent le mieux, de garder les valeurs qui lui paraissent importantes et d'en modifier d'autres. À ce sujet, Clare Graves a élaboré un système de valeurs qui facilite la prise de conscience et la mise au jour des valeurs. Il a d'ailleurs été possible de constater parmi les enseignants et les élèves qui mettent l'approche de Graves en pratique une plus grande tolérance envers autrui et une meilleure compréhension des autres.

Comme le représente le continuum de la figure 5.1, les attitudes sont les filtres (*voir le chapitre 4*) qui font le plus appel au niveau conscient. Elles reposent sur un ensemble de croyances dans un contexte donné ou à propos d'un domaine d'activité spécifique tel que le travail, la famille ou la religion. En fait, les attitudes reflètent les croyances et les valeurs dans un domaine donné. À l'autre bout du continuum, relevant le plus du niveau inconscient, les métaprogrammes (*voir le chapitre 6*) sont des filtres au moyen desquels, sans s'en rendre

Figure 5.1 **Le continuum conscient-inconscient**

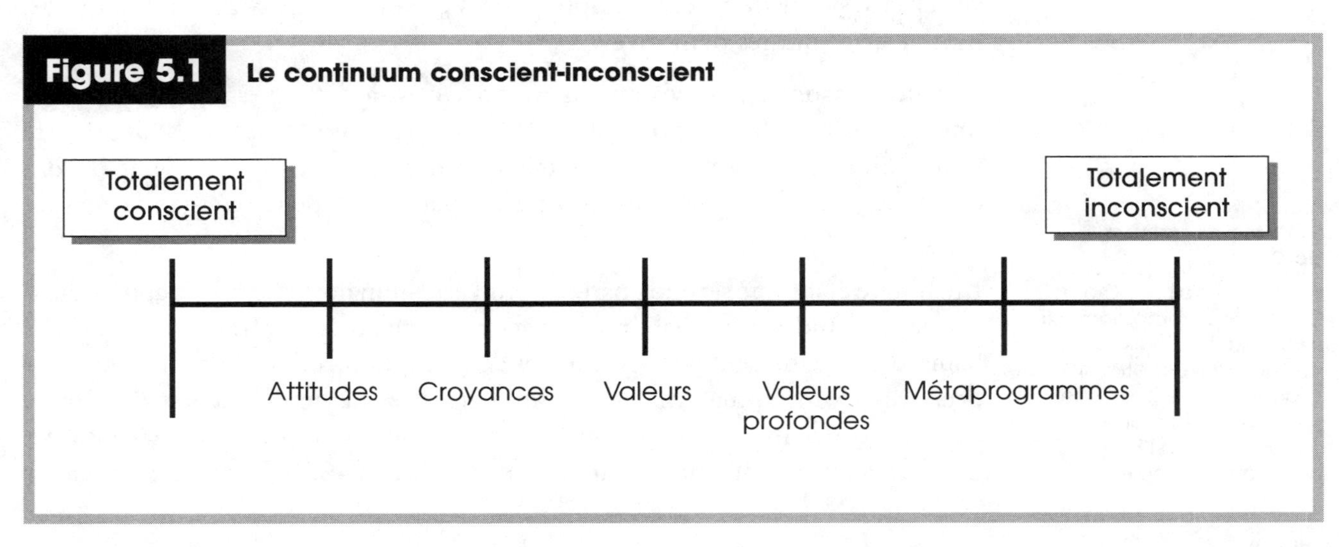

compte, une personne organise et traite l'information provenant du monde extérieur. Ils déterminent les comportements selon les contextes.

Les expériences de vie, de même que certaines personnes importantes pour l'élève influent sur ses valeurs. C'est ainsi qu'un modèle, qu'il s'agisse d'un parent, d'un ami ou d'un enseignant, peut marquer un élève au point de l'amener à changer son système de valeurs. Lorsqu'un élève côtoie une personne qui exerce sur lui une grande influence, il a inconsciemment tendance à comparer les valeurs de cette personne avec ses propres valeurs. Il est alors possible qu'il accepte l'ensemble des valeurs de cette personne ; le jeune s'identifiera à son modèle et tentera de lui ressembler en tous points, que ce soit par son habillement, sa démarche ou sa manière de parler. Dans le cas contraire, il rejettera les valeurs de cette personne. Il se révoltera et s'efforcera par tous les moyens d'être différent d'elle. Là-dessus, certains parents disent de leur enfant qu'il cherche à faire tout le contraire de ce qu'on lui demande. Entre ces deux extrêmes, il existe bien sûr de nombreuses variantes. Un enfant acceptera des valeurs qui lui conviennent et en refusera d'autres.

En somme, les valeurs sont le reflet d'un processus humain fondamental qui consiste à former ses préférences. Effectivement, les gens adoptent certaines valeurs, tout comme ils privilégient certaines personnes, certains lieux ou certaines expériences. Pour cette raison, l'enseignant qui souhaite influencer un élève, le motiver à effectuer une activité en classe ou l'amener à changer un comportement inadéquat doit d'abord établir un lien entre l'objectif qu'il poursuit et les valeurs de l'élève qui sont susceptibles de l'aider à atteindre son objectif.

La fiche 17 de l'enseignant vous invite à réfléchir sur vos propres valeurs.

Le système de valeurs de Graves

L'enseignant doit tenir compte des valeurs des jeunes qu'il côtoie et de leurs parents, sans oublier les valeurs de la société. Il importe alors qu'il puisse situer le système de valeurs adopté par ses élèves, afin de découvrir ce qui les motive et ce qui les démotive.

Chaque personne a sa vision du monde, c'est-à-dire une façon de penser, une structure subjective et une réalité qui lui sont propres. Malgré cette vision unique, certains éléments tels que des valeurs, des stratégies ou des croyances. C'est ainsi qu'un groupe de personnes peuvent manifester des valeurs communes.

Système de valeurs de Graves

Système établi par Clare Graves, qui comprend huit niveaux de valeurs. Ces valeurs peuvent être appliquées à une personne, à une société, à une civilisation ou à l'humanité dans son ensemble.

L'habitude étant une seconde nature pour l'être humain, ce dernier s'appuie aussi sur des habitudes pour établir ses préférences ou valoriser certaines choses. Ces habitudes se traduisent par des schémas de perception et des comportements que décrivent les métaprogrammes. De son côté, le **système de valeurs de Graves** expose les schémas d'une personne en fonction des préférences. Ainsi, les métaprogrammes, que nous examinerons au chapitre 6, et le système de valeurs

Nom : ______________________ Date : ______________

Fiche 17 de l'enseignant

Réflexion sur les valeurs

Afin de cerner vos propres valeurs, répondez aux questions ci-dessous.

1. Quelles valeurs sont importantes pour vous dans le contexte scolaire ?

____

2. Placez dans l'ordre décroissant les valeurs que vous avez énumérées à la question 1.

____

3. Pour vous aider à répondre à cette question, imaginez que chaque institution est une personne. D'après vous, quelles sont les valeurs privilégiées par :

- votre école ?

  ____

  ____

- votre commission scolaire ?

  ____

  ____

- le système éducatif de votre pays ?

  ____

  ____

4. Quelles sont les valeurs des jeunes que vous côtoyez ?

____

5. Que pensent vos élèves du contexte scolaire ?

____

6. Qu'est-ce qui motive les jeunes ?

____

7. Quels liens faites-vous entre vos valeurs, celles de la direction de votre école et celles des élèves ?

____

8. Compte tenu de vos réponses aux questions précédentes, quelles conclusions tirez-vous ?

____

de Graves montrent deux dimensions différentes de la structure profonde d'une personne sous l'aspect des processus et non sous celui du contenu.

Vers la fin des années 1960, Clare Graves, professeure à l'université Union College à Schenectady, dans l'État de New York, a élaboré un modèle appelé « modèle de la spirale double, cyclique, émergente du comportement biopsychosocial de l'adulte » (Beck et Cowan, 1996). Précisons que, malgré le fait que ce modèle (*voir la figure 5.2*) s'appuie sur l'observation des adultes, il s'applique très bien aux jeunes, car le niveau de développement de la tolérance envers autrui et le niveau de développement de la conscience de soi qu'il décrit concernent tout être humain, quel que soit son âge. L'utilisation du système de valeurs de Graves par l'enseignant a notamment l'avantage d'améliorer la communication entre lui et ses élèves.

S'inspirant de la pyramide des besoins d'Abraham Maslow, Graves a établi un ensemble de valeurs constitué de huit niveaux. Selon ce chercheur, huit niveaux de valeurs auraient émergé dans la vie humaine jusqu'à ce jour. Chacun de ces niveaux de valeurs est apparu en réaction à une série de difficultés ou de défis qu'entraîne l'existence ; ils constituent donc des mécanismes de résolution de problèmes. Établies par le psychisme en réponse à certaines situations, dans un milieu donné ou dans divers contextes de la vie, les valeurs d'une personne peuvent néanmoins changer au cours de sa vie. C'est le cas lorsque les problèmes auxquels la personne fait face évoluent et que celle-ci doit s'adapter au nouveau problème en mettant au point des valeurs inédites.

Graves dit de son modèle qu'il est une spirale double et cyclique, parce que chaque niveau de valeurs est la conjonction de deux forces : l'une étant les problèmes et les défis que pose l'existence, l'autre étant les mécanismes neurologiques et mentaux que l'être humain développe pour résoudre les difficultés de sa vie. De plus, son modèle est émergent parce qu'il repose sur le postulat que de nouveaux systèmes de valeurs continueront d'émerger au fur et à mesure qu'évolueront les problèmes observés dans le milieu.

Ce système de valeurs reflète la façon dont les gens pensent, c'est-à-dire leurs valeurs et leurs croyances. Il ne fait toutefois pas référence à la signification qu'ils attribuent à leurs valeurs et à leurs croyances. Ce modèle s'applique à tous les aspects du comportement humain, soit les aspects biologique, psy-

Figure 5.2 **Le système de valeurs de Graves**

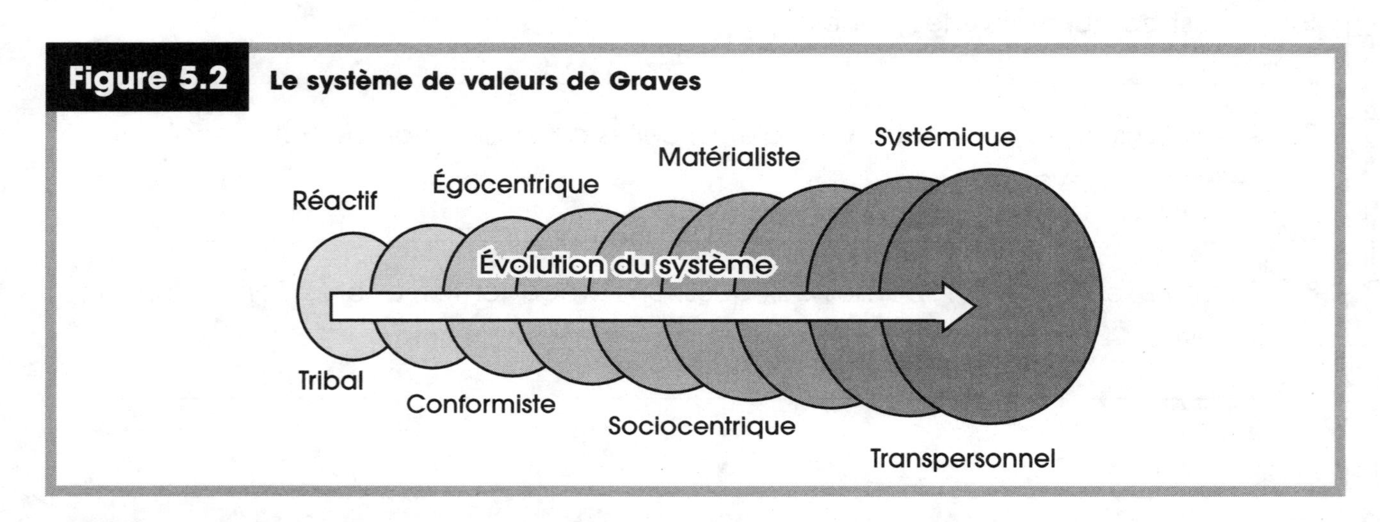

chologique et sociologique. Il permet de comprendre les événements et les situations tant sur le plan individuel que sur les plans social et politique.

Comme les personnes ont différents systèmes de valeurs, elles ont des perceptions et des opinions différentes à propos de la religion, de l'avenir, de l'économie, de la politique, de la famille, de l'éducation, de la santé, des loisirs, et ainsi de suite. Cette diversité se reflète dans les classes, et ce, d'autant plus qu'il y a un nombre accru d'élèves issus de différentes cultures. Cette situation présente des défis pour eux et pour l'enseignant, étant donné que les systèmes de valeurs des uns et des autres peuvent occasionner des conflits de perception. Une meilleure compréhension des divers niveaux de valeurs permettra de relever plus efficacement ces défis.

Les huit niveaux du système de valeurs de Graves

Dans les pages qui suivent, nous verrons en détail les huit niveaux que comporte le système de valeurs de Graves. L'enseignant peut observer un chevauchement de deux niveaux de valeurs chez un élève, celui-ci passant d'un niveau à un autre à mesure qu'évolue une situation à laquelle il fait face. Un autre élève peut adopter un niveau de valeurs dans une situation et un autre niveau de valeurs dans une situation différente. Un autre encore peut passer régulièrement d'un niveau de valeurs à un autre lorsque des éléments perturbateurs ou évolutifs interviennent. Bref, l'enseignant doit savoir que ce système de valeurs n'est pas un cadre strict et limitatif, mais une référence qui l'aidera à mieux comprendre la motivation de ses élèves.

Selon Graves, aucun niveau de valeurs n'est supérieur à un autre; ces huit niveaux constituent plutôt des modes d'adaptation différents. En tout état de cause, au fil des ans, l'être humain acquiert une meilleure compréhension de l'univers dans lequel il vit et une plus grande conscience de soi.

À chaque niveau de valeurs est associée une manière d'apprendre, de penser et de se motiver; à chacun correspondent également des valeurs axées sur les moyens et des valeurs axées sur les fins. ainsi qu'une vision du monde. Enfin, à chaque niveau se rejoignent une série de problèmes qu'amène l'existence, de même qu'un ensemble de mécanismes neurologiques que l'être humain active pour faire face à ces problèmes dans un contexte donné.

Dans la description suivante des huit niveaux de valeurs, nous nous limiterons à des exemples sur le plan individuel. Rappelons, cependant, qu'il est toujours possible de mettre ce modèle en parallèle avec l'évolution d'une société, d'une civilisation, voire de l'humanité dans son ensemble. Par ailleurs, nous proposons à l'enseignant quelques pistes de solutions visant à faciliter l'adaptation des élèves aux divers niveaux. Ces solutions, qui ne sont évidemment pas exhaustives, laissent une large place à l'interprétation. Le tableau 5.1 de la page 90 présente un résumé des huit niveaux de valeurs.

1. Niveau réactif : la vie est une affaire de survie

Postulat : Il faut s'affirmer pour pouvoir survivre.

Mode de pensée : Dans un monde à l'état de nature, les gens efficaces agissent et survivent selon les impératifs biologiques.

Tableau 5.1 Les huit niveaux de valeurs

Niveau	Référent comportemental	Approches pédagogiques	Motivations
1. Réactif	Survie	Système action-réaction, stimulus-réponse	Satisfaction des besoins fondamentaux
2. Tribal	Chef, clan ou rituels	Selon des règles fixes, le travail en petits groupes ; intérêt pour la magie, les contes et la fantaisie	Sentiment de sécurité, adoption des coutumes et des traditions
3. Égocentrique	Soi	Récompense immédiate, risque de rejet du système établi s'il ne correspond pas aux aspirations de l'individu	Récompense, valorisation de l'individu, fortification de l'image de soi, défi personnel
4. Conformiste	Adoption des règles par tout le monde	Recours à l'autorité, croyance dans un système de récompenses et de punitions, recherche de la discipline	Devoir, honneur, loyauté, sacrifice, reconnaissance future
5. Matérialiste	Initiative, sens des responsabilités	Saine compétition	Augmentation de la réussite personnelle et du plaisir
6. Sociocentrique	Recherche du consensus	Partage d'expériences et de connaissances, observation des autres	Participation, égalité, dignité et droits humains
7. Systémique	Intégration des systèmes	Intérêts diversifiés, recherche de connaissances intégratives	Liberté de choisir, amélioration de sa valeur et de ses compétences
8. Transpersonnel	Coopération et résolution de problèmes d'envergure	Expériences vécues, participation, travail communautaire	Unification des systèmes et des individus

Réactif

Niveau 1 du système de valeurs de Graves. L'attention et l'énergie de la personne sont centrées sur la satisfaction de ses besoins fondamentaux (se nourrir, se vêtir, se loger, se protéger, se déplacer et communiquer), afin d'assurer sa survie.

Au niveau **réactif**, l'attention et l'énergie de la personne sont dirigées vers la satisfaction de ses besoins fondamentaux, tels que le fait de se nourrir, de se vêtir, de se loger, de se protéger, de se déplacer et de communiquer afin d'assurer sa survie. Les autres personnes n'entrent pas en ligne de compte, car à ce niveau l'individu est centré uniquement sur le présent, où l'instinct est la clé de la survie. Une personne adoptant ces valeurs peut également être sans défense face à des situations critiques. Par contre, si le niveau réactif est bien développé, elle pourra être davantage autosuffisante, acquérir la capacité à résoudre des problèmes liés à sa réalité. Les valeurs propres à ce niveau sont orientées vers la subsistance.

Solutions pour l'adaptation :

- L'enseignant doit veiller à ce que les besoins fondamentaux de l'élève soient comblés, par exemple qu'il ait pris un petit-déjeuner avant de venir à l'école, qu'il ait le nécessaire pour son repas du midi et que son habillement soit adapté au climat.
- Lorsque l'élève dépasse le niveau de la survie, il est en mesure de prendre conscience du fait qu'il n'est pas seul au monde.

2. Niveau tribal : la vie est une question de sécurité

Postulat : Il faut se sacrifier pour la tribu, le clan ou le groupe. De même, il faut faire confiance au chef, au patron, au leader du groupe.

Mode de pensée : Dans un monde imprévisible et menaçant, les gens efficaces se regroupent pour combler leur besoin de sécurité et parler de tout ce qui risque de compromettre leur survie.

Au niveau **tribal**, le rôle de leader prend toute son importance. C'est lui qui prend toutes les décisions et qui régit la vie des membres de sa famille ou de son organisation. Le membre, quant à lui, remet sa vie entre les mains du leader. Ce type de fonctionnement est observé au secondaire, et parfois même au primaire, dans les phénomènes des gangs et du taxage, où des élèves intimidants, des leaders négatifs, terrorisent les autres jeunes dans le but d'affirmer leur force et leur supériorité. Les élèves qui acceptent l'autorité d'un leader suivent ce dernier sans nécessairement prendre le temps de réfléchir sur leurs actions ; ainsi, ils se placent souvent dans une situation très fâcheuse. À ce niveau du système de valeurs, l'accent est mis sur le présent et sur le passé ; ni l'avenir ni les conséquences des gestes accomplis ne sont considérés.

Tribal
Niveau 2 du système de valeurs de Graves. Le chef ou le leader régit tous les aspects de la vie des membres de sa famille, de son organisation ou de sa bande (gang). Le membre, quant à lui, remet sa vie entre les mains de son supérieur.

Sous son aspect négatif, ce niveau de valeurs crée une dépendance excessive et une soumission aveugle au chef. Cela peut entraîner des croyances dans les sectes, les rituels et différentes formes d'occultisme. Un exemple frappant de ce phénomène consiste dans la fascination qu'éprouvent certains adolescents pour la magie noire ou le satanisme.

Par ailleurs, l'appartenance à une équipe sportive ou à un club favorise l'acquisition d'une attitude saine envers la vie. Il s'agit d'une manifestation constructive de ce niveau de valeurs. L'adhésion à un groupe peut en effet être très positive, dans la mesure où chacun y trouve sa place et voie son individualité et son intégrité respectées.

Ce niveau de valeurs est susceptible d'engendrer la loyauté et la confiance. Un jeune peut y combler son besoin de sécurité sous l'égide d'un leader positif ou d'une famille qui le soutient, ou il peut être inspiré par les figures héroïques de certains dessins animés.

Solutions pour l'adaptation :

- L'enseignant ou le directeur de l'école peut affronter directement le leader négatif et bien lui faire sentir qu'un tel comportement est intolérable (tolérance zéro).
- L'enseignant peut rencontrer individuellement les membres d'une bande, afin de définir avec eux leur position vis-à-vis des autres jeunes et de préciser des comportements plus acceptables et autonomes.
- Il est également possible de démontrer aux leaders négatifs les effets favorables de l'autonomie et ceux de la vie en groupe.

3. Niveau égocentrique : la vie est un combat

Postulat : Il faut s'exprimer directement, sans se soucier des autres.

Mode de pensée : Dans un monde dur, seuls les plus forts survivent.

Égocentrique

Niveau 3 du système de valeurs de Graves. La personne cherche à acquérir assez de pouvoir pour satisfaire ses besoins. Elle est prête à combattre ses ennemis, réels ou imaginaires. Elle est souvent affirmative et sûre d'elle-même ; elle peut aussi être impulsive et centrée sur l'action.

Au niveau **égocentrique**, la loi de la jungle prime. La personne qui adopte ces valeurs tente d'acquérir assez de pouvoir pour satisfaire ses besoins. Pour cela, elle est prête à combattre tout ennemi, réel ou imaginaire, qui voudrait lui barrer la route. Elle tente d'échapper à tout contrôle, à toute domination, quelle qu'en soit l'origine. L'affirmation de son indépendance passe avant tout. Rien d'autre que le présent n'existe.

La personne ayant intégré ces valeurs est souvent affirmative et sûre d'elle-même ; elle peut également être impulsive et centrée sur l'action. Elle est spontanée, colorée et innovatrice. Elle aime prendre des risques, possède plein de ressources et son énergie est dans bien des cas contagieuse. Il arrive que, dans son for intérieur, cette personne soit cynique, amère, passive, agressive ou hostile. Par contre, elle peut adopter une attitude flamboyante, rechercher l'attention et manifester parfois des comportements dangereux. De tels comportements prennent notamment la forme, chez certains jeunes, de la pratique peu prudente du patin à roues alignées ou de la planche à neige. Les jeunes qui se situent à ce niveau de valeurs apprécient généralement les westerns et les autres films d'action, de même que la musique rap.

Poussé à l'extrême, ce niveau de valeurs peut causer un égocentrisme rebelle, destructeur ou autodestructeur, où la personne refuse de se plier aux contraintes de la société. Elle devient alors égoïste, exploiteuse ou manipulatrice. Dans le milieu scolaire, les rares élèves qui manifestent ce type de comportements sont qualifiés de « pollueurs de classe », car ils empoisonnent l'atmosphère et rendent difficile la gestion de la classe. Cet état de fait en vient à pénaliser les autres élèves.

Solutions pour l'adaptation :

- L'enseignant peut tenter de montrer à ces élèves les avantages dont ils sont susceptibles de bénéficier s'ils adoptent des comportements adéquats.
- Ces jeunes rêvent souvent de devenir des chefs. Dans ces situations, l'enseignant pourra les diriger afin qu'ils deviennent des leaders positifs.
- L'enseignant veillera également à valoriser ces élèves.

4. Niveau conformiste : la vie est un devoir

Postulat: Il faut se soumettre à l'autorité, à l'ordre établi, de façon que l'on puisse, plus tard, en récolter les fruits.

Mode de pensée: Dans un monde guidé par une puissante autorité, les gens efficaces font confiance à celle-ci et croient à la vérité.

Au niveau **conformiste**, la personne adopte une philosophie déterministe. En effet, le monde est logique et ordonné; il est formé par des êtres, des idées, des objets et des événements qui appartiennent à des catégories bien distinctes. La personne qui adopte ces valeurs désire par-dessus tout se conformer au système, à ses lois. Le but recherché est d'obtenir la stabilité dans le présent et de s'assurer un avenir meilleur, résultat d'un travail acharné et des sacrifices effectués. C'est le premier niveau de valeurs où l'avenir entre en ligne de compte.

Conformiste

Niveau 4 du système de valeurs de Graves. Il est basé sur les notions du bien et du mal, qui procurent au monde ordre et stabilité. Le monde est déterministe, logique et ordonné ; il est formé par des êtres, des idées, des objets et des événements qui appartiennent à des catégories bien distinctes.

Ce niveau est basé sur les notions du bien et du mal, qui procurent au monde ordre et stabilité. Il s'agit d'apprendre à contrôler ses impulsions et de ne rechercher que ce qui est conforme au système établi et à ses lois. La personne essaie de vivre de la bonne façon, comme l'exige l'autorité. Chez les élèves, ce phénomène peut être observé à travers la mode. Dans ce cas, l'autorité est représentée par les designers, les marques de commerce ou les amis influents. Ce niveau est aussi axé sur un système de récompenses et de punitions.

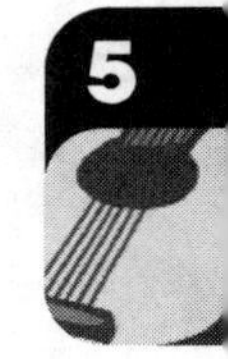

Ces personnes peuvent être stables et responsables. Elles ont alors un sens profond de la loi et de la justice, sont très ordonnées et n'hésitent pas à s'engager dans leur milieu.

Dans les cas extrêmes, les personnes qui adhèrent à ces valeurs semblent déshumanisées et désensibilisées. Elles sont rigides et intolérantes. On décèle dans certains cas un certain fanatisme.

Solutions pour l'adaptation :

- Comme le jeune met l'accent sur le système de récompenses et de punitions, il s'agit pour l'enseignant de lui faire comprendre qu'il doit accorder la priorité à son sens du devoir bien fait.
- L'enseignant doit bien expliquer au jeune ce qu'il doit faire. En outre, il doit être constant et cohérent dans ses explications.

5. Niveau matérialiste : la vie est un jeu

Postulat: Il faut s'affirmer pour atteindre ses objectifs, pour obtenir le succès escompté et les récompenses matérielles, et ce, avec prudence et sans attirer la colère des autres.

Mode de pensée: Dans un monde rempli de possibilités intéressantes permettant le progrès et l'acquisition de biens matériels, les gens efficaces évaluent avec pragmatisme les différentes possibilités qui sont offertes pour obtenir le succès escompté.

Matérialiste

Niveau 5 du système de valeurs de Graves. Le monde est riche en ressources permettant aux personnes d'actualiser leur potentiel ; ces dernières sont organisées et méthodiques.

Suivant le niveau **matérialiste**, le monde est riche en ressources naturelles et humaines qui permettent aux personnes d'actualiser leur potentiel. La personne adoptant ces valeurs est organisée et méthodique ; elle se préoccupe de la réussite, autant sur le plan personnel que sur le plan matériel, grâce à l'utilisation habile du pouvoir, de la popularité et du prestige. Elle a le désir de gagner et recherche un sentiment de réalisation. Son énergie est dirigée vers l'affirmation de soi, ce qui ne l'empêche nullement de faire preuve de prudence. Le succès est le résultat d'une saine compétition, ainsi que du temps et de l'énergie qu'on y consacre. Cette personne fait confiance aux lois du marché et à la compétition pour se tailler une place de choix. Elle privilégie l'attribution de récompenses matérielles ; pour cette raison, on lui mettra peut-être une étiquette de capitaliste. Les honneurs et les privilèges sont des manières de souligner les progrès qu'elle a accomplis.

Dans sa dimension la plus positive, une personne qui adopte ces valeurs est constructive et dépense beaucoup d'énergie pour atteindre ses objectifs. Elle est très préoccupée par l'effet de ses actions tant sur le bien-être des autres que sur le sien.

À l'autre extrême, l'individu a une propension à la manipulation, à la collusion et à l'escroquerie.

Solutions pour l'adaptation :

- L'enseignant peut indiquer à l'élève les avantages de bien s'organiser et lui souligner l'importance de s'accomplir sur les plans personnel et social dans le respect d'autrui.
- Il doit éviter de recommander à l'élève de suivre une voie déjà tracée.
- L'enseignant peut encourager le jeune à envisager de façon positive sa vie et sa future carrière, peu importent les problèmes qui surgiront.

5

Sociocentrique
Niveau 6 du système de valeurs de Graves. L'énergie de chaque personne est dirigée vers le groupe, la communauté, de façon que chacun obtienne sa juste part et atteigne la prospérité. Les personnes mettent l'accent sur les rapports interpersonnels et sociaux, centrés sur le « je » et le « nous ».

6. Niveau sociocentrique : la vie doit être égale pour tous

Postulat : Il faut tout sacrifier pour les besoins de la communauté, de sorte que celle-ci puisse prospérer dans l'unité.

Mode de pensée : Le monde étant l'habitat de l'humanité, les gens efficaces se rassemblent en communauté de manière à ce qu'ils puissent partager des expériences et croître ensemble.

Au niveau **sociocentrique**, l'énergie de chaque personne est dirigée vers le groupe, la communauté, de façon que chacun obtienne sa juste part et atteigne la prospérité. Le but est de rechercher la paix à l'intérieur de soi en nouant des liens avec les autres et en leur venant en aide. La personne adoptant ces valeurs met l'accent sur les rapports interpersonnels et sociaux, centrés sur le « je » et le « nous ». Elle démontre de l'empathie, est très sensible aux émotions des autres et s'intéresse aux problémes liés aux sentiments. De plus, la justice et l'égalité sont ses chevaux de bataille.

Un tel comportement est observé chez certains élèves du secondaire. Ils ne craignent pas de faire valoir des exigences et même de manifester pour obtenir certains avantages.

L'aspect positif de ce niveau de valeurs est que la personne est entière et authentique. Elle met l'accent sur les relations interpersonnelles fructueuses et la responsabilité sociale.

À l'opposé, la personne intégrant ces valeurs de manière négative se laisse aller, est irréaliste et poursuit un idéal inaccessible. Elle a tendance à ignorer le besoin de produire des résultats tangibles. Elle ne se préoccupe que des sentiments, des émotions ou du bonheur. En outre, elle a tendance à considérer trop longuement une question, tardant à passer à l'action.

Solutions pour l'adaptation :

- L'enseignant peut inciter l'élève à examiner une question pendant un temps raisonnable, puis à passer à l'action.
- Il peut montrer à l'élève qu'il est possible de considérer l'aspect humain tout en faisant preuve de réalisme.

7. Niveau systémique : la vie, c'est le changement et l'acceptation

Postulat : Il faut chercher à être libre et autonome, sans que cela se fasse au détriment des autres ou de l'environnement.

Mode de pensée : Dans un monde menacé de disparaître, les gens efficaces reconquièrent l'être humain et la nature, afin de devenir libres et autonomes.

Au niveau **systémique**, la personne qui adopte ces valeurs concentre son énergie sur l'expression de soi, afin d'atteindre une liberté et une autonomie très grandes, sans pour autant le faire au détriment des autres. Elle croit que le monde risque de s'effondrer parce que l'espèce humaine a abusé de la nature et que, par conséquent, les ressources se font très rares ; pour que la vie puisse se maintenir et se développer, il faut restaurer l'équilibre tant dans la nature que chez l'être humain. Cette personne cherche à intégrer différents systèmes de pensée de façon à acquérir, par rapport aux problèmes, une vision qui tienne compte de la rareté des ressources. Il s'agit pour elle de vivre de la manière la plus fonctionnelle possible dans un monde incertain qui change rapidement.

Systémique
Niveau 7 du système de valeurs de Graves. La personne concentre son énergie sur l'expression de soi, afin d'atteindre une liberté et une autonomie très grandes, sans pour autant le faire au détriment des autres.

La personne intégrant ces valeurs explore une forme de comportement systémique dans le but d'assurer sa survie tant sur le plan physique qu'intellectuel. Elle cherche toujours à s'améliorer, sans avoir de prétentions ou d'ambitions, et elle aime se mesurer à elle-même. La compétence, la raison et la nécessité représentent des dimensions qui la motivent profondément. Bien que cette personne n'ait pas d'attache religieuse ne se soumette pas aux règles, elle éprouve un grand respect pour la puissance de la pensée et pour la connaissance. Elle trouve une satisfaction dans le travail accompli.

Suivant ce niveau de valeurs, la personne se sent libre de toute contrainte, ce qui lui permet d'apprécier la vie. Elle met l'accent sur la flexibilité, sur la compétence, sur la motivation et sur la tolérance. Elle travaille à construire une forme d'organisation systémique plus souple. « Pourquoi se compliquer la vie ? » aime-t-elle dire. Elle sait faire face à l'incertitude et à l'ambiguïté, et elle s'adapte bien au changement. Néanmoins, elle a de la difficulté à accepter les valeurs traditionnelles et les responsabilités inhérentes à des systèmes de pensée moins « intégratifs ».

Dans les cas positifs, la personne adoptant ces valeurs est flexible et accepte de vivre des expériences diverses. Elle privilégie une approche fonctionnelle et elle est avant tout motivée par la qualité de l'être.

Dans les cas négatifs, la personne aura tendance à éviter d'aider les autres à résoudre leurs problèmes, afin de se protéger, et aura une forte propension à la passivité.

Solutions pour l'adaptation :

- L'enseignant peut, à l'intention de l'élève, faire des liens entre les divers éléments appris en classe et le monde extérieur.
- Il peut faire comprendre au jeune l'importance des problèmes des autres tout en évitant de le rendre responsable de ces problèmes.
- Il peut lui expliquer l'importance de son engagement dans la résolution des problèmes des autres.

8. Niveau transpersonnel : la vie, c'est le respect sous toutes ses formes

Postulat : Il faut que chacun se sacrifie de manière à faciliter la survie de la planète.

Mode de pensée : Dans un monde qui constitue une entité unique et viable, les gens efficaces recherchent l'ordre au-delà du chaos présent.

Transpersonnel

Niveau 8 du système de valeurs de Graves. Ce niveau est en voie d'émerger en réponse à des problèmes de coordination et de survie de la planète. La personne dirige son énergie à la fois vers elle-même et vers les autres dans l'espoir que la vie pourra se maintenir.

Le niveau **transpersonnel** est un ensemble de valeurs en voie d'émerger en réponse à des problèmes de coordination et de survie de la planète. La personne qui assimile ces valeurs dirige son énergie à la fois vers elle-même et vers les autres dans l'espoir que la vie pourra se maintenir. Elle œuvre dans un monde où les solutions à courte vue conduisent l'écosystème au désastre. Il s'agit de découvrir et d'implanter des solutions globales, sans tenir compte des frontières géopolitiques et économiques, en vue d'assurer la survie de l'espèce humaine. Cette personne cherche à abandonner les modes de pensée traditionnels, afin de travailler à établir un réseau mondial où il sera possible de discuter des problèmes auxquels fait face la planète. Elle souhaite la création d'un nouvel ordre dans lequel chacun pourrait évoluer sans constituer une menace pour la communauté ; de même, elle désire que les besoins humains tiennent davantage compte des ressources limitées de la planète. Ce niveau de valeurs influence considérablement les programmes d'écoles internationales qui sont de plus en plus valorisés et populaires.

Dans les cas positifs, l'individu qui adopte le niveau de valeurs transpersonnel est souvent considéré comme un visionnaire, qui fait des plans et qui sait mener ceux-ci à terme. Dans les cas négatifs, l'individu aura tendance à être rêveur. On dira de lui qu'il est un grand parleur et un petit faiseur.

Solutions pour l'adaptation :

- L'enseignant peut encourager le jeune rêveur à passer à l'action progressivement, étape par étape.
- Il peut chercher à l'amener à adopter une position plus réaliste suivant laquelle il ne s'agit pas d'essayer de sauver le monde entier, mais de commencer par agir dans son entourage, un peu à la manière des ricochets que fait un caillou lancé dans un lac calme.
- L'enseignant peut également inciter l'élève à considérer davantage la dimension spirituelle de l'être.

Les conflits de valeurs

Une personne qui adopte un des niveaux de valeurs qui viennent d'être décrits aura de la difficulté à cohabiter avec une autre personne intégrant un des autres niveaux de valeurs. Chaque niveau, avec ses forces et ses faiblesses, place l'être humain dans un système de pensée que les individus qui y sont étrangers peuvent trouver difficile à comprendre. C'est pour cette raison qu'une connaissance des diverses valeurs humaines et de leurs incidences sur les comportements aura pour effet d'améliorer les relations entre les enseignants, les élèves et les parents. La tolérance face aux différences s'améliorera grâce à la découverte de solutions favorisant l'adaptation des élèves aux divers niveaux de valeurs.

Pour ce faire, il importe de se souvenir des postulats qui suivent, lesquels sont basés sur le système de valeurs de Graves et sur la PNL :

- Les élèves ont des préférences variées parce qu'ils ne pensent pas tous de la même manière, leur structure subjective dénotant leur caractère unique.
- Les élèves ont besoin d'être encadrés différemment, selon leur évolution.
- Il est nécessaire que l'enseignant découvre le lien qui existe entre ses objectifs pédagogiques et la motivation de chaque élève.
- La croissance de l'être humain représente toujours un important défi à relever ; c'est pourquoi les enseignants ont tout intérêt à participer à la mise au point de nouvelles approches pédagogiques. Comme les élèves apprennent de différentes façons, le monde de l'éducation doit veiller à harmoniser les objectifs de l'enseignant, ceux des apprenants et les stratégies d'apprentissage.

La fiche 18 de l'enseignant (*voir la page 98*) vous invite à associer des personnages ou des personnes aux différents niveaux de valeurs du système de Graves.

Nom : ______________________ Date : ______________

Fiche 18 de l'enseignant

Le système de valeurs de Graves

Observez les gens autour de vous. Pour chacun des niveaux de valeurs, trouvez autant de personnages fictifs ou de personnes de votre entourage que vous le pouvez. Sur quels éléments vous êtes-vous basé pour faire ces choix ?

Niveau	Personnages et personnes	Justification des choix
1. Réactif		
2. Tribal		
3. Égocentrique		
4. Conformiste		
5. Matérialiste		
6. Sociocentrique		
7. Systémique		
8. Transpersonnel		

En bref…

- Les valeurs se situent principalement au niveau inconscient.
- L'être humain ordonne ses valeurs selon une hiérarchie.
- Tout changement en profondeur sur le plan de la personnalité nécessite un changement de valeurs.
- Le système de valeurs de Graves est un modèle qui comprend huit niveaux de valeurs.
- Ce système de valeurs peut être appliqué à l'échelle d'une personne, d'une société, d'une civilisation, voire de l'humanité entière.
- Chaque personne progresse à son propre rythme et subit l'influence de l'environnement.
- Les gens ont des préférences parce qu'ils pensent différemment.

Pour en savoir plus

BECK, D.E., et C.C. COWAN (1994). *Value Systems Reference Manual*, Oxford, Basil Blackwell.

BECK, D.E., et C.C. COWAN (1996). *Spiral Dynamics: Mastering Values, Leadership, and Change*, Malden, Massachusetts, Blackwell Business.

CSIKSZENTMIHALYI, Mihaly (1993). *The Evolving Self: A Psychology for the Third Millennium*, New York, HarperCollins.

DAVID, Isabelle (1998). *Manuel du maître praticien en PNL*, Sainte-Anne-des-Lacs, IDCOM International.

GRAVES, Clare W. (1971). *Levels of Human Existence*, transcription de William R. Lee, Santa Barbara, ECLET Publisher ; http ://www.clarewgraves.org.

JAMES, Tad, et Wyatt WOODSMALL (1988). *Time Line Therapy and the Basis of Personality*, Cupertino, Meta Publications.

National Values Center (2001). Texas, États-Unis ; http://www.spiraldynamics.com.

CHAPITRE 6

Les métaprogrammes

« Qu'est-ce qui te motive ? »

Métaprogramme

Filtre le plus ancré dans l'inconscient. Il sert à motiver et à trier l'information. Variant selon le contexte, il influe sur les comportements.

Les **métaprogrammes** sont un ensemble de filtres dont l'interprétation permet de mieux repérer et prévoir certains comportements. Ils facilitent la compréhension des diverses formes de motivation et déterminent la façon dont les élèves trient l'information qu'ils reçoivent. L'étude des métaprogrammes aide à reconnaître et à prévoir les réactions des personnes dans un contexte donné. Dans le milieu de l'enseignement, il ne s'agit pas d'utiliser cette connaissance pour manipuler les élèves, mais plutôt pour s'adapter à leurs modes et à leurs programmes inconscients. La communication entre l'enseignant et les élèves en sera grandement améliorée et les actions choisies par le premier seront plus pertinentes.

En vue de communiquer efficacement avec une personne et d'influencer celle-ci positivement, il est utile d'adapter ses propres comportements et son propre langage aux siens, c'est-à-dire en fonction de son modèle, ou vision, du monde. C'est alors que se révèle l'importance de repérer rapidement les métaprogrammes. Ces filtres précisent comment une personne sélectionne, déforme ou généralise l'information qu'elle reçoit pour ainsi créer sa perception du monde qui l'entoure. Ils tiennent compte des motivations souvent inconscientes, de l'encodage et du traitement de l'information reçue. Les métaprogrammes constituent ainsi une composante déterminante de la personnalité.

La connaissance des modes de comportement et de langage est très utile pour prédire les actions et les réactions d'une personne. Toutefois, il est important de noter que les métaprogrammes ne sont ni bons ni mauvais en soi, mais que ce sont des filtres qui diffèrent selon les expériences personnelles. Certains filtres sont plus utiles dans certains contextes que dans d'autres, et les contextes eux-mêmes changent avec le temps. Il n'est donc pas question de juger les personnes ou de les cataloguer, mais de les comprendre dans le but d'établir de meilleurs rapports avec elles et de les amener à adopter des comportements plus appropriés.

Une personne reproduit de façon systématique les mêmes gestes, stratégies et comportements à moins d'en prendre conscience et de changer certains filtres inconscients. De plus, les habitudes ainsi créées sont cohérentes dans un contexte donné et, de ce fait, elles peuvent varier selon les contextes. Par exemple, un jeune n'agit pas nécessairement de la même façon en classe, dans la cour de récréation ou à la maison.

Pour repérer les filtres activés dans un contexte donné, l'enseignant doit observer les comportements des élèves et prêter attention à leur manière de s'exprimer. L'observation et l'écoute permettront donc de reconnaître le filtre privilégié par l'élève, filtre qui constitue la source de motivation ou de tri de l'information activée sur-le-champ.

Il existe plus d'une centaine de métaprogrammes. Nous avons sélectionné ceux qui nous semblent les plus utiles à la tâche de l'enseignant. Le tableau 6.1 de la page 104 dresse la liste des 15 métaprogrammes retenus, des types d'information que chacun d'entre eux permet de trouver, ainsi que des catégories qui sont propres à ces métaprogrammes.

La plupart des schémas de comportements abordés dans ce chapitre sont présentés sur un continuum illustrant les diverses possibilités d'utilisation d'un même métaprogramme. Il ne faut cependant pas perdre de vue le fait que si les descriptions des comportements vont d'un extrême à l'autre, il existe une grande diversité de comportements intermédiaires.

Afin de clarifier ces métaprogrammes, nous avons divisé la présentation de chacun d'eux en quatre parties :

- une description générale du métaprogramme, ainsi que des catégories de comportements qui le composent ;
- les comportements et le langage qui sont associés au métaprogramme et qu'il importe d'observer durant une communication ;
- les questions clés que l'enseignant peut poser à l'élève, afin d'obtenir l'information qui lui permettra de reconnaître la catégorie de comportements ;
- des exemples tirés de l'exercice de la profession d'enseignant pour illustrer les concepts présentés.

Nous sommes conscientes que les descriptions qui suivent ne représentent pas tous les types d'élèves. De plus, certaines caractéristiques des métaprogrammes ne sont pas applicables aux enfants en bas âge, car ils sont en plein développement.

Comme nous l'avons déjà mentionné, les métaprogrammes ne sont en soi ni bons ni mauvais ; il s'agit de filtres personnels qui ont été acquis au fil des ans et qui influencent les comportements. En tant qu'intervenant scolaire, l'enseignant doit d'abord repérer les métaprogrammes propres à chacun des élèves. Par la suite, si le comportement d'un élève lui permet d'atteindre les objectifs pédagogiques visés, il faut encourager l'utilisation de ses filtres particuliers. Dans le cas où l'élève a un comportement inadéquat, l'enseignant pourra vérifier l'effet du métaprogramme utilisé et vérifier si le fait de le changer permettra de modifier ce comportement. De même, il est possible d'exploiter le métaprogramme actuel de façon stratégique, afin d'obtenir les résultats escomptés. Une bonne connaissance des métaprogrammes, de même que leur utilisation judicieuse permettront à l'enseignant d'atteindre ses objectifs pédagogiques.

Tableau 6.1 Les métaprogrammes pour le monde de l'éducation

Métaprogramme	Information recherchée	Catégories
1. Valeurs et critères	Valeurs accordées aux actions	Valeurs et critères 1, 2, 3 et 4, etc., par ordre d'importance
2. Direction	Manière de trouver la motivation	Inclusion — Exclusion
3. Déclenchement	Comportement face à une situation nouvelle	Action — Réaction
4. Source	Provenance de la situation	Interne — Externe
5. Champ	Cadre préférentiel de l'information	Général — Spécifique
6. Présentation de l'information	Façon dont l'information est rapportée	Descriptive — Évaluative — Interprétative
7. Classification	Triage de l'information	Gens — Choses — Tâches — Information
8. Relation	Type de relation privilégiée avec les autres	Indépendante — Responsable — Membre de l'équipe
9. Attention	Attitudes	Soi-même — Les autres
10. Réaction au stress	Prédiction du comportement en situation de stress	Émotive — Émotive/non émotive — Non émotive
11. Règles	États subjectifs et attitudes dans un contexte donné	Oui-oui — Non-oui — Oui-non
12. Choix	Réceptivité à une nouvelle situation	Possibilité — Nécessité
13. Rapport	Mode d'adaptation à une nouvelle situation	Ressemblance — Différence
14. Décisions	Mode de prise de décision	**Processus de collecte de l'information :** Vue — Audition — Lecture — Action **Processus de conviction :** • automaticité • continuité • période de temps • nombre d'exemples
15. Orientation temporelle	Origine des références temporelles	Passé — Présent — Futur

1er métaprogramme : les valeurs et les critères

Ce premier métaprogramme est lié aux valeurs qu'une personne donne à ses actions ; il est à la source de la motivation. Il incite une personne à investir du temps, des ressources et de l'énergie pour atteindre un objectif ou pour éviter une situation. Les valeurs, qu'on appelle également des critères dans la PNL, peuvent différer selon les contextes, que ce soit le contexte du travail, celui de la famille, celui des loisirs, celui de la société, etc. Elles n'ont pas la même importance, c'est-à-dire qu'elles sont hiérarchisées. Les valeurs, qui sont à la base de toutes les actions d'une personne, se manifestent par des réactions physiques et émotionnelles. Elles se reflètent également dans des expressions et des mots clés ayant une signification spéciale pour une personne.

Les comportements et le langage

- L'enseignant observera les comportements des élèves, qui se manifestent entre autres par des gestes et des signes de tête.
- Les valeurs des élèves s'expriment à travers des mots et des expressions, des pauses et des changements d'inflexions, auxquels l'enseignant devra être attentif.

Trois questions clés

- « Quelles sont les trois choses les plus importantes pour toi ? » (L'enseignant précise le contexte.)
- « Qu'est-ce qui est essentiel pour toi dans cette situation ? »
- « En quoi est-ce important de… ? » (L'enseignant précise le contexte.)

Un exemple

Un élève ne cesse de déranger les camarades qui l'entourent. L'enseignant le rappelle fréquemment à l'ordre. Il décide alors de rencontrer le jeune seul à seul.

L'enseignant : « Ton comportement dérange les autres. »

L'élève : « Oui, et après ? »

L'enseignant : « En quoi est-ce important pour toi de déranger les autres ? »

L'élève : « Je veux qu'on s'occupe de moi. »

L'enseignant : « Y aurait-il une autre façon de te comporter pour qu'on s'occupe de toi sans pour autant déranger les autres ? »

Pendant la discussion qui se poursuit, l'enseignant et l'élève en viennent à trouver une solution appropriée à la situation.

2e métaprogramme : la direction

Direction

Métaprogramme qui détermine comment une personne trouve sa motivation (inclusion ou exclusion).

La **direction** est un métaprogramme qui détermine comment une personne trouve sa motivation. Ce métaprogramme permet d'apprendre si une personne est plus facilement motivée lorsqu'elle vise des objectifs ou des buts (comportements d'inclusion) ou lorsqu'elle évite des problèmes ou des situations (comportements d'exclusion).

L'inclusion

La personne qui a un comportement d'inclusion est attirée par les éléments qu'elle veut inclure dans sa vie. Elle est souvent perçue de prime abord comme étant positive et ayant un regard sain sur la vie. Elle pense essentiellement en fonction d'objectifs et de résultats à atteindre, et elle exécute les gestes en conséquence. Elle est motivée à obtenir et à accomplir certaines choses. Selon son mode de fonctionnement, elle inclut dans sa vie les personnes, les choses et les situations. Elle fait abstraction des événements négatifs et ne tient pas compte des conséquences que certaines actions sont susceptibles d'entraîner. Elle a tendance à ne pas reconnaître ce qui va mal parce qu'elle n'a en tête que l'objectif ou le résultat qu'elle vise. Elle ne trouve d'ailleurs sa motivation que dans un objectif à atteindre, comme l'élève qui désire bien faire une activité ou un devoir.

L'exclusion

À l'opposé, la personne qui a un comportement d'exclusion est motivée à essayer d'échapper à certaines situations. Cette personne est souvent considérée comme négative, critiqueuse, ne voyant que le mauvais côté des choses. Elle cherche à éviter les problèmes, de même que certaines personnes, situations ou choses. Elle repère les situations ou les événements désagréables et tente de s'y soustraire. Elle a de la difficulté à se concentrer sur des objectifs et à persévérer. Elle peut être déroutée par le fait d'avoir des objectifs à atteindre et elle a du mal à en formuler ; en milieu scolaire, il s'agit alors pour l'enseignant d'aider cet élève à formuler ses objectifs et à les atteindre. Cette personne est motivée surtout par l'évitement des problèmes importants ; par contre, elle reconnaît difficilement les problèmes mineurs. Les situations qui conviennent le mieux à ce type de personne sont celles qui exigent de trouver l'erreur et celles où le problème en lui-même constitue la tâche.

Dans certains contextes, une personne peut avoir un comportement à la fois d'inclusion et d'exclusion. Elle est alors motivée aussi bien par ce qu'elle veut obtenir que par ce qu'elle veut éviter. Cette personne se caractérise par son désir d'acquérir ou d'accomplir quelque chose et par sa capacité de reconnaître ce qui ne va pas. Elle peut fixer son attention sur un objectif, tout en tenant compte des conséquences négatives ou des problèmes pouvant se produire. Les situations dans lesquelles elle est le plus à l'aise sont celles où il faut rester centré sur un objectif, tout en reconnaissant les problèmes potentiels.

Les comportements et le langage

L'inclusion

Dans un comportement d'inclusion, la personne donne des informations en rapport avec ses buts, ses objectifs et ses orientations.

- Elle a des comportements accueillants vis-à-vis des personnes, des choses et des événements.
- Elle parle en termes positifs.
- Elle utilise des mots comme « atteindre », « arriver », « réussir » ou « obtenir ».

L'exclusion

Dans un comportement d'exclusion, la personne parle des choses qu'elle veut éloigner d'elle.

- Elle parle facilement des obstacles, des problèmes, de ce qu'elle ne veut pas ou ne veut plus.
- Elle décrit les personnes et les situations qu'elle désire tenir à distance.
- Elle utilise la forme négative « ne pas » ou « ne plus », et des verbes tels que « éloigner », « se débarrasser » ou « éliminer ».

Deux questions clés

- « Qu'attends-tu de telle situation ? » (L'enseignant demandera à l'élève de nommer au moins quatre éléments importants, afin de bien cerner le langage qu'il utilise.)
- « Qu'est-ce que cette situation t'apportera ? »

Deux exemples

L'enseignant donne un devoir à ses élèves, lequel suscite certaines réactions.

- L'élève ayant un comportement d'inclusion : « J'aime bien ces exercices. Je vais me dépêcher de les faire en rentrant à la maison ; après, je pourrai aller jouer. »
- L'élève ayant un comportement d'exclusion : « Encore un devoir ! C'est trop dur. Cela prend trop de temps. Je ne veux pas le faire. Je veux jouer seulement. »

3e métaprogramme : le déclenchement

Le métaprogramme qu'on appelle le **déclenchement** fournit des éléments sur les deux comportements possibles face à une situation, soit l'action et la réaction. Le comportement de type « action » se caractérise par la rapidité d'exécution, tandis que le comportement de type « réaction » est marqué par la réflexion qui précède le passage à l'acte.

Déclenchement

Métaprogramme qui détermine la rapidité avec laquelle une personne agit et la manière dont elle réagit.

L'action

Une personne dont le comportement est axé sur l'action aime prendre des initiatives. Elle a tendance à aborder les situations nouvelles sans se poser beaucoup de questions. Elle commence un travail sans même l'étudier préalablement. Elle est confiante, croyant qu'elle peut modifier le cours des événements, et même dominer ceux-ci. Cette personne provoque des changements sans se soucier des conséquences. Elle agit de façon impulsive, sans comprendre tous les détails d'une situation ; c'est pourquoi elle a besoin d'être encadrée. On dit d'elle qu'elle veut avoir fini une chose avant même de la commencer. Ce type de comportement est souvent observé au primaire chez les élèves qui sont tout feu tout flamme.

On reconnaît cette personne à sa volonté d'agir sur les choses, comme c'est le cas des élèves qui s'engagent dans plusieurs projets à la fois. Étant donné qu'elle ne prend pas le temps d'examiner tous les aspects de l'activité qu'elle entreprend, cette personne est susceptible de commettre des erreurs, jusqu'à ce qu'elle acquière assez d'expérience dans un domaine particulier pour modifier son comportement.

La réaction

La personne dont le comportement est axé sur la réaction aime examiner un sujet et comprendre sa signification avant de passer à l'action. Elle calcule les risques inhérents à une situation nouvelle. Elle désire maîtriser le plus possible son environnement. Toutes les tâches qui demandent de la réflexion ont pour effet de la motiver. Cependant, certaines personnes qui adoptent un comportement réactif ont beaucoup de mal à passer à l'action, tels les élèves timides qui s'installent en retrait ou qui évitent les travaux en équipe. Ces personnes requièrent alors un encadrement qui les obligera à prendre des risques.

La personne qui manifeste un comportement de réaction est poussée à connaître : plus elle apprend, plus elle veut apprendre. Ce comportement est caractérisé par la compréhension et l'analyse, ainsi que par la réaction aux situations ou aux projets engendrés par les autres. Cette personne attend souvent avant de prendre une décision. Elle a l'impression de ne pas maîtriser son environnement. Quand elle prend une initiative, c'est qu'elle y a mûrement réfléchi et a compris le rôle qu'elle peut y jouer.

Les comportements et le langage

L'action

Cette personne fait des phrases brèves comprenant un verbe d'action.

- « Allons-y ! On fonce ! »
- « Mon travail avance. »
- « J'aime ça quand ça bouge. »

La réaction

Les phrases de cette personne comprennent des verbes non spécifiques, parfois au conditionnel, parfois à l'infinitif.

- « J'espère que… »
- « Ce serait bien si… »
- « Je vais essayer… »

Deux questions clés

- « Lorsque je te propose une activité, qu'est-ce qui te passe par la tête ? »
- « Comment as-tu réagi lorsque je t'ai posé une question devant toute la classe ? »

Deux exemples

- L'élève centré sur l'action : « Je commence tout de suite. » « Quand commence-t-on ? J'ai hâte de participer. »
- L'élève centré sur la réaction : « Je prends mon temps, car il faut que je voie avant ce qu'il y a à faire. » « Il n'y a pas d'urgence. » « Relaxe ! Pourquoi se presser ? »

4e métaprogramme : la source

La **source** est un métaprogramme qui indique d'où provient la motivation d'une personne. Ainsi, la motivation peut être interne ou externe.

Source
Métaprogramme qui détermine l'origine (interne ou externe) de la motivation d'une personne.

La source interne

Une personne dont la motivation est interne a de la facilité à trouver des moyens de se motiver. Elle détermine elle-même le travail à effectuer et elle établit des priorités en fonction de ses propres critères. Elle parvient à évaluer ses résultats, mais elle peut avoir de la difficulté à tenir compte de l'évaluation qu'en font les autres. Lorsque, par exemple, les critères internes d'un élève correspondent à ceux du milieu scolaire, cet élève est susceptible de manifester des comportements tout à fait appropriés. Cependant, dans le cas où les critères internes de l'élève ne s'accordent pas avec ceux de la classe ou de l'école, les risques de conflits sont imminents. Étant donné que ce jeune ne se laisse pas diriger facilement, son entourage aura tendance à l'étiqueter comme rebelle.

Ce type de personne se fie à ses jugements et à ses opinions ; elle se motive elle-même. Elle décide de la tâche à accomplir et de la façon de mener cette tâche à terme. Bref, elle sait où elle va. Quand elle accepte d'écouter les opinions ou les directives des autres, c'est pour considérer celles-ci en fonction de ses propres critères. Elle tient compte uniquement des commentaires des gens qui représentent pour elle des experts. En classe, l'enseignant qui désire influer sur des élèves dont la motivation est interne pourra utiliser un langage qui fait appel à leur participation, en leur disant, par exemple, « Il n'en tient qu'à toi » ou « C'est à toi de décider ».

La source externe

Une personne dont la motivation est externe s'appuie sur les informations venant des gens qui l'entourent, et ce, avant même de se faire sa propre opinion. Ainsi, l'avis des autres est nécessaire à sa motivation. Cette personne a du mal à évaluer une situation en se basant seulement sur ses valeurs. Elle aime qu'on lui indique une direction à prendre avant de commencer un travail et elle souhaite recevoir de la rétroaction régulièrement. C'est le cas de l'élève qui est porté à demander à l'enseignant de lui expliquer les notions qui viennent tout juste d'être expliquées. Cet élève a besoin d'entendre les explications d'une autre personne pour savoir quoi faire et comment le faire. Il a tendance à comparer son rendement avec celui de ses pairs, ou à la moyenne du groupe, justifiant ainsi ses succès et ses échecs. Les élèves privilégiant ce filtre sont souvent perçus comme étant peu sûrs d'eux-mêmes et anxieux.

Les comportements et le langage

La source interne

Cette personne se base sur sa propre interprétation des faits.

- Elle a de la difficulté à accepter les opinions et les décisions des autres.
- Elle n'aime pas être supervisée : « Je sais ce que j'ai à faire » ; « Personne ne me dira quoi faire ».
- Elle se sert d'expressions telles que « Je le sais » ou « Je fais de mon mieux ».

La source externe

Cette personne se fie aux commentaires des autres pour juger son travail ou se juger elle-même.

- « L'enseignant a dit… »
- « Mes parents ne sont pas contents de moi. »
- « Mes parents m'ont fait des compliments sur mon travail. »
- « Si elle l'a dit, c'est donc vrai. »

Deux questions clés

Par rapport à ces questions, les élèves dont la motivation est interne indiquent ce qu'ils décident. Ils écoutent et observent quelque peu les autres, mais ils prennent eux-mêmes la décision, peu importent les informations qu'ils ont reçues. À l'opposé, les élèves dont la motivation est externe indiquent clairement qu'ils écoutent les évaluations provenant de l'extérieur et que ces informations constituent pour eux des éléments décisifs par rapport à la qualité et à la valeur de leur travail.

- « Comment sais-tu que... ? »
- « Sur quoi te bases-tu pour dire que... ? »

Quatre exemples

L'élève dont la motivation est interne :

- « Même si mon père ne veut pas que je participe à l'activité, je vais y aller. »
- « Même si mon enseignant m'a dit de ne pas parler avec mon voisin, je continuerai à le faire parce que cela me plaît. »

L'élève dont la motivation est externe :

- « La mère de mon amie a dit que je pouvais teindre mes cheveux en bleu. Je pense que je vais le faire. »
- « Mon enseignant m'a dit que je pouvais m'inscrire aux activités parascolaires. Je m'inscrirai dès demain. »

5e métaprogramme : le champ

Le **champ** est un métaprogramme qui précise les éléments de l'environnement qu'une personne préfère et qui lui permettent de se sentir efficace et productive. Il détermine les paramètres de l'information dans lesquels elle travaille le mieux. Ce métaprogamme indique si l'accent est mis sur l'essentiel ou l'idée principale ou, au contraire, sur des segments de l'information entourant la tâche. Il comprend deux types de comportements : le champ général et le champ spécifique.

Champ
Métaprogramme qui précise les éléments environnementaux qu'une personne préfère et qui lui permettent de se sentir efficace et productive. Il détermine le type d'information (général ou spécifique) qui lui convient le mieux.

Certaines personnes peuvent adopter simultanément ces deux types de comportements. Ainsi, une personne peut commencer une conversation de façon spécifique, puis poursuivre celle-ci de façon générale, ou l'inverse. Afin de mieux comprendre un événement donné, par exemple une dispute entre deux élèves, l'enseignant doit repérer ce métaprogramme chez chacun des jeunes en cause. Il lui sera alors possible d'obtenir les informations qui lui permettront de bien cerner la situation et d'appliquer les corrections nécessaires.

Le champ général

Une personne qui adopte un comportement général recherche une vision d'ensemble, l'idée dominante d'une tâche. Elle pense en termes généraux et essaie de s'en tenir à l'essentiel. Ces éléments d'ensemble ne se présentent pas d'une manière séquentielle : elle voit la forêt plutôt que les arbres. Cette personne possède un excellent esprit de synthèse. Elle saisit le monde comme un tout. Elle comprend mieux le contexte général et la façon dont les pièces s'assemblent ; par contre, elle s'intéresse peu aux détails et aux séquences, au point parfois de ne pas les reconnaître.

Le champ spécifique

Une personne dont le comportement est spécifique se concentre sur les détails, sur les séquences. Elle fournit beaucoup de données précises. Dans ce cas, elle voit les arbres plutôt que la forêt. On dira d'elle qu'elle « coupe les cheveux en quatre ». Cette personne subdivise une tâche ou un projet en plusieurs éléments. Son environnement lui paraît composé d'une série de détails, et elle a besoin d'informations ordonnées et spécifiques pour avoir le sentiment de maîtriser la tâche à accomplir. Elle ne lit pas entre les lignes.

En classe, l'enseignant aurait avantage à associer un élève ayant un métaprogramme de champ général avec un autre dont le métaprogramme est de champ spécifique lorsqu'il constitue des équipes de travail pour une activité.

Les comportements et le langage

Le champ général

- L'élève donne un aperçu d'une question, une vue d'ensemble, sans entrer dans les détails.
- Il présente l'information de façon non séquentielle.
- Il apporte des exemples qui n'ont rien de concret.
- Il résume les événements ou l'information.
- Il utilise peu de noms propres.
- Il utilise des phrases courtes qui comportent peu d'informations.
- Il emploie des expressions comme « en bref » ou « de façon globale ».
- Quand l'élève a fini de s'expliquer, l'enseignant n'a pas toujours saisi exactement ce qu'il voulait dire.

Le champ spécifique

- L'élève donne de nombreux détails obéissant à une séquence : « d'abord », « ensuite », « premièrement », « deuxièmement », etc.
- Il donne des exemples très précis.
- Il a tendance à reprendre son analyse à partir du début s'il a été interrompu.
- Il recourt à des noms propres, à des adverbes et à des adjectifs en vue de nuancer sa pensée.
- À la fin de l'explication de l'élève, l'enseignant comprend exactement ce qu'il a voulu expliquer.

Deux questions clés

L'enseignant pourrait poser des questions en apparence anodines qui amèneront l'élève à énumérer des objets ou à décrire une situation.

- « Qu'est-ce que tu as mangé ce matin ? »
- « Parle-moi de ce que tu as fait hier soir. »

Deux exemples

L'enseignant : « Comment s'est passée ta sortie au musée ? »

- L'élève ayant un comportement général : « Bien. »

- L'élève ayant un comportement spécifique: « Nous sommes partis vers 9 heures hier matin. Nous avons pris le bus. Nous nous sommes dirigés vers le musée, mais un embouteillage nous a ralentis… »

6e métaprogramme: la présentation de l'information

Le métaprogramme qu'on appelle la **présentation de l'information** renseigne sur la façon dont une personne rapporte l'information ou décrit une situation. À moins qu'elle ne reçoive des instructions formelles, cette personne adoptera une présentation soit descriptive, soit interprétative ou évaluative.

Présentation de l'information
Métaprogramme qui renseigne sur la façon dont une personne rapporte l'information ou décrit une situation (description, interprétation ou évaluation).

La présentation descriptive

La personne qui présente l'information de manière descriptive aborde une situation en faisant montre d'objectivité et de logique. Elle est directe et équitable avec les gens qui l'entourent. Elle ne réagit pas aux événements de façon émotive. Elle appuie sa description sur des faits précis et mesurables. Elle est capable de faire abstraction de ses valeurs et de ses préjugés face à une situation. Elle s'attache à reconnaître ce qui est réel.

La présentation interprétative

Suivant la présentation interprétative, la personne impose ses opinions aux autres. Elle filtre toute l'information provenant de l'extérieur de façon qu'elle coïncide avec son modèle du monde. Elle s'attend à ce que les gens pensent et agissent comme elle. Dans son esprit, les personnes ainsi que les événements sont soit bons, soit mauvais. Pour les autres, cette personne est difficile à superviser, car elle préfère dicter ses volontés. À l'école, les élèves qui adoptent ce type de comportement s'opposent à leurs camarades dont les opinions ne cadrent pas avec les leurs. Ils peuvent aussi appartenir à des groupes qui cherchent à imposer leur vision des choses par divers moyens, incluant des moyens violents.

La présentation évaluative

Une personne dont la présentation est évaluative donne son opinion sur une situation à partir de ses valeurs et de ses croyances. Elle tient cependant compte des critères des autres dans son évaluation. Lorsqu'elle compare deux situations, elle s'appuie sur ses constatations pour recommander des améliorations. Sa capacité d'évaluation fait d'elle une bonne organisatrice. À l'encontre de la personne ayant un comportement de type interprétatif, elle peut indiquer ce qui doit être fait sans pour autant imposer ses opinions aux autres. Elle distingue ce qui est bon et ce qui est mauvais, et elle fonde ses décisions sur une ligne de conduite. Ses jugements se basent sur une information moins filtrée, plus directe, que ceux de la personne dont la présentation est interprétative. Cette personne sait ce qu'elle veut, mais elle l'exprime d'une manière moins dogmatique que la personne du type précédent.

Les comportements et le langage

La présentation descriptive

- La personne ayant une présentation descriptive rapporte les faits et les données sans porter de jugement.
- Elle parle des personnes et des situations de manière objective.
- Elle veille à faire preuve de mesure.

La présentation interprétative

- La personne adoptant ce type de présentation porte des jugements à partir de ses propres critères.
- Elle parle comme si sa manière de penser et d'agir était la seule valable.
- Elle donne des conseils sur la façon dont les choses devraient se passer ou dont les gens devraient agir: « Si j'étais toi, je ferais ceci... »

La présentation évaluative

- La personne appartenant à cette catégorie indique ce qui doit être fait.
- Elle utilise un langage à caractère évaluatif: « Ce serait mieux si tu faisais telle chose... »
- Elle emploie des comparaisons: « moins », « plus », « meilleur », etc.

Deux questions clés

L'enseignant pourrait demander à l'élève de décrire un événement qu'il a vécu. De plus, il devrait l'amener à donner son opinion sur cet événement.

- « Parle-moi du film que nous avons vu ce matin. »
- « Qu'est-ce que tu en as pensé exactement ? »

Trois exemples

Ces exemples se rapportent aux questions clés qui ont été posées précédemment.

- L'élève adoptant une présentation descriptive: « Il y avait des acteurs connus dans ce film. »
- L'élève adoptant une présentation interprétative: « Je trouve que le policier n'a pas bien agi en laissant le voleur s'échapper. »
- L'élève adoptant une présentation évaluative: « Cela aurait été mieux si le policier avait attrapé le voleur. »

7e métaprogramme : la classification

Classification
Métaprogramme qui précise comment une personne traite les éléments de l'environnement qu'elle perçoit à travers ses modes sensoriels et ses critères (gens, choses, tâches ou information).

La **classification** est un métaprogramme qui permet de préciser comment une personne traite les éléments de l'environnement qu'elle perçoit à travers ses modes sensoriels et ses critères. Ces éléments appartiennent à l'une ou l'autre des catégories suivantes: les gens (qui), les choses (quoi), les tâches (comment) ou l'information (pourquoi).

Le traitement de l'information au moyen de la classification se rapporte à la manière dont une personne donne un sens aux informations qu'elle recueille au cours de ses expériences. Le fait de savoir à quelle catégorie appartient l'expérience de l'élève permet à l'enseignant de développer ses arguments, tout en respectant les orientations de cet élève. Pour un événement donné, les personnes trieront les informations en fonction d'une des quatre catégories qu'elles privilégient. Par ailleurs, une personne peut avoir une catégorie dominante et une ou plusieurs catégories secondaires.

Les gens

La personne orientée vers les gens concentre son attention sur ceux qui exécutent la tâche. Dans une situation de travail ou de conflit, elle entretient avec les autres des rapports personnels. Les idées et les sentiments d'autrui sont très importants pour elle. Elle organise les tâches de façon à se trouver en compagnie des gens. La communication est l'aspect dont elle se soucie le plus. L'enseignant a souvent l'occasion de voir des élèves liés d'amitié se disputer. Ainsi, un élève dira à son camarade : « Tu n'es plus mon ami. » Un autre dira à un pair : « C'est sa faute… » Il n'y a dans ces phrases aucune mention du problème qui divise ces camarades. Les élèves centrés sur les gens accordent une grande importance à la socialisation et à l'amitié ; cela peut même, dans certains cas, nuire à leur rendement scolaire.

Les choses

La personne qui est centrée sur les choses se préoccupe essentiellement des idées, des documents et des produits, en somme de tout le matériel nécessaire à l'accomplissement d'un bon travail. Bien qu'elle s'intéresse aux gens qui l'entourent, ses rapports avec eux sont objectifs et impersonnels. L'établissement de relations ne fait pas partie de ses priorités, car elle est davantage sensible à l'aspect matériel qu'à l'aspect humain. Ses crayons, ses livres, son ordinateur, ses jeux vidéo et ses jouets ont plus d'importance pour elle que pour les gens en général.

Les tâches

La personne qui est orientée vers les tâches cherche à connaître le fonctionnement des choses et des systèmes. Elle concentre son attention sur les activités et aime se sentir très occupée, de façon à éviter l'ennui. C'est le cas des élèves qui passent de longues heures devant des jeux vidéo. Si cette personne est également centrée sur les gens, elle aimera organiser des activités sociales.

L'information

La personne qui se focalise sur l'information s"intéresse au pourquoi des choses. Aux yeux de son entourage, elle ne cesse de poser des questions. Elle est efficace et productive si la tâche ou le projet a un sens pour elle. Ici, l'enseignant peut voir l'importance de bien définir la tâche pour un tel élève s'il veut qu'elle soit accomplie. Ainsi, avant d'entreprendre une activité, un élève centré sur l'information veut en connaître l'utilité, la raison d'être. Dans un travail en équipe, pour que les relations entre cet élève et ses camarades soient bonnes, il faut qu'il soit convaincu de la nécessité de procéder de la manière qu'on lui a indiquée.

Les comportements et le langage

Les gens

- La personne orientée vers les gens met l'accent sur l'élément personnel.
- Elle s'intéresse aux sentiments des gens et fait preuve d'empathie.
- Elle établit des rapports avec les autres facilement.
- Elle parle comme si les personnes représentaient l'aspect essentiel du travail.

Les choses

- La personne orientée vers les choses mentionne rarement les gens, car c'est le côté matériel qui l'intéresse.
- Elle parle de concepts, de documents et d'outils.
- Elle utilise des pronoms impersonnels.

Les tâches

- La personne qui se focalise sur les tâches met l'accent sur les processus, sur les façons de faire.
- Elle explique le fonctionnement des choses.
- Elle décrit les activités et les étapes inhérentes à un projet.
- Elle emploie des termes descriptifs pour parler des méthodes et des systèmes.

L'information

- La personne centrée sur l'information fait référence à l'utilité et à la raison d'être d'une tâche.
- Elle a besoin de comprendre comment fonctionne une chose avant de pouvoir la décrire.
- Elle aime mieux parler des expériences que de les vivre.

Deux questions clés

- « Parle-moi d'un projet auquel tu as travaillé en classe. »
- « Qu'est-ce qui t'a plu dans ce projet ? »

Quatre exemples

- L'élève centré sur les gens : « J'ai aimé l'esprit d'équipe. »
- L'élève centré sur les choses : « J'ai apprécié l'équipement sportif. »
- L'élève centré sur les tâches : « J'ai aimé jouer au ballon-poing. »
- L'élève centré sur l'information : « Je suis content d'avoir appris les règlements de ce sport. »

8e métaprogramme : la relation

Le métaprogramme qu'on nomme la **relation** permet de comprendre comment une personne travaille efficacement, c'est-à-dire si elle préfère travailler seule (indépendante), en équipe (membre) ou des deux manières à la fois (responsable). Ce métaprogramme est très utile dans le contexte d'un projet ou d'un travail en équipe.

Relation
Métaprogramme qui permet de préciser le genre de rapport de travail qu'une personne privilégie (indépendante, membre d'une équipe ou responsable).

La personne indépendante

Cette personne travaille mieux seule et aime assumer toutes les responsabilités dans un projet. Elle préfère se trouver dans un environnement où les contacts humains sont peu fréquents. Elle a de la difficulté à recevoir des directives ou une supervision directe. Elle est plus efficace et productive lorsqu'elle est isolée et qu'elle n'est pas distraite par son entourage.

Le membre de l'équipe

Cette personne préfère travailler avec d'autres et partager la responsabilité d'une tâche. Elle a besoin de l'effort conjoint qui caractérise la participation et le partage des tâches, comme dans les sports d'équipe. Elle a de la difficulté à fonctionner dans une hiérarchie. Elle n'est pas apte à diriger et n'aime pas non plus être dirigée.

La personne responsable

Une personne dite responsable emprunte les traits des deux types précédents. Elle est capable à la fois de travailler seule et de travailler en équipe, de diriger et d'être dirigée.

Les comportements et le langage

La personne indépendante

- Elle aime travailler seule et assumer entièrement la responsabilité d'une activité.
- Elle choisit une tâche qui ne nécessite pas la présence des autres.
- Elle a tendance à parler à la première personne, disant par exemple « De mon propre chef » ; « Je l'ai fait ».
- Elle ne nomme pas les autres personnes qui participent à un travail.

Le membre de l'équipe

- Cette personne aime travailler avec d'autres personnes et partager avec elles la responsabilité.
- Elle n'aime pas diriger.
- L'appartenance à un groupe la rassure.
- Elle utilise des mots tels que « nous », « ensemble », « groupe » ou « classe ».

La personne responsable

- Elle désire s'entourer des autres et assumer elle-même la responsabilité.
- Elle aime superviser, mais elle accepte également d'être supervisée.
- Elle mentionne les autres ou bien ne les nomme pas explicitement ; cependant, la tâche (telle une présentation devant la classe) nécessite leur présence.
- Elle utilise des mots comme « avec » ou des phrases comme « J'ai dirigé une équipe ».

Trois questions clés

- « Parle-moi d'un projet ou d'une expérience qui t'a apporté beaucoup de plaisir. »
- « Qu'est-ce qui te plaisait particulièrement dans ce projet ou cette expérience ? »
- « Si tu avais à participer à un projet, préférerais-tu travailler seul, travailler en équipe sans faire la supervision ou partager une partie de la responsabilité avec des camarades ? »

Trois exemples

- L'élève indépendant : « Je n'aime pas travailler en équipe. Je suis plus efficace quand je travaille seul. »
- L'élève membre de l'équipe : « J'ai besoin de travailler avec d'autres personnes. Quand la prochaine rencontre de l'équipe aura-t-elle lieu ? »
- L'élève responsable : « Je veux travailler en équipe pourvu que je puisse diriger le groupe. »

9e métaprogramme : l'attention

Attention
Métaprogramme qui traite de l'attitude d'une personne dans un contexte donné, attitude correspondant à des états subjectifs dirigés vers soi-même ou vers les autres.

L'**attention** traite de l'attitude d'une personne dans un contexte donné et correspond à des états subjectifs internes. Ce métaprogramme permet de déterminer si une personne fait porter son attention sur son interlocuteur ou, au contraire, sur sa façon à elle de vivre la communication. L'enseignant qui connaît cet aspect d'un élève peut alors être plus tolérant à son égard et choisir des stratégies adaptées à son mode de fonctionnement. Les deux types de comportements que comprend ce métaprogramme sont l'attention à soi-même et l'attention aux autres.

L'attention à soi-même

La personne centrée sur elle-même s'intéresse surtout à ses propres réactions quand elle est dans une situation de communication. Elle se concentre sur elle-même dans l'interaction. Cela signifie qu'elle est consciente uniquement de ses propres critères. Elle porte à l'autre une attention très réduite ayant trait à ce que la relation peut lui apporter. Tout ce qu'elle dit ou fait est avant tout dirigé vers elle-même, ce qui amène certains à dire qu'elle a une vision limitée des choses ou qu'elle est égocentrique. Ce type de comportement est souvent observé chez les enfants gâtés à qui l'on permet tout.

Cette personne poursuit ses objectifs sans tenir compte de ceux des autres. Cela n'exclut pas qu'elle soit animée de bonnes intentions, mais celles-ci ne sont pas forcément adaptées aux situations ni comprises par les autres. La personne qui est centrée sur elle-même se sent parfois très proche des autres, car elle croit que tout le monde éprouve les mêmes sentiments qu'elle. Elle ne perçoit pas les différences ni les nuances, puisqu'elle ramène tout à sa propre expérience.

L'attention aux autres

Ce type de personne est à l'écoute des propos de son interlocuteur. Elle demeure consciente de ses propres critères, tout en considérant ceux de son interlocuteur. Elle juge de l'efficacité de la communication avec une autre personne selon la façon dont cette dernière réagit. Elle s'efforce de comprendre les interactions des gens, de même que leurs réactions. Elle est capable de se mettre dans la peau de l'autre; on peut d'ailleurs remarquer ce comportement chez de jeunes enfants. Elle sait prendre une distance suffisante pour observer avec objectivité une situation pendant son déroulement. Elle demeure attentive à ses intérêts personnels sans pour autant qu'ils masquent ceux de l'autre, l'inverse étant aussi vrai.

Les comportements et le langage

Dans le cas de ce métaprogramme, il s'agit d'observer l'apparence de la personne, ainsi que sa phonation.

L'attention à soi-même

- La personne présente un visage sans expression.
- Son corps se fige dans une position pour un long moment, puis il change de position après un bref mouvement.
- Cette personne ne réagit pas automatiquement de façon non verbale.
- Elle ne prête pas attention aux messages non verbaux de son interlocuteur.
- Elle donne des réponses brèves et sèches.
- Son ton de voix est morne, sans inflexion.
- Une fois qu'elle a commencé à parler, elle a de la difficulté à s'arrêter.

Elle marque souvent un temps d'arrêt lorsque son interlocuteur met fin à la conversation, au téléphone surtout.

L'attention aux autres

- Elle hoche la tête à l'intention de son interlocuteur. Elle est en en synchronie avec lui.
- Elle change d'expression (regard interrogateur, tension musculaire, sourire, etc.) pour aider son interlocuteur à mieux comprendre.
- Son corps est penché vers son interlocuteur.
- Elle présente automatiquement des réponses non verbales.
- Son ton est expressif et nuancé.
- Elle procède à de longues descriptions.
- Il est facile de l'interrompre.
- Elle interpelle son interlocuteur, par exemple au téléphone : « Es-tu encore là ? »
- Elle utilise des expressions comme « tu vois ? », « est-ce que c'est clair ? » ou « O.K. ? » pour s'assurer que son interlocuteur comprend bien ce qu'elle dit.

Trois questions clés

C'est en écoutant l'élève et en prêtant attention à son langage non verbal que l'enseignant peut repérer le type d'attention de l'élève.

- « Comment réagis-tu lorsqu'un camarade te raconte ses problèmes ? »
- « Dans une conversation, parles-tu plus que les autres parce que tu as beaucoup de choses à dire ou laisses-tu parler les autres chacun à leur tour ? »
- « Quand tu parles avec un camarade, regardes-tu en même temps comment il se comporte ? »

Deux exemples

- L'élève centré sur soi-même : Il est renfermé, se mêle peu aux autres élèves.
- L'élève centré sur les autres : Il est très sociable, se lie d'amitié avec presque tout le monde, tout en demeurant très sensible à ce qui se passe autour de lui.

10e métaprogramme : la réaction au stress

Réaction au stress

Métaprogramme qui permet de prédire comment une personne réagira à une situation stressante (état émotif, état émotif/non émotif ou état non émotif).

La **réaction au stress** est un métaprogramme qui permet de prédire comment une personne se comportera dans une situation stressante. Cette information s'avère très utile dans les contextes de présentation d'un nouveau projet ou d'annonce d'une mauvaise nouvelle. Ce métaprogramme comporte trois types de comportements qui correspondent à des états : l'état émotif, l'état émotif/non émotif et l'état non émotif.

L'état émotif

Une personne émotive, ou associée, manifeste une réaction forte à un stress normal et demeure dans cet état plus longtemps que la moyenne des gens. Elle a du mal à se dégager de son émotion. Elle réagit au plus léger stress suscité par une tâche. Elle a de la difficulté à fonctionner dans une situation où il y a beaucoup de tensions et réagit à celle-ci exagérément en se remémorant des expériences semblables.

L'état émotif/non émotif

Suivant l'état émotif/non émotif, une personne réagit aux tensions de façon émotive, elle demeure dans cet état un certain temps, puis elle revient à un état non émotif. Selon l'objectif qu'elle veut atteindre, elle peut maintenir cet état ou revenir à un état non émotif. Elle peut s'adapter à des situations stressantes, tout en comprenant les personnes qui ont des réactions émotives. Elle est capable d'empathie.

L'état non émotif

Une personne non émotive, ou dissociée, réagit à un stress normal sans manifester d'émotion. Elle semble manquer d'empathie. Elle donne l'impression qu'elle est fermée aux sentiments des personnes de son entourage. Seule une tension insupportable peut la faire réagir de façon émotive. Elle n'a pas besoin d'établir un contact émotif pour communiquer avec les autres.

Les comportements et le langage

Les signes qu'il importe de remarquer concernent le non verbal, comme l'apparence et la phonation. L'apparence comprend les signes suivants :

- la personne a tendance à baisser les yeux ;
- son rythme respiratoire se modifie ;
- son visage change de couleur ;
- ses muscles se tendent ;
- son corps s'affaisse, présentant une asymétrie.

Pour ce qui est de la phonation, on peut constater certains changements dans la voix de la personne, comme le rythme, le volume, le tempo ou le timbre.

L'état émotif

Cette personne ne reprend pas sa position ou son intonation première lorsqu'elle répond à une question. Elle se plonge dans ses émotions de façon intense.

L'état émotif/non émotif

Cette personne manifeste un état émotif observable selon les indices mentionnés précédemment, puis elle revient à un état normal ou neutre. Le cycle est susceptible de se répéter lors de l'échange et de prendre fin dans un état ou dans l'autre.

L'état non émotif

Dans certains cas, cette personne se rappelle un événement ; dans d'autres cas, elle l'a oublié. Il faut parfois lui tirer les vers du nez. Elle répond aux questions avec objectivité et détachement. Aucun changement d'état n'est observé.

Deux questions clés

Il est important que l'enseignant prête attention au langage non verbal de l'élève tandis qu'il répond à ses questions. Celui-ci peut adopter un comportement émotif ou non émotif tout au long d'une conversation.

- « Parle-moi d'une expérience qui t'a causé des difficultés. »
- « Comment as-tu réagi dans cette circonstance ? »

Trois exemples

- L'élève émotif : Dès l'annonce d'une sortie éducative, il criera sa joie. Il débordera d'enthousiasme jusqu'à son arrivée à la maison.
- L'élève adoptant un comportement émotif/non émotif : La sortie éducative lui fait plaisir, mais il ne manifeste pas de joie ou très peu.
- L'élève non émotif : Il n'a aucune réaction émotive.

11e métaprogramme : les règles

Règles

Métaprogramme qui détermine les états subjectifs internes d'une personne et qui révèle ses attitudes dans un contexte donné. Il précise si une personne adopte des règles et des convictions par rapport au comportement qui lui paraît le plus approprié pour elle-même et pour les autres (catégories oui-oui, non-oui et oui-non).

Les **règles** constituent un métaprogramme qui détermine les états subjectifs internes d'une personne et révèle ses attitudes dans un contexte donné. Elles précisent si une personne adopte des règles et des croyances par rapport au comportement qui lui paraît le plus approprié pour elle-même et pour les autres. Ce métaprogramme peut être très utile à l'enseignant, car il lui permettra de découvrir si un élève a tendance à suivre sa propre voie ou celle des autres. Néanmoins, il peut être plus difficile de repérer ce métaprogramme chez les enfants plus jeunes, qui sont en pleine formation. Le métaprogramme des règles comprend les catégories oui-oui, non-oui et oui-non.

La catégorie oui-oui

Cette catégorie indique que la personne est consciente qu'elle possède ses propres règles (oui) et que les autres possèdent les leurs qui peuvent être différentes. La personne comprend les règles tacites et elle est apte à les communiquer aux autres (oui). Elle s'attend à ce que les autres suivent ses règles à elle. En général, elle énonce franchement ses opinions et aime donner des conseils.

La catégorie non-oui

Suivant la catégorie non-oui, la personne adopte les règles et les convictions d'autrui (non), et elle consent à les transmettre aux autres (oui). Elle a besoin que quelqu'un fixe des règles à son intention et lui dise comment se comporter. L'élève qui appartient à une bande constitue un bon exemple de cette catégorie. Cette personne s'adapte aux changements de directives et s'acclimate bien à un nouveau supérieur ou à un nouveau poste pour autant qu'on lui spécifie la manière de fonctionner. Elle n'intériorise pas les règles, mais elle n'a aucune difficulté à les appliquer.

La catégorie oui-non

La personne qui fait partie de la catégorie oui-non a des règles et des convictions (oui), mais elle a de la difficulté à les communiquer aux autres (non). Elle connaît bien les règles et elle sait ce qui constitue pour elle un bon comportement. Cependant, ou bien elle n'arrive pas à transmettre ces règles aux autres, ou bien elle ne le veut pas. Habituellement, cette personne n'aime pas donner de conseils, car elle pense qu'il ne lui appartient pas de dire aux autres comment se comporter. Sa devise pourrait être : « Chacun pour soi. »

Les comportements et le langage

La catégorie oui-oui

- La personne applique aux autres ses propres règles.
- Elle possède des règles pour elle-même.
- Elle possède des règles pour les autres.

La catégorie non-oui

- La personne fait siennes les règles des autres sans se poser de questions.
- Elle suit et applique les règles des autres.

La catégorie oui-non

- La personne applique à elle-même ses propres règles.
- Elle ne se sent pas touchée par les règles et les comportements d'autrui.

Trois questions clés

Les personnes qui ont de la facilité à maîtriser des règles connaissent les comportements à adopter et peuvent dire aux autres en quoi ils consistent.

- Question 1 : « À quoi attribues-tu ton succès dans cette activité ? »
- Question 2 : « Quels moyens pourrais-tu utiliser pour mieux réussir ? »
- Question 3 : « Qu'est-ce que tu recommanderais à un camarade de faire pour qu'il réussisse mieux ? »

Trois exemples

- L'élève faisant partie de la catégorie oui-oui : Aux questions 1 et 2, cet élève répondrait qu'il s'agit de se fixer des objectifs et de travailler fort pour les réaliser. À la question 3, il dirait également qu'il est important de se fixer des objectifs, mais il ajouterait qu'il faut faire l'impossible pour les atteindre.
- L'élève faisant partie de la catégorie non-oui : Aux questions 1 et 2, cet élève répondrait : « Je ne sais vraiment pas, j'y pense mais je ne vois pas. » Cette réponse correspond à la phrase « Cela m'est égal » qu'on entend chez certains adolescents. À la question 3, l'élève répondrait qu'il faut travailler fort pour réaliser les objectifs qu'on s'est fixés.
- L'élève faisant partie de la catégorie oui-non : Aux questions 1 et 2, cet élève répondrait qu'il se fixe des buts et qu'il fait son possible pour les atteindre. À la question 3, il répondrait que chacun doit décider pour soi.

6

12e métaprogramme : le choix

Le **choix** est un métaprogramme qui détermine la facilité avec laquelle une personne peut concevoir et créer des orientations ou des processus. Il est axé sur l'adoption de lignes directrices et de règlements déjà existants. Ce métaprogramme peut s'avérer très utile à un enseignant qui cherche à savoir si un élève est réceptif à l'utilisation de nouvelles stratégies d'apprentissage et de résolution de problèmes ou s'il se borne plutôt à employer les stratégies qu'il connaît déjà, au risque d'échouer. Une personne démontrera une prédominance dans l'une des deux catégories suivantes : la possibilité ou la nécessité. Toutefois, il est également possible qu'une personne possède des caractéristiques de ces deux catégories à la fois.

Choix
Métaprogramme qui détermine la facilité qu'a une personne à concevoir et à créer des orientations ou des processus (possibilité ou nécessité).

La possibilité

Une personne qui montre une prédominance pour la possibilité, aussi appelée « option » par certains auteurs, possède une grande capacité à sortir du cadre établi. Elle est peu intéressée à respecter les règles qui lui sont imposées. Elle cherche à accroître ses possibilités et à en évaluer de nouvelles. Elle croit qu'il existe toujours une meilleure manière de faire les choses, une option inédite, et elle se penche sur le potentiel que comporte une situation. Elle n'a pas peur de sortir des sentiers battus. Cependant, elle a de la difficulté à suivre une procédure déterminée et à fonctionner de façon routinière, mais elle peut contourner ce problème en fragmentant la tâche, en procédant par étapes. Elle met à profit son imagination débordante pour arriver à travailler moins fort.

La nécessité

Une personne qui a une prédominance pour la nécessité trouve de la motivation dans le fait de suivre les règles, d'exécuter un travail selon les normes fixées par d'autres. Les obligations guident ses actions. Elle ne croit pas à la notion de choix ou d'option. Elle travaille mieux si on lui trace une ligne de conduite. Généralement, elle a du mal à élaborer de nouvelles règles ou de nouveaux procédés. Elle se sent désemparée quand la méthode suivie cesse d'être efficace. Cette personne ne fait pas beaucoup appel à son imagination.

Les comportements et le langage

La possibilité

Lorsqu'on demande à cette personne pourquoi elle a choisi d'accomplir une activité :

- Elle explique les raisons de son choix et elle énumère ses critères.
- Elle décrit la situation en fonction d'options.
- Elle imagine facilement de nouvelles possibilités.

La nécessité

Lorsqu'on demande à cette personne quels moyens elle a pris pour accomplir une activité :

- Elle décrit en détail les différentes étapes qu'elle a franchies.
- Elle utilise des expressions telles que « Il faut faire les choses de cette façon », « Cela doit être ainsi » ou « Je n'avais pas le choix ».

Deux questions clés

À propos d'un choix que l'élève a eu à faire, l'enseignant posera des questions qui lui permettront d'observer ses réactions, son comportement :

- « Pourquoi as-tu choisi de faire cela ? »
- « Quels moyens as-tu pris pour le faire ? »

Deux exemples

- L'élève orienté vers la possibilité : Il se lance tête baissée dans un projet. Il n'est pas perturbé par les changements qui se produisent en cours de route.
- L'élève orienté vers la nécessité : Il suit à la lettre les consignes qu'on lui indique. Toute dérogation à la procédure le déstabilise. Le changement le stresse.

13e métaprogramme : le rapport

Le métaprogramme désigné sous le nom de **rapport** représente la manière dont une personne s'adapte à un modèle proposé, à une nouvelle situation. Il comprend deux catégories : la ressemblance et la différence.

Rapport
Métaprogramme qui précise la manière dont une personne s'adapte à un modèle proposé, à une nouvelle situation (ressemblance ou différence).

La ressemblance

Les réponses présentant une ressemblance s'appuient sur des situations déjà vécues. En ce sens, la personne ne veut pas, dans un premier temps, contredire les autres. Cela n'exclut pas que, dans un second temps, elle puisse avoir une opinion différente.

Ce comportement peut être observé chez les personnes qui, quelles que soient les circonstances, préfèrent ce qu'elles connaissent déjà à ce qui est nouveau. Dans l'exercice de notre profession, il nous est souvent arrivé de proposer aux élèves une nouvelle stratégie de résolution de problèmes plus efficace. À notre grande surprise, certains élèves s'en tenaient à l'ancienne méthode malgré la description qui leur était faite des avantages de cette nouvelle approche.

La personne adoptant ce type de comportement recherche la stabilité et la continuité dans sa vie. Elle supporte mal le changement. Suivant ce type, il est facile de comprendre la réaction vive de certains jeunes lorsqu'ils apprennent que leurs parents vont se séparer.

Pour éviter les bouleversements, cette personne peut aller jusqu'à refuser toute nouvelle tâche, ou tout changement dans son travail, dans son horaire ou dans son équipement. Dans d'autres cas, elle acceptera certains changements pourvu qu'ils surviennent à des intervalles de cinq à sept ans. Cependant, pour ce qui est des bouleversements majeurs, cette personne peut prendre de 15 à 25 ans à s'adapter. Les changements fréquents la rendent nerveuse et la poussent à rechercher un environnement plus stable.

La différence

Quant aux réponses présentant une différence, elles se caractérisent par le fait qu'elles ne se réfèrent pas à des situations déjà vécues. Cette personne cherche dans une situation quelque chose qu'elle ne connaît pas encore. Une personne qui utilise surtout la réponse de type différent aime avoir des discussions passionnées. Il lui arrive souvent de ne pas être d'accord avec son interlocuteur. On dira qu'elle se plaît à contrarier les autres, à leur résister.

Dès que cette personne maîtrise une tâche, elle passe à une autre. Elle aime travailler dans un environnement nouveau, où le changement se produit fréquemment et sans transition. Elle résiste à la normalité et à l'uniformité. Elle est très active et, pour elle, les progrès arrivent trop lentement. Cette personne peut changer d'affectation tous les deux ans.

D'autre part, il est possible qu'une personne oscille entre ces deux catégories, l'une l'emportant toutefois sur l'autre. Une personne présente une réponse « assez semblable – un peu différente » lorsqu'elle désire la stabilité et la continuité, mais s'adapte aux changements pour autant qu'ils ne soient ni continuels ni majeurs. Elle aime une certaine variété dans un environnement stable. Elle a besoin d'un changement important tous les cinq à sept ans. Par ailleurs, une personne présente une réponse « assez différente – un peu semblable » lorsqu'elle apprécie les changements et que ceux-ci lui procurent la stabilité et la continuité. Cette personne s'adapte aux changements au fur et à mesure qu'ils se produisent et elle n'hésite pas à y apporter les modifications qui lui conviennent. Elle aime changer de cadre de vie tous les trois à cinq ans.

Les comportements et le langage

La ressemblance

- Cette personne filtre les événements en y cherchant des similitudes.
- Pour elle, toutes les choses se ressemblent, et elle décrit les différents événements de la même manière.
- Elle redoute le changement.
- Elle parle des ressemblances et utilise des comparatifs d'égalité, tels que « presque pareil », « c'est comme », « genre » ou « c'est du pareil au même ».

La différence

- Cette personne aime parler de changements, d'éléments nouveaux et de différences.
- Elle utilise des comparatifs de supériorité, tels que « plus » ou « meilleur », et des comparatifs d'infériorité, tels que « moins » ou « pire ».
- Elle émaille son discours de restrictions : « mais », « par contre », etc.

La réponse « assez semblable – un peu différent »

- Cette personne met l'accent sur ce qui est semblable, puis elle mentionne certaines différences.
- Elle utilise des expressions comme « similaire », « presque » ou « il y a un lien ».
- Elle parle des ressemblances en s'attardant davantage aux différences et utilise des expressions telles que « c'est presque pareil » ou « cela y ressemble, mais ».

La réponse « assez différent – un peu semblable »

- La personne met l'accent sur ce qui est différent, puis elle mentionne certaines ressemblances.
- Elle utilise les expressions suivantes : « Ce n'est pas tout à fait la même chose », « C'est presque pareil » et « C'est différent, mais... ».
- Elle parle en mettant l'accent sur certaines différences : « sauf que » et « mais ».

Une questions clé

L'enseignant pourra amener l'élève à établir une comparaison entre deux faits ou deux situations : « Quel lien y a-t-il entre... et... ? »

Deux exemples

L'enseignant présente aux élèves une nouvelle stratégie de résolution de problèmes qui nécessite le transfert des apprentissages.

- L'élève centré sur la ressemblance : Il cherchera les similitudes entre les stratégies utilisées précédemment et la nouvelle stratégie qui lui est proposée. Il risque d'être réticent devant la nouvelle méthode s'il ne voit pas assez de similitudes avec les méthodes antérieures et qu'il n'a aucune expérience passée sur laquelle il puisse s'appuyer.
- L'élève centré sur la différence : Il cherchera les différences entre les stratégies précédentes et la nouvelle stratégie, puis il s'attaquera au problème. Il acceptera le risque, car il aime les défis.

14e métaprogramme : les décisions

Les **décisions** sont un métaprogramme qui détermine la façon dont une personne rassemble l'information (processus de collecte de l'information), en plus de spécifier comment elle est convaincue d'agir sur cette information (processus de conviction). Le processus de collecte de l'information peut se faire par la vue, l'audition, la lecture ou l'action. Quant au processus de conviction, il comprend quatre catégories : le nombre d'exemples, l'automaticité, la continuité et la période de temps.

Décision

Métaprogramme qui détermine comment une personne rassemble l'information selon un processus de collecte de l'information (vue, audition, lecture, action) et ce qui la pousse à agir sur cette information selon un processus de conviction (nombre d'exemples, automaticité, continuité, période de temps).

Lorsqu'une personne réfléchit, répond à une question, prend une décision ou résout un problème, elle considère un certain nombre d'éléments. Cela concerne ses processus internes et détermine la stratégie qu'elle adoptera. Pour le traitement des données, cette personne utilise le système de représentation sensoriel en vue de prendre une décision. Il est possible de connaître le mode sensoriel prédominant d'une personne en prêtant attention aux expressions qu'elle utilise et en observant ses mouvements oculaires (*voir le chapitre 3*).

Le processus de collecte de l'information

La vue

Cette personne a besoin de prendre connaissance de l'information à l'aide de tableaux, de graphiques, d'images et de dessins pour pouvoir s'en faire une idée juste. Il lui faut une référence visuelle pour se persuader que des concepts, des produits ou des tâches lui conviennent. L'information qui lui est présentée sous une autre forme n'a pas autant d'impact ni de valeur. Pour elle, comprendre, c'est voir.

L'audition

Cette personne doit entendre l'information avant d'acquérir une conviction. L'information présentée selon un mode auditif aura plus d'effet sur elle, car cela l'amènera à comprendre et à se décider plus rapidement.

La lecture

Pour bien comprendre l'information, cette personne doit lire des instructions et des rapports ou consulter des sites Internet. Sa prise de décision se base sur la lecture.

L'action

Cette personne doit faire une chose, l'expérimenter, avant de pouvoir prendre une décision. Elle doit exécuter une tâche pour se convaincre qu'elle est capable de la faire. Ainsi, certains élèves attendent de subir plusieurs échecs, malgré les avertissements qu'ils reçoivent, avant d'accepter de reconnaître qu'une situation donnée était inappropriée.

Le processus de conviction

Le nombre d'exemples

Cette personne a besoin d'un nombre précis d'exemples avant d'être convaincue. Si on lui donne moins d'exemples qu'elle n'en a besoin, elle ne pourra prendre une décision en connaissance de cause. Une fois que l'enseignant sait de quel nombre d'exemples un élève a besoin pour prendre une décision, il peut exercer sur lui une influence. Dans le cas d'un élève du primaire, il peut lui demander : « Combien de livres as-tu besoin de feuilleter avant d'en choisir un ? » Dans le cas d'un élève du secondaire, il peut lui demander : « Combien de fois dois-tu lire tes notes du cours d'histoire pour te sentir prêt à passer l'examen ? »

L'automaticité

Cette personne est portée à accorder le bénéfice du doute. Elle fait confiance automatiquement, sans chercher à obtenir plus d'informations. Elle a tendance à plonger dans une situation sans prendre le temps de l'examiner. Elle noue facilement des amitiés, mais les dénoue tout aussi rapidement.

La continuité

Cette personne est sceptique ; elle est donc difficile à convaincre. Elle ne s'appuie pas sur des expériences antérieures. Elle évalue minutieusement chaque information ou chaque événement. Rien n'est jamais acquis pour elle. Pour cette raison, il faut souvent revenir à la charge pour essayer de la convaincre.

La période de temps

Il est possible de convaincre cette personne quand on lui présente une preuve sur une certaine période de temps, cette dernière pouvant varier selon les personnes. Ce laps de temps lui est en effet nécessaire pour se convaincre d'une chose et prendre une décision. Ainsi, l'enseignant pourrait demander à l'élève de combien de temps il a besoin pour réfléchir.

Les comportements et le langage

Le processus de collecte de l'information

- La vue : La personne se représente l'information sous forme visuelle et utilise des termes tels que « portrait », « regard », « apparence », « image » ou « tableau ».
- L'audition : Cette personne utilise des termes se rapportant à l'audition, comme « dire », « entendre », « poser des questions », « parler » ou « commenter ».
- La lecture : Elle utilise des expressions liées à la lecture, tels que « lire », « se documenter », « déchiffrer » ou « naviguer dans Internet ».
- L'action : Elle utilise des expressions touchant à l'exécution d'une chose : « esquisser », « mettre au point », « travailler », « la façon dont je procède », « laissez-moi faire », etc.

Le processus de conviction

- Le nombre d'exemples : Cette personne doit prendre connaissance de plusieurs exemples avant de se décider.
- L'automaticité : Elle fait confiance d'emblée et donne le bénéfice du doute.
- La continuité : La personne est toujours à la recherche du petit détail qui la convaincra. Elle utilise des expressions comme les suivantes : « quotidiennement », « chaque fois », « de nouveau » ou « régulièrement ».
- La période de temps : Cette personne a besoin d'un temps de réflexion plus ou moins long entre la collecte de l'information et la prise de décision.

Quatre questions clés

Pour connaître le processus de collecte de l'information de l'élève, l'enseignant devra observer ses mouvements oculaires et écouter les expressions qu'il utilise. Par ailleurs, les questions suivantes lui permettront de mettre au jour le processus de conviction de l'élève :

- Le nombre de fois : « Combien de fois as-tu besoin qu'on t'explique un problème pour l'assimiler complètement ? »
- L'automaticité : « Comment sais-tu que ce camarade fait du bon travail ? »
- La continuité : « Qu'est-ce qui te permettrait de prendre une décision à ce sujet ? »
- La période de temps : « Combien de temps t'a-t-il fallu pour prendre ta décision dans cette situation ? »

Quatre exemples

- L'élève qui s'appuie sur la vue: « Je l'ai vu à la télévision, c'est donc vrai. »
- L'élève qui s'appuie sur l'audition: « La mère de Patrick a dit que les fantômes n'existaient pas. Elle doit savoir de quoi elle parle. »
- L'élève qui s'appuie sur la lecture: « Je le crois parce que je l'ai lu dans un livre. »
- L'élève qui s'appuie sur l'action: « J'ai essayé ce nouveau truc: il est excellent. »

15e métaprogramme: l'orientation temporelle

Orientation temporelle

Métaprogramme qui permet de préciser l'origine des références personnelles, c'est-à-dire si une personne préfère agir en fonction du passé (ce qu'elle a déjà fait), du présent (ce qu'elle est en train de faire) ou du futur (ce qu'elle fera).

L'**orientation temporelle** est un métaprogramme qui permet de préciser l'origine des références personnelles, c'est-à-dire si une personne préfère agir en fonction de ce qu'elle a déjà fait (le passé), de ce qu'elle est en train de faire (le présent) ou de ce qu'elle fera (le futur).

La compréhension de ce métaprogramme est particulièrement utile à l'enseignant lorsqu'il a affaire à un élève dont les comportements sont inadéquats. L'orientation temporelle lui permet effectivement de situer les actions de l'élève dans le temps et, en conséquence, d'apporter les corrections nécessaires. C'est le cas, par exemple, d'un jeune qui transgressait continuellement les règles. Ses fautes s'accumulaient, et chacune était suivie d'une sanction. L'enseignant l'avait averti de nombreuses fois des conséquences logiques de futurs méfaits sans que l'élève s'en préoccupe. La sanction subséquente a été très sévère compte tenu de l'accumulation des fautes. Cet élève, qui était orienté vers le présent, n'a pas compris qu'un manquement mineur puisse entraîner une sanction aussi démesurée selon lui. Comme le passé n'existait pas pour lui, les fautes commises étaient aussitôt oubliées. Il ne pouvait non plus imaginer ses actions futures. L'enseignant a dû rappeler à cet élève toutes les fautes qu'il avait commises par le passé, les nombreux avertissements qu'il lui avait donnés, et maintenir fermement la sanction. Par la suite, le comportement de l'élève s'est amélioré. Sans faire de lui un élève exemplaire, cette intervention a tout de même permis à la classe de retrouver son calme.

Le passé

Quand une personne considère qu'une chose a toujours existé d'une certaine manière, il lui est difficile de penser que cela peut changer. La référence au passé permet la généralisation; autrement dit, la répétition d'un événement amène une personne à établir une constante. Elle a tendance à éprouver des émotions associées à des expériences passées. L'élève ayant une orientation vers le passé se remémore constamment ses échecs et ses réussites, ce qui influe sur ses résultats à venir.

Le présent

Le présent, comme référence, engendre la spontanéité. Il permet une action rapide. Une personne qui vit dans le présent a tendance à agir avec impulsivité. Elle est consciente de ce qui se passe « ici et maintenant » et elle ne se préoccupe ni du futur ni du passé. Cependant, il arrive qu'elle se sente contrainte par les exigences du moment. Cette personne aurait avantage à équilibrer cette référence au présent par des références au passé et au futur, afin de donner à la situation une perspective plus large. La personne qui emploie une telle référence a généralement un comportement orienté vers l'action, associé au processus, mais cela ne lui permet pas de prendre le recul nécessaire vis-à-vis de la situation qu'elle vit. On dit parfois de cette personne qu'elle est trop impulsive et qu'elle a du mal à se fixer des objectifs. Cela provient du fait que, pour elle, le futur constitue une abstraction, une chose impossible à cerner.

Le futur

La personne orientée vers le futur cherche à atteindre des objectifs, qu'ils soient réalisables ou non. La plupart des activités qui supposent une gratification ultérieure se fondent sur une référence future. L'individu qui trouve sa principale référence dans l'avenir semble parfois un doux rêveur, toujours en quête d'un avenir meilleur. D'autre part, l'orientation vers le futur constitue une approche utile à la créativité. Elle permet en effet de se servir du contexte du présent pour construire des probabilités et imaginer des réalités différentes. Cependant, ce type de comportement atteint ses limites lorsqu'il engendre chez certains élèves une pensée magique suivant laquelle, quoi qu'il arrive, tout se terminera bien. Quelqu'un viendra les sauver, et ils obtiendront des résultats extraordinaires dans leurs activités. Ces élèves donnent l'impression que les problèmes ne les atteignent pas et ils ont ainsi tendance à remettre à plus tard les travaux qu'on leur demande de faire.

Les comportements et le langage

Le passé

- La personne centrée sur le passé cherche à expliquer le présent par le passé, établissant ainsi un lien de cause à effet.
- Elle prétend que les choses resteront telles qu'elles ont toujours été.
- Elle tarde à passer à l'action.
- Elle a besoin de faire des analyses.

Le présent

- La personne centrée sur le présent manifeste de la spontanéité.
- Son comportement est orienté vers l'action, associé au processus.
- Elle n'a pas de recul vis-à-vis de la situation qu'elle vit dans l'immédiat.

Le futur

- La personne centrée sur le futur se fixe des objectifs.
- Elle fait montre de créativité.
- Elle met l'accent sur les choses qui adviendront.

Trois questions clés

Il n'y a pas de question clé en particulier pour ce métaprogramme. L'enseignant prêtera attention aux temps de verbes qu'utilisent les élèves pour découvrir à quelle catégorie du métaprogramme de l'orientation temporelle ils appartiennent.

- Le passé : L'élève emploie des verbes au passé composé : « J'ai fait un beau dessin. »
- Le présent : L'élève utilise le temps présent : « Regarde le dessin que je suis en train de faire. »
- Le futur : L'élève utilise des expressions au futur : « Je ferai un beau dessin. »

Trois exemples

- L'élève orienté vers le passé : « Je n'ai jamais réussi en mathématiques, pourquoi est-ce que cela changerait ? »
- L'élève orienté vers le présent : « J'ai de la difficulté en mathématiques. »
- L'élève orienté vers le futur : « J'espère que je réussirai le prochain examen de mathématiques. »

La fiche 19 de l'enseignant vous propose une activité à la fois investigatrice, récapitulative et intégrative des métaprogrammes. Demandez à vos élèves de composer un texte qui révélera les métaprogrammes qu'ils utilisent. Quant à la fiche 20 (*voir la page 135*), elle vous invite à rechercher le plus grand nombre de métaprogrammes possible qu'adopte un personnage d'une émission de télévision.

Nom : ______________________ Date : ______________

Fiche 19 de l'enseignant

Les métaprogrammes

Selon l'âge de vos élèves, demandez-leur de composer un texte dans lequel ils expliqueront comment ils choisissent un vêtement (ou un jouet) à acheter et selon quels critères. (Pour les plus jeunes, cette explication peut être verbale.) À partir de leurs textes, trouvez un élève représentatif pour chacune des catégories des métaprogrammes.

Exemple : présentation de l'information

- Descriptive : Jean S.
- Évaluative : Simone M.
- Interprétative : Pierre G.

1. Valeurs et critères d'un élève en particulier (par ordre d'importance)	1. ______ 3. ______ 2. ______ 4. ______
2. Direction	Inclusion : Exclusion :
3. Déclenchement	Action : Réaction :
4. Source	Interne : Externe :
5. Champ	Général : Spécifique :
6. Présentation de l'information	Descriptive Évaluative : Interprétative :

Nom : ______________________ **Date :** ______________

Fiche 19 de l'enseignant (suite)

7. Classification	Gens :	Tâches :
	Choses :	Information :
8. Relation	Indépendante :	
	Responsable :	
	Membre de l'équipe :	
9. Attention	Soi-même :	
	Les autres :	
10. Réaction au stress	Émotive :	
	Émotive/non émotive :	
	Non émotive :	
11. Règles	Oui-oui :	
	Non-oui :	
	Oui-non :	
12. Choix	Possibilité :	Nécessité :
13. Rapport	Ressemblance :	Différence :
14. Décisions	Vue :	Nombre d'exemples :
	Audition :	Automaticité :
	Lecture :	Continuité :
	Action :	Période de temps :
15. Orientation temporelle	Passé :	
	Présent :	
	Futur :	

Nom : ______________________ Date : ______________

Fiche 20 de l'enseignant

Les métaprogrammes : la télé à la carte

Regardez une émission de télévision ou encore un film vidéo de votre choix. Prenez un personnage que vous jugez important et repérez chez lui le plus de métaprogrammes possible. Faites-le en encerclant dans le tableau ci-dessous les catégories auxquelles appartient ce personnage.

Nom du personnage : ______________________

1. Valeurs et critères d'un élève en particulier (par ordre d'importance)	1. __________ 3. __________ 2. __________ 4. __________
2. Direction	Inclusion *ou* Exclusion
3. Déclenchement	Action *ou* Réaction
4. Source	Interne *ou* Externe
5. Champ	Général *ou* Spécifique
6. Présentation de l'information	Descriptive *ou* Évaluative ou Interprétative
7. Classification	Gens ou Choses *ou* Tâches ou Information
8. Relation	Indépendante *ou* Responsable *ou* Membre de l'équipe
9. Attention	Soi-même *ou* Les autres
10. Réaction au stress	Émotive *ou* Émotif/Non émotif *ou* Non émotive
11. Règles	Oui-oui *ou* Non-oui *ou* Oui-non
12. Choix	Possibilité *ou* Nécessité
13. Rapport	Ressemblance *ou* Différence
14. Décisions	Vue *ou* Audition *ou* Lecture *ou* Action Automaticité *ou* Continuité Nombre d'exemples : __________ Période de temps : __________
15. Orientation temporelle	Passé *ou* Présent *ou* Futur

En bref...

- Les métaprogrammes sont les filtres les plus ancrés dans l'inconscient. Ces filtres sont associés à la motivation et à la façon de trier l'information.
- Ils permettent de repérer et de prévoir les comportements. Les métaprogrammes ne sont ni bons ni mauvais en soi. En outre, ils peuvent varier selon le contexte. La découverte des métaprogrammes qu'utilisent les élèves permet à l'enseignant d'adapter ses interventions.

Pour en savoir plus

CHARVET, Shelle Rose (1999). *Le plein pouvoir des mots : maîtriser le langage d'influence*, Brossard, Éditions pour tous.

DAVID, Isabelle (1999). *Manuel du praticien d'affaires en PNL*, Sainte-Anne-des-Lacs, IDCOM International.

JAMES, Tad, et Wyatt WOODSMALL (1988). *Time Line Therapy and the Basis of Personality*, Cupertino, Meta Publications.

LAWLEY, J.(automne 1997). « The application of metaprogrammes in the classroom », *Rapport Magazine*, nº 37.

LAWLEY, J. (2001) ; http://www.devco.demon.co.uk.

WOODSMALL, Marilyne, et Wyatt WOODSMALL (1998). *People, Pattern, Power: The Nine Keys To Business Success*, Vienne, Woodsmall Publisher.

CHAPITRE 7

Le langage transformationnel

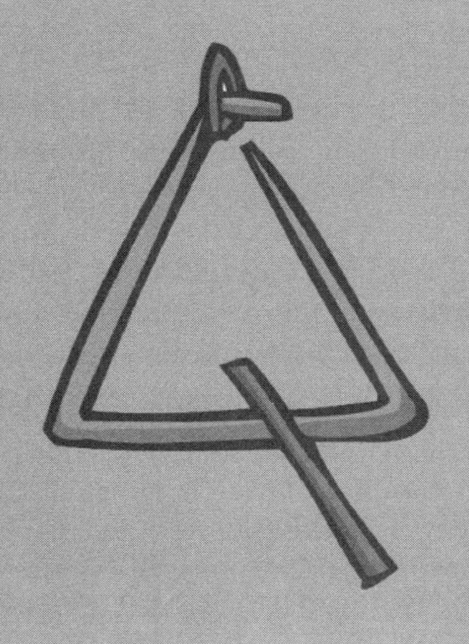

« Choisis bien tes mots. »

L'information qu'une personne reçoit du monde extérieur est filtrée par ses sens, ses processus internes, ses valeurs, ses croyances et ses métaprogrammes. La représentation qu'elle se fait du langage entendu peut, par conséquent, être différente de ce qu'il signifie en réalité. Ce qui est dit, ce qu'une personne entend et ce qu'elle comprend de ce qui est dit, tout cela cause parfois de la distorsion. Un bon exemple de ce phénomène est le jeu du téléphone arabe, où une phrase transmise à voix basse d'une personne à l'autre arrive déformée à la personne située au bout de la chaîne. Certains présupposés de la PNL décrivent bien cette situation : « La carte n'est pas le territoire », « Les mots ne sont pas la réalité qu'ils décrivent ; ils sont une représentation de la réalité » et « Les mots en soi ne sont pas importants, c'est l'intention derrière eux qui compte » (*voir le chapitre 1*).

La réalité devient subjective et la compréhension de ce qui est dit le devient aussi, une des raisons de ce fait étant que les émotions passent par le langage non verbal. Ainsi, les mots et les phrases qu'une personne utilise comportent une charge émotive. L'intensité de cette charge peut osciller du positif au négatif, en passant par la neutralité. De plus, certains mots sont énergisants tandis que d'autres sont toxiques, et ce, à divers degrés. Par ailleurs, certains mots ne provoquent aucune émotion du fait qu'ils n'évoquent rien dans la structure profonde, qui correspond à l'expérience réelle d'une personne sur le plan sensoriel (*voir le chapitre 1*). Ainsi, l'effet qu'ont ces mots sur l'émetteur et le récepteur peut stimuler de façon variable l'encodage subjectif de l'expérience. Cela vient du fait que le même mot peut être perçu différemment d'une personne à l'autre : il peut avoir un effet important chez l'une et n'avoir aucune signification particulière chez l'autre.

Dans ce chapitre, nous verrons l'importance qu'acquiert le langage non verbal dans une communication. Nous nous pencherons également sur le langage d'influence, qui cherche à avoir un effet sur les représentations mentales d'une personne.

Le langage verbal et le langage non verbal

Audible linguistique

Contenu linguistique, qui représente 7 % d'une communication. Il correspond au mode digital.

Audible paralinguistique

Langage non verbal constitué par les éléments sonores d'une communication, comme le rythme, le ton et le volume. Représentant 38 % d'une communication, il correspond au langage analogique.

Non-audible paralinguistique

Langage corporel, qui représente 55 % d'une communication. Il correspond au mode analogique.

Le langage verbal et le langage non verbal vont de pair dans la communication. Les mots, soit la partie digitale d'une communication ou l'**audible linguistique**, sont portés par le rythme, le ton et le volume propres à chaque personne. Les éléments audibles d'une communication autres que le contenu font partie du langage non verbal, soit la partie analogique de la communication. Ces éléments sont appelés l'**audible paralinguistique**, par comparaison avec le **non-audible paralinguistique**, qui correspond au langage corporel. Le langage analogique traduit les états émotifs d'une personne.

Les émotions, qui se situent principalement dans l'inconscient, trouvent à s'exprimer à travers la communication non verbale. C'est ainsi que, associé aux mots et aux expressions qu'une personne utilise, soit les prédicats (*voir le chapitre 3*), le langage non verbal devient chargé des représentations internes, de l'interprétation de la réalité, reflétant ainsi une intensité émotive.

La lecture de certains mots est susceptible de créer chez une personne une association avec sa propre réalité, ces mots activant alors des émotions spécifiques. C'est la technique qu'utilise le romancier. Le lecteur lira le roman en question en se faisant des représentations mentales liées à sa structure profonde de référence. Dans ce cas, il ne se produit pas un transfert direct des émotions de l'auteur, car le lecteur active son propre système émotif, lequel est en rapport avec ses expériences personnelles. Cependant, plusieurs expériences humaines activent les mêmes types d'émotions. C'est pourquoi, en choisissant l'émotion liée à une expérience donnée, un bon romancier réussira à amener le lecteur à éprouver une émotion prévisible et universelle.

La situation est très différente lorsque les mots et les phrases sont exprimés en présence d'une autre personne, car l'émetteur provoque chez le récepteur une introspection liée à sa structure profonde; de plus, ce dernier reçoit le langage non verbal de façon consciente ou inconsciente. Pour cette raison, il est important, dans une conversation courante, de tenir compte de la manière dont les mots sont dits et du choix des mots. En outre, le mode de réception du message a un effet considérable sur l'intensité émotive perçue. En d'autres termes, la façon dont une personne reçoit un message influence sa perception et risque de causer une interprétation erronée associée à une émotion qu'elle a vécue antérieurement. Cette situation peut amplifier une émotion qui, d'un point de vue rationnel, est inappropriée.

Il importe, dans une bonne communication, d'utiliser le mot juste et d'employer le ton, le volume et le rythme de la voix adéquats. De cette façon, l'émetteur sera plus crédible et son message aura une efficacité accrue. Une telle communication aura un effet constructif, voire énergisant, uniquement si le récepteur n'y associe aucune ancre négative (*voir le chapitre 3*). Sinon, des techniques comme le recadrage (*voir le chapitre 9*) ou le changement de représentations mentales seront nécessaires pour désamorcer les liens négatifs qui auront été créés. Cependant, dans la majorité des situations, un langage positif et constructif met en place les conditions propices à l'ouverture et à la réceptivité lors d'échanges.

7

Le langage d'influence

Compte tenu de l'effet de la communication sur l'obtention des résultats scolaires visés, l'utilisation du **langage d'influence** s'avère cruciale. Le langage d'influence permet d'éviter d'employer des mots nuisibles qui engendrent une **charge émotive** négative et, à l'inverse, il encourage l'utilisation de mots dynamisants associés à une charge émotive positive.

Langage d'influence
Mots et phrases qui visent à agir sur l'auditeur en ayant un effet sur ses représentations mentales.

Charge émotive
Capacité que possède un mot donné de générer une émotion positive ou négative plus ou moins intense.

Vous avez sans doute déjà entendu un parent dire à son enfant: « Ne saute pas dans la flaque d'eau! » Quelle a été la réaction de l'enfant dans cette situation? Il y a fort à parier qu'il a sauté à pieds joints dans la flaque d'eau. Par ailleurs, que dire de la situation où un parent avertit son adolescent de ne pas fumer et où il apprend par des voisins que son enfant a fumé en cachette? Dans ces différents cas, il faut se demander si le jeune ne voulait pas tout simplement enfreindre les règles ou s'il était indifférent aux paroles des adultes. En outre, il est nécessaire de déterminer si le jeune refuse l'autorité, s'il veut impressionner ses camarades ou s'il fait semblant de ne pas entendre le message. Toutes ces explications sont possibles. Cependant, d'autres facteurs peuvent intervenir, comme la transformation du message par le récepteur. Dans ce type de situation, le jeune entend ce qu'il veut bien entendre.

En matière de comportements et d'encodage des expériences, une personne comprend d'abord un énoncé sous une forme affirmative. La phrase « Ne va pas jouer dans la rue » devient dans son esprit « Va jouer dans la rue ». Cela est attribuable au fait que, par rapport à ce qui a été dit, la personne se crée une représentation interne dans une forme affirmative avant de reconnaître la négation, exprimée par les mots « ne pas ».

Lorsqu'on demande à un enfant de ne pas traverser la rue, il se représente en premier la scène lorsqu'il traverse la rue. C'est pourquoi les enfants très jeunes ont déjà eu le temps de passer à l'action, donc de traverser la rue, avant de se représenter une autre scène dans laquelle ils ne vont pas dans la rue. Il est intéressant de noter que pour comprendre la phrase suivante : « Ne pensez pas à un éléphant vert avec des pois jaunes », une personne est en quelque sorte obligée d'y penser, avant de ne plus y penser… Chez l'enfant, ce même processus est très souvent responsable du fait qu'il exécute ce qu'on lui demande de ne pas faire.

Une personne ne peut concevoir la négation autrement que par un effort conscient. Les modes sensoriels, visuel, auditif, kinesthésique, olfactif et gustatif (*voir le chapitre 3*) sont en effet incapables de représenter une réalité correspondant à une négation. Ainsi, l'expérience n'a pas de contraire sauf dans les mots exprimés, langage digital, et dans le dialogue interne, c'est-à-dire lorsqu'une personne parle à l'intérieur d'elle-même, qu'elle engage un dialogue avec elle-même. L'expression « ne pas » existe dans les mots mais pas dans les faits (*voir le tableau 7.1*).

7

« Ne pensez pas à un éléphant… »

La scène évoquée intérieurement par l'enfant à la suite de ce qu'il a entendu s'est traduite par une annulation de la négation, et ce, bien avant qu'il se représente la véritable intention du message. De là vient l'importance pour l'enseignant de dire aux élèves ce qu'il attend d'eux et non ce qu'il ne veut pas qu'ils fassent. La formulation affirmative suggère une direction favorable à la réalisation de l'objectif visé. De cette façon, l'enfant construira une représentation interne de ce qui est attendu de lui. Cela diminue le risque d'entraîner le comportement opposé à celui qui est désiré et augmente ainsi la probabilité d'adoption du comportement approprié.

Tableau 7.1 La négation dans le dialogue

Lorsqu'on dit à un enfant :	L'enfant traduit d'abord ce qui a été dit par :
« N'aie pas peur de rater l'examen. »	« Aie peur de rater l'examen. »
« Ne parle pas dans le corridor. »	« Parle dans le corridor. »
« Ne monte pas l'escalier deux marches à la fois. »	« Monte l'escalier deux marches à la fois. »
« Ne saute pas dans les flaques d'eau. »	« Saute dans les flaques d'eau. »
« Ne lance pas de balles de neige. »	« Lance des balles de neige. »
« Ne te lève pas durant l'examen. »	« Lève-toi durant l'examen. »

Prenons l'énoncé « Ne va pas jouer autour de la piscine ! » Cet énoncé pourra être remplacé par le suivant : « Va jouer sur la pelouse dans la cour. » De même, dans le contexte d'un laboratoire de sciences, la consigne « Ne pas jeter de produits solides dans l'évier » sera remplacée par la consigne « Jeter les produits solides dans la poubelle ». Le tableau 7.2 fournit d'autres exemples de phrases à éviter et de phrases de remplacement que l'enseignant pourra utiliser.

Tableau 7.2 Exemples de phrases formulées par la négation, à remplacer par des phrases affirmatives

Phrase à éviter	Phrase suggérée
« N'aie pas peur de rater l'examen. »	« Sois confiant dans ton succès à l'examen. »
« Ne parle pas dans le corridor. »	« Garde le silence dans le corridor. »
« Ne monte pas l'escalier deux marches à la fois. »	« Monte l'escalier une marche à la fois. »
« Ne saute pas dans les flaques d'eau. »	« Garde tes pieds au sec. »
« Ne lance pas de balles de neige. »	« Laisse la neige au sol. »
« Ne te lève pas durant l'examen. »	« Demeure à ta place durant l'examen. »
« Arrête de crier. »	« Parle doucement. »
« Cesse de copier sur ton voisin. »	« Concentre-toi sur ta feuille. »

▶▶▶

Tableau 7.2 Suite

Phrase à éviter	Phrase suggérée
« Ne fais pas de dessins dans ton manuel. »	« Dessine sur des feuilles recyclées. »
« Je ne veux pas entendre la sonnerie de ton téléphone cellulaire durant les cours. »	« Éteins ton téléphone cellulaire durant les cours. »
« Ne porte pas ta casquette dans l'école. »	« Porte ta casquette à l'extérieur de l'école. »
« Tu n'as pas le droit d'apporter ton baladeur. »	« Laisse ton baladeur dans ton casier. »
« N'attachez pas vos vélos à la rampe d'escalier. »	« Attachez vos vélos au support prévu à cet effet. »
« Ne circulez pas avec vos planches à roulettes ici. »	« L'utilisation de vos planches à roulettes est permise dans certains parcs seulement. »
« Vous allez vous blesser avec ce ballon ! »	« Allez-y plus doucement en jouant au ballon. »

La variation de l'intensité de la charge émotive

Les mots possèdent un très grand pouvoir, car ils font agir une personne en réactivant de puissantes ancres chargées d'émotions. D'ailleurs, comme le disait l'acteur français Gérard Depardieu : « Quand j'ai commencé à répéter les mots que je disais, j'ai ressenti les émotions qui leur correspondaient. » Tout mot contient une charge émotive spécifique.

Il est possible de changer l'intensité émotive liée à un mot ou à une expression tout en gardant le message d'origine. Il s'agit de formuler ce message autrement. Une façon de procéder consiste pour l'émetteur à trouver des mots de remplacement vrais, authentiques et dont l'effet sera plus constructif. Il substituera alors à un mot un autre dont la charge émotive modifiera la représentation que le récepteur s'en fait.

En classe, l'enseignant essaiera de trouver les mots qui permettront à l'élève d'atteindre un objectif de réussite. Si l'élève emploie des expressions négatives dans un contexte d'échec, il aura tendance à se créer une mauvaise image de lui-même et à limiter l'utilisation de son potentiel. Par exemple, la phrase « Je suis nul » est associée à une référence personnelle comportant une charge émotive très négative. Cette représentation peut se traduire par la visualisation d'une salle vide ou encore d'un clochard errant dans la rue. L'enfant peut également se dire dans sa tête que ses parents seront déçus de lui et qu'il n'arrivera à rien dans la vie. Ces pensées se traduiront par l'activation d'émotions telles que le doute, l'insécurité, la tristesse ou la déception. Dans le but d'atténuer cette charge émotive négative, l'enseignant pourra recourir à des mots auxquels le jeune associera des références davantage constructives.

Dans l'exemple précédent où le jeune pense qu'il est nul, donc incapable de réussir quoi que ce soit, lorsque l'enseignant lui répond « Mais voyons, c'est sûr que tu es capable », il crée une incohérence, car ce dernier énoncé est à l'opposé de celui que le jeune a fait. Dans un tel cas, l'élève a l'impression que l'on nie son expérience. Pour croire qu'il est capable de réussir, il aurait plutôt besoin d'une référence au succès. Ce sera le cas d'une phrase qui présentera quelques degrés de différence par rapport à l'intensité émotive d'origine et qui sera ainsi moins chargée négativement.

La figure 7.1 donne des exemples d'énoncés reformulés suivant une charge émotive moins négative. Il ne faut cependant pas perdre de vue l'idée que la gradation de telles phrases s'effectue dans un contexte scolaire précis et durant une certaine période.

Figure 7.1 **La variation de la charge émotive d'énoncés**

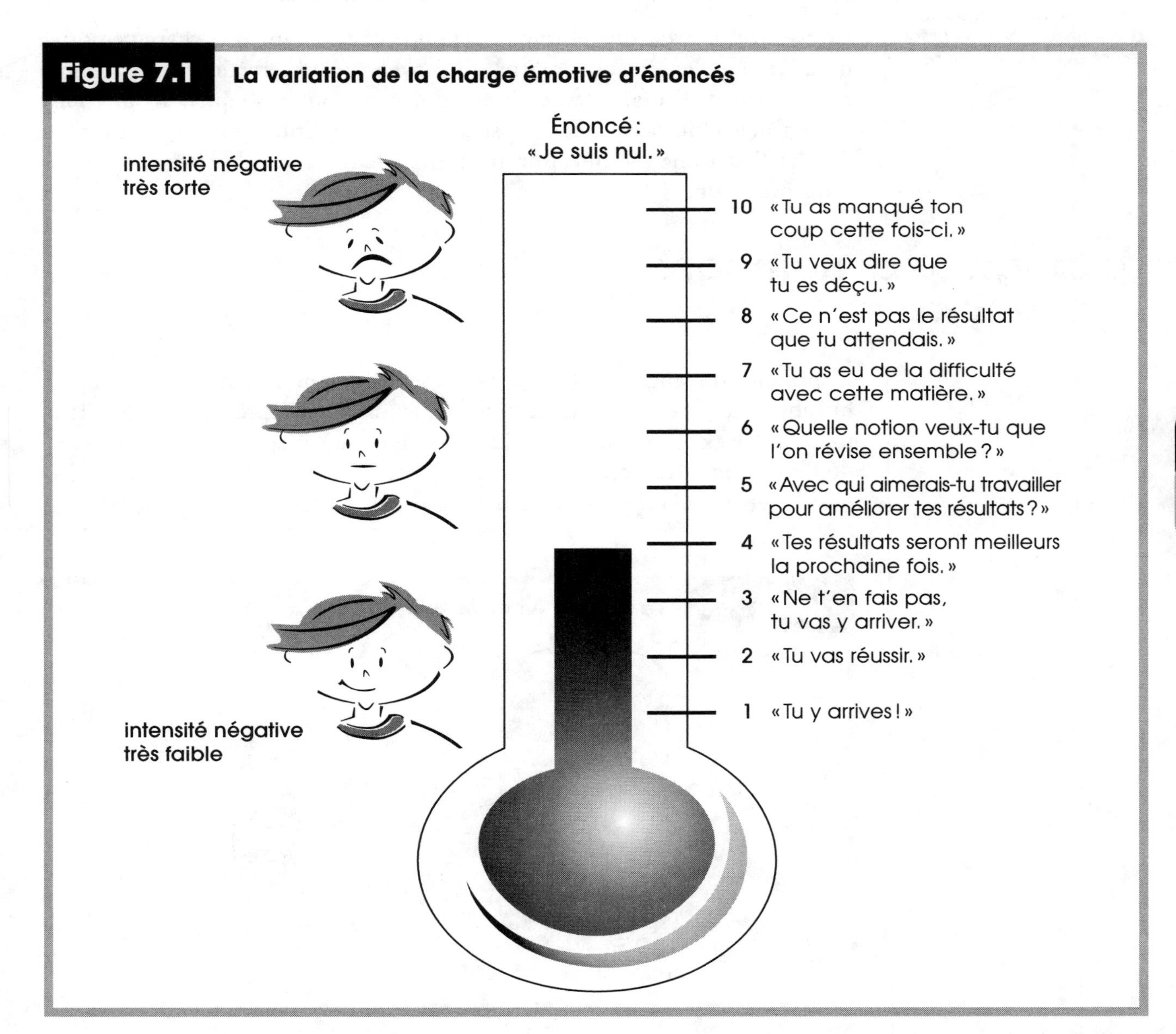

Ce type de reformulation permet d'éviter de nier l'émotion intense ou l'émotion jugée négative. Lorsqu'un élève dit ce qu'il ressent dans un contexte donné, cela permet à l'enseignant de repérer l'intention positive sous-jacente aux mots employés. Par exemple, quand un jeune dit «Je suis fatigué», il a peut-être l'intention de prendre une pause, d'interrompre une activité ou il veut peut-être signifier qu'il en a assez de sa journée ou que quelque chose le perturbe. Dans ce contexte, l'enseignant peut avoir besoin de dire à l'enfant plusieurs phrases qui se rapprochent de ce qu'il a verbalisé, comme «Tu as envie de te reposer un peu» ou «Tu as bien travaillé aujourd'hui». L'enseignant cherche alors à synchroniser son discours avec l'émotion de l'élève, qui adaptera par la suite son discours à celui de l'enseignant. Cette meilleure formulation amènera chez l'élève une charge émotive plus positive et lui permettra de se créer une représentation mentale de l'objectif à atteindre. Pour pouvoir être en mesure de construire une représentation liée à une phrase constructive, l'élève doit s'**associer** à cette phrase. Il pourra ensuite manifester un comportement correspondant à sa nouvelle représentation interne.

S'associer

S'absorber dans un événement, une situation ou une expérience ; être en contact direct avec ses émotions.

Ce n'est qu'après avoir reformulé l'énoncé comportant une charge émotive négative que l'enseignant pourra, au moyen de l'observation de la réponse non verbale de l'enfant (par exemple, une moue ou un soupir), déduire s'il y a congruence ou non et vérifier si toutes les conditions sont en place pour donner lieu à une modification du comportement ou à la réalisation d'une transformation.

Le langage dynamisant

Le principe du langage dynamisant provient du désir de s'opposer au langage nuisible que les enfants utilisent si fréquemment. D'après des études effectuées par Jack Canfield, en 1982, un enfant reçoit, par jour, en moyenne 460 commentaires négatifs ou critiques contre seulement 75 commentaires positifs et stimulants (*voir la figure 7.2*). Des élèves nous ont rapporté que

Figure 7.2 **La charge émotive selon Canfield**

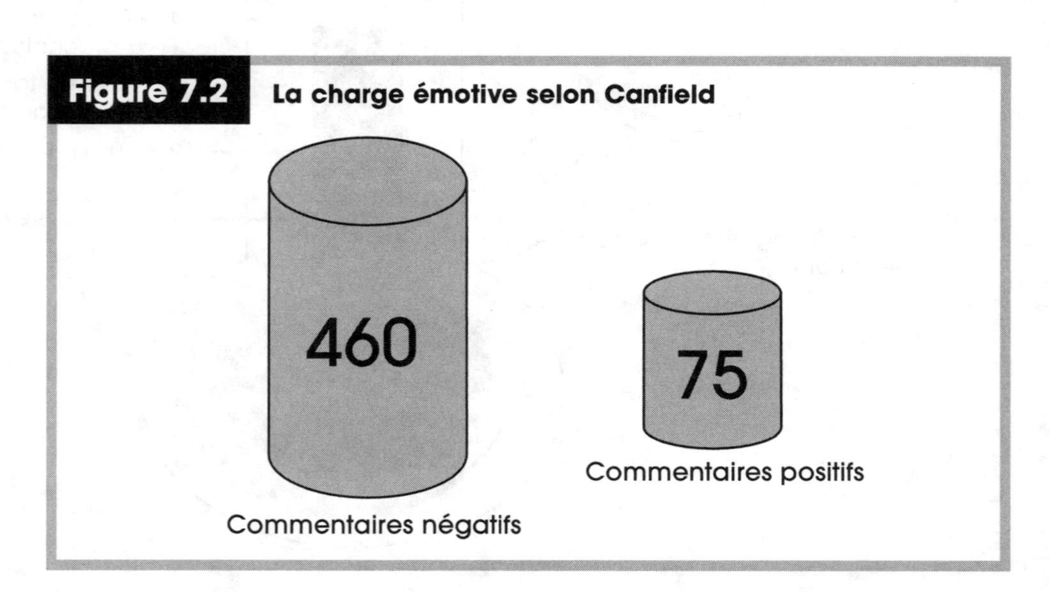

les commentaires négatifs qui leur étaient adressés par leurs enseignants leur occasionnaient de la tristesse (Lafleur, 2000). Les phrases que les enfants entendent à l'école ne sont pas nécessairement verbalisées avec une intention négative. Cependant, il peut arriver que ces phrases soient prononcées dans un contexte où l'intervenant est plus impatient, où il prend moins le temps de réfléchir à ce qu'il doit dire. Les messages que les enfants perçoivent peuvent être très différents de ceux que l'enseignant souhaite transmettre. Dans le modèle de communication de la PNL, il y a une distinction entre l'expérience réelle, son encodage, les représentations mentales qui y sont associées, les émotions que ces représentations génèrent et le comportement qui en découle (*voir le tableau 7.3*). Rappelons qu'il existe une différence entre le message qui est envoyé et celui qui est reçu, et cela à cause des filtres qu'utilise le récepteur pour la collecte de l'information. Dans certains cas, les jeunes interprètent les commentaires de leur enseignant et les transposent dans leur dialogue interne, qui peut alors devenir négatif.

L'enseignant peut utiliser consciemment le langage de manière à influencer positivement les élèves et à favoriser leur réussite. Les mots ont le pouvoir de valoriser les élèves, de les stimuler et même de leur permettre d'obtenir la réussite scolaire souhaitée. Les commentaires positifs de l'enseignant modifient

Tableau 7.3 Des expressions entendues fréquemment dans le milieu scolaire

Message entendu par l'élève (phrase prononcée)	Message compris par l'élève (représentation interne)
« Ton dessin est laid : recommence-le ! »	« Je suis imbécile. »
« Lave tes oreilles, tu n'entends pas bien ! »	« Je me sens ridicule. »
« La porte est là. »	« L'enseignant me laisse tomber. »
« As-tu déjà pensé bien faire ? »	« Je ne serai jamais capable. »
« As-tu songé à rester à la maison aujourd'hui ? »	« Je ne comprendrai jamais rien. »
« Va jouer plus loin. »	« Je ne suis pas important. »
« Tu as une cervelle d'oiseau. »	« Je déteste l'école. »
« Ton frère, lui, était un élève modèle. »	« Je ne serai jamais aussi bon que mon frère. »
« Ton devoir est un torchon. »	« Ce que je fais ne vaut rien. »
« Tu es bien comme ton père. »	« L'enseignant me croit incapable de faire mieux. »
« Les enfants de la maternelle font mieux que ça. »	« Je suis vraiment nul. »
« Tu n'es pas un cadeau. »	« Je suis insupportable. »
« Tu n'as pas d'ambition. »	« Je n'y arriverai jamais. Cela ne vaut pas la peine de continuer. »

chez l'élève à la fois l'image qu'il donne de lui-même au monde extérieur et la représentation qu'il se fait de son propre monde intérieur. Cette façon de procéder de la part de l'enseignant peut annuler une charge émotive négative. Elle permet également d'ancrer une charge émotive positive qui amènera l'enfant à accéder à ses ressources intérieures. Quand elles sont sollicitées, ces ressources s'allient aux représentations internes de l'enfant pour créer un état favorable à son développement. Il devient alors plus confiant et consolide l'image qu'il a de lui-même, améliorant ainsi son estime de soi.

Le tableau 7.4 présente des expressions dynamisantes utilisées pour des classes des niveaux primaire et secondaire en relation avec l'apprentissage. Pour chaque énoncé d'un élève, il y a trois reformulations possibles hiérarchisées, du plus constructif (point 1) au moins constructif (point 3). Toutefois, les trois reformulations répondent aux objectifs de renforcement de l'image de l'enfant ; aucune ne prend une forme négative. Enfin, il est important que le choix des reformulations ait un lien direct avec la réalité de l'enfant.

Tableau 7.4 Reformulation sous une forme affirmative

Énoncé de l'élève	Reformulation de l'enseignant
« Je ne serai jamais capable. »	1. « Tu as tout ce qu'il faut pour réussir. » 2. « Tu as pourtant bien réussi ton test la semaine dernière. » 3. « Ce que tu viens de dire est faux. »
« Je vais rater mon année scolaire. »	1. « Nous ferons tout pour éviter cette situation. » 2. « Est-ce que tu as fait tous les efforts nécessaires ? » 3. « Qu'est-ce qui te permet de dire cela ? »

Les expressions affirmatives de l'enseignant

Il existe d'autres formulations affirmatives propres à valoriser les jeunes et à établir avec eux des liens privilégiés. Les expressions de l'enseignant qui suivent s'appliquent à un contexte où il désire encourager et stimuler l'élève. Ces expressions peuvent être utilisées régulièrement pour favoriser les apprentissages.

- « Je suis ravi de te voir travailler ainsi. »
- « Je savais que tu y arriverais. »
- « J'aime ce que tu as fait. »
- « Je suis fier de toi. »
- « Je suis satisfait de ton travail aujourd'hui. »
- « Je suis très content de t'avoir comme élève. »
- « J'apprécie ta persévérance. »
- « Je sais que tu peux réussir, tu es un champion. »
- « Je savais que tu étais capable ! » (après une réussite)
- « Je sais que tu es capable. » (avant une activité)
- « Je te félicite. »

- « Tu es sur la bonne voie à présent. »
- « Tu fais très bien cette chose-là. »
- « Tu as trouvé la solution. »
- « Tu t'améliores de jour en jour. »
- « Tu comprends bien. »
- « Tu y es presque. »
- « Tu travailles vraiment fort aujourd'hui. »
- « Tu apprends vite. »
- « Tu l'as eu cette fois. »
- « Tu es incroyable ! »
- « Tu as une bonne mémoire. »
- « Tu t'es surpassé. »
- « Tu mérites une médaille d'or ! »
- « C'est vraiment agréable d'enseigner à un enfant comme toi. »
- « C'est beaucoup mieux ! »
- « Ça y est ! »
- « Fameux ! »
- « Voilà comment il faut faire. »
- « Parfait ! »
- « Bien pensé ! »
- « Exact ! »
- « C'est cela. »
- « Continue ! »
- « C'est toute une amélioration ! »
- « Épatant ! »
- « C'est mieux que jamais. »
- « Exceptionnel ! »

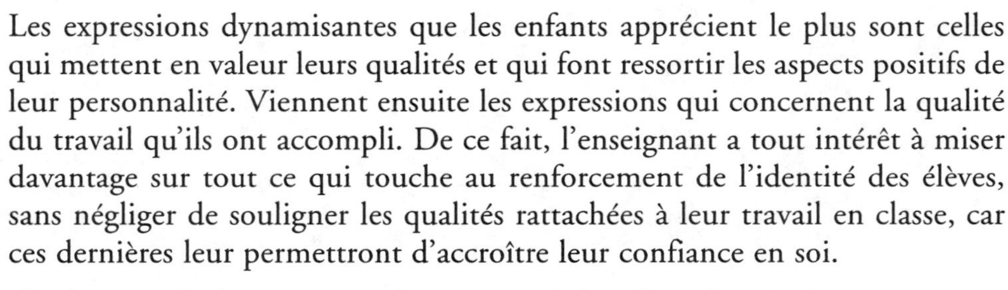

Les expressions dynamisantes que les enfants apprécient le plus sont celles qui mettent en valeur leurs qualités et qui font ressortir les aspects positifs de leur personnalité. Viennent ensuite les expressions qui concernent la qualité du travail qu'ils ont accompli. De ce fait, l'enseignant a tout intérêt à miser davantage sur tout ce qui touche au renforcement de l'identité des élèves, sans négliger de souligner les qualités rattachées à leur travail en classe, car ces dernières leur permettront d'accroître leur confiance en soi.

L'utilisation du langage transformationnel dans le milieu scolaire peut avoir un effet important sur la motivation des élèves et sur leur attitude. Ces changements peuvent se produire assez rapidement. Cependant, la technique du langage dynamisant ne vise pas à éloigner l'élève de sa réalité ni à lui attribuer des ressources ou des qualités qu'il ne possède pas. Elle cherche plutôt à renforcer ou à améliorer l'image qu'il a de lui-même pour qu'il puisse consolider son identité. Lorsque l'enseignant ancre des situations de rendement excellent et de succès, l'élève peut constater qu'il est capable de réussir. Il commence alors à croire à ses capacités. Cela constitue le premier pas qui le conduira vers une motivation quant à la réalisation de sa tâche scolaire. En conséquence, il aura davantage le goût de réussir à l'école, ce qui augmentera son intérêt et sa motivation.

L'influence du langage transformationnel se vit quotidiennement et s'exerce dès la première remarque que fait l'enseignant, à un moment bien choisi. Cette façon de procéder favorise la création d'un lien de confiance, suscite l'ouverture, de même que les échanges entre l'élève et l'enseignant.

Selon l'approche systémique de la PNL, le fait de modifier les expressions verbales a un effet sur les émotions, aussi bien celles de l'émetteur que celles du récepteur. Lorsque l'enseignant adopte la formulation affirmative et amène les élèves à éviter un langage nuisible, il est possible de constater chez l'un et chez les autres un changement, qui est proportionnel à l'utilisation du langage transformationnel. Celui-ci peut, par conséquent, engendrer l'adoption de comportements appropriés, qui, à long terme, deviendront des automatismes.

La fiche 21 de l'enseignant vous invite à appliquer le langage transformationnel en remplaçant des affirmations négatives par des affirmations positives.

Nom : ______________________ Date : ______________

Fiche 21 de l'enseignant

Le langage transformationnel : des phrases qui transforment

Remplacez les phrases négatives ci-dessous par des phrases qui susciteront chez les élèves une représentation mentale positive ou qui soutiendront l'efficacité professionnelle de l'enseignant. Comparez vos réponses avec les réponses suggérées à la page 152.

Phrase négative	Phrase positive
« Tu vas trébucher si tu n'attaches pas tes lacets. »	
« Ne cours pas avec des ciseaux dans la main. »	
« Ne brise pas les jouets de tes camarades. »	
« N'oublie pas ton médicament pour tes allergies. »	
« Ne tire pas les cheveux de ta voisine. »	
« Ne coupe pas la parole à la personne qui parle. »	
« Arrête de t'énerver. »	
« Cesse de tutoyer les enseignants. »	
« Sors de la lune. »	
« Ne sois pas en retard. »	
« Ne copie pas sur ton voisin. »	
« Ne sors pas de la classe avant que la cloche sonne. »	

Nom : ______________________ Date : ______________

Fiche 21 de l'enseignant (suite)

Phrase négative	Phrase positive
« Il ne faut pas que j'oublie les points dont je veux discuter avec la directrice. »	
« Je dois éviter d'arriver en retard à la réunion. »	
« Je ne planifie pas assez bien. »	
« Il n'est pas souhaitable de retarder la remise des notes. »	
« Je ne devrais pas élever la voix. »	
« Je dois éviter de me stresser. »	
« Je n'arriverai pas à la fin de l'année scolaire en même temps que tout le monde. »	
« Je ne veux pas qu'il arrive d'accidents pendant que je fais de la surveillance. »	
« Je ne sais pas comment annoncer cette nouvelle aux parents. »	
« Je ne dois pas me tromper dans le classement. »	
« Je ne dois pas oublier de vérifier le matériel de sécurité dans le laboratoire. »	
« Je ne dois pas oublier de mettre en au point la procédure de prévention des incendies. »	

En bref...

- Les mots possèdent une charge émotive.
- Chaque personne associe aux mots différents degrés d'intensité, selon ses références et ses valeurs.
- Il importe que l'enseignant formule ses commentaires de manière affirmative, en disant ce qu'il attend des élèves au lieu d'utiliser une forme négative (exprimée par « ne pas ») indiquant ce qu'il ne veut pas.
- Pour réduire l'intensité de la charge émotive, il s'agit de reformuler des phrases d'une façon plus constructive.
- Certains mots négatifs peuvent marquer profondément les élèves. Ces mots constituent un langage nuisible.
- Le langage dynamisant sert à renforcer la valorisation des élèves et leur image de soi, de même qu'à développer des compétences sociales.

Pour en savoir plus

BULLA DE VILLARET, Hélène (1973). *Introduction à la sémantique générale de Korzybski*, Paris, Éditions Le Courrier du Livre.

CANFIELD, Jack (1982). *How to Build High Self-esteem: A Practical Process for Your Personal Growth*, Niles, Nightingale-Conant.

CANFIELD, Jack (1993). *101 Ways to Develop Student Self-esteem and Responsibility*, vol. 1 et 2, Massachusetts, Allyn and Bacon.

CHOMSKY, Noam (1969). *Le langage et la pensée*, Paris, Payot.

CHOMSKY, Noam (1977). *Réflexions sur le langage*, Paris, François Maspero.

DAVID, Isabelle (octobre 1998). « Le langage qui fait du bien », *Lumière*, vol. 8, p. 55 ; http://www.idcominter.com.

DAVID, Isabelle (février 1999). « L'influence des mots », *Lumière*, vol. 7, nº 6, p. 60 ; http://www.idcominter.com.

HALL, Michael (1996). *The Linguistics of Psychotherapy: How Language Works Psycho-therapeutically*, Grand Jonction, Colorado.

LAFLEUR, France (2000). *L'utilisation du langage transformationnel à l'école*, mémoire de maîtrise, Montréal, Université de Montréal, Faculté des sciences de l'éducation.

Interprétation des résultats

Fiche 21 de l'enseignant (pages 149-150)

Phrase négative	Phrase positive
«Tu vas trébucher si tu n'attaches pas tes lacets.»	«Attache tes lacets.»
«Ne cours pas avec des ciseaux dans la main.»	«Marche lorsque tu apportes des ciseaux.»
«Ne brise pas les jouets de tes camarades.»	«Prends soin des jouets de tes camarades.»
«N'oublie pas ton médicament pour tes allergies.»	«Souviens-toi de prendre ton médicament pour tes allergies.»
«Ne tire pas les cheveux de ta voisine.»	«Laisse tranquilles les cheveux de ta voisine.»
«Ne coupe pas la parole à la personne qui parle.»	«Attends ton tour pour prendre la parole.»
«Arrête de t'énerver.»	«Reste calme.»
«Cesse de tutoyer les enseignants.»	«Respecte les enseignants en les vouvoyant.»
«Sors de la lune.»	«Sois attentif.»
«Ne sois pas en retard.»	«Arrive à l'heure.»
«Ne copie pas sur ton voisin.»	«Garde les yeux sur ta feuille de réponse.»
«Ne sors pas de la classe avant que la cloche sonne.»	«Reste dans la classe jusqu'au son de la cloche.»
«Il ne faut pas que j'oublie les points dont je veux discuter avec la directrice.»	«Je me souviendrai des points dont je veux discuter avec la directrice.»
«Je dois éviter d'arriver en retard à la réunion.»	«J'arriverai à l'heure à la réunion.»
«Je ne planifie pas assez bien.»	«J'améliore ma planification.»
«Il n'est pas souhaitable de retarder la remise des notes.»	«Les notes doivent être remises dans les délais prescrits.»
«Je ne devrais pas élever la voix.»	«Je vais garder ma voix basse et calme.»
«Je dois éviter de me stresser.»	«Je dois rester calme.»
«Je n'arriverai pas à la fin de l'année scolaire en même temps que tout le monde.»	«Je terminerai l'année scolaire dans les délais et selon le programme.»
«Je ne veux pas qu'il arrive d'accidents pendant que je fais de la surveillance.»	«Ma surveillance sera calme et sans incidents malencontreux.»
«Je ne sais pas comment annoncer cette nouvelle aux parents.»	«Je vais trouver une façon d'annoncer cette nouvelle aux parents.»
«Je ne dois pas me tromper dans le classement.»	«Je reste vigilant dans le classement.»
«Je ne dois pas oublier de vérifier le matériel de sécurité dans le laboratoire.»	«Je me souviendrai de vérifier le matériel de sécurité dans le laboratoire.»
«Je ne dois pas oublier de mettre au point la procédure de prévention des incendies.»	«Je me souviendrai de mettre au point la procédure de prévention des incendies.»

CHAPITRE 8

L'équilibre pensée-gestuelle

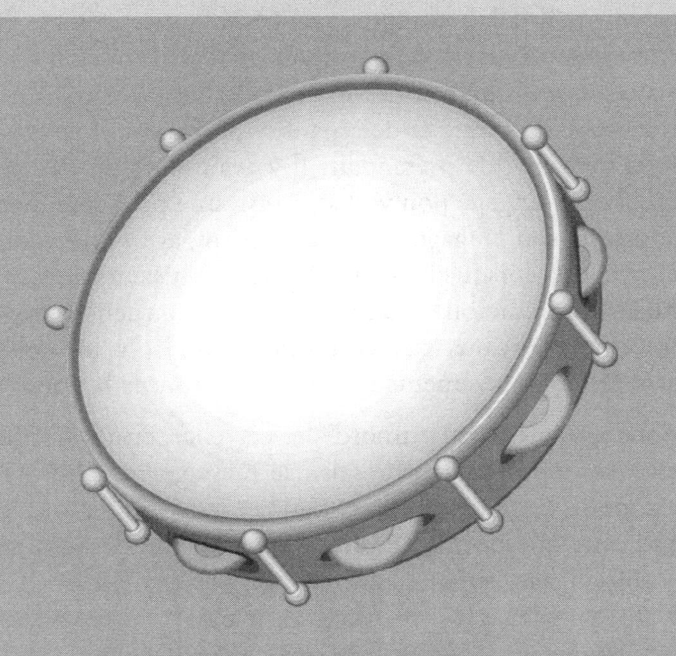

« Il y a quelque chose qui cloche… »

Certaines composantes de la communication définissent les types de messages qu'une personne transmet et reçoit, de même que le genre de relation que celle-ci entretient avec les autres. Toute communication comprend des messages verbaux (l'audible linguistique), exprimés par des mots et des expressions associés aux modes sensoriels, ainsi que des messages non verbaux, comprenant des caractéristiques vocales telles que le rythme et le volume (l'audible paralinguistique) et des caractéristiques physiologiques comme la respiration, les gestes et les mouvements corporels (le non-audible paralinguistique).

En plus du langage verbal, ou digital, et du langage non verbal, ou analogique, nous étudierons dans ce chapitre les divers types d'incongruences que l'on peut constater entre ces deux types de langage. De même, nous verrons la technique du calibrage, qui permet de déceler les incongruences, et la technique du rapport, qui permet d'établir un climat de confiance.

La congruence et l'incongruence

Congruence

Équilibre parfait entre les différents canaux de communication, soit les mots exprimés, les mouvements du corps et le ton de la voix.

Incongruence

Présence de messages provenant de plusieurs canaux d'information et comportant des données contradictoires ou conflictuelles.

Dès que Richard Bandler et John Grinder ont entrepris leurs processus de modélisation d'experts thérapeutiques dans les années 1970, ils se sont penchés sur les principes de la **congruence** et de l'**incongruence**. Ces principes faisaient partie intégrante de la formation des futurs psychothérapeutes et jouaient un rôle primordial dans l'efficacité de leurs interventions. Bandler et Grinder voulaient comprendre les processus sous-jacents au principe de l'incohérence que l'on observe chez les êtres humains.

Pour leur part, des spécialistes tels que Virginia Satir et Fritz Perls détectaient souvent un double message chez leurs clients et sondaient ces incongruences au moyen de questions précises, à savoir le métamodèle (*voir le chapitre 4*). Il était convenu, à cette époque, que lorsqu'un client s'exprimait verbalement, il fallait vérifier comment son corps réagissait. Entre le message véhiculé par les mots et les phrases et le message transmis par le langage corporel, les psychothérapeutes affirmaient qu'il fallait compter avant tout sur la justesse du langage non verbal. Autrement dit, si un client disait qu'il allait mieux, mais que le thérapeute observait chez lui un ton de voix très bas, une respiration ponctuée de soupirs, une baisse d'énergie et des épaules tombantes, il en concluait qu'il n'allait pas aussi bien qu'il le prétendait. Il y avait alors un déséquilibre entre le langage verbal et le langage non verbal. Ainsi, une personne manifeste une incongruence lorsque son langage verbal et son langage non verbal n'indiquent pas la même chose, lorsqu'elle révèle à travers plusieurs canaux d'information des données contradictoires. De son côté, la congruence désigne un équilibre parfait entre tous les canaux de communication, soit une cohérence entre les mots exprimés, les mouvements du corps et le ton de la voix.

La détection des incongruences est primordiale, car elle permet d'utiliser la technique thérapeutique appropriée et de saisir le message véritable transmis par le client. C'est pour cette raison que Bandler et Grinder ont décidé d'étudier plus à fond cette question, qu'ils ont voulu comprendre les principes de l'incongruence, du langage verbal et du langage non verbal, ainsi que de leurs origines chez l'être humain. Pour mettre au point leur modèle, ils ont repris les travaux de Gregory Bateson sur la schizophrénie, ainsi que sur le double message, et y ont inclus les incongruences provenant de **métamessages**.

Métamessage
Message réel qui est transmis de façon inconsciente.

Le repérage des incongruences

Gregory Bateson s'est beaucoup intéressé au double message et à son effet sur la santé mentale. À la suite de ses travaux sur les niveaux d'apprentissage, il a introduit le concept de la confusion des niveaux et des types logiques. Reprenant cette intuition et les découvertes de Bertrand Russell, Bateson (1980) a élaboré la théorie du double lien causant la schizophrénie (*double bind theory of schizophrenia*).

Pour illustrer cette théorie, prenons un enseignant qui dit à un élève de parler doucement alors que lui-même élève la voix. Cela démontre une incongruence entre le langage verbal et le langage non verbal, qui correspond à la formule « Faites ce que je dis et non ce que je fais ». Étant donné que le langage verbal fait partie d'un autre type logique que le message non verbal, cette façon de s'exprimer de l'enseignant crée un paradoxe causant une confusion entre les types et les niveaux logiques. La répétition fréquente d'incongruences comme celle-ci pourrait, selon Bateson, constituer une des sources de la schizophrénie.

Dans la communication, l'incongruence provient donc d'une opposition entre le message verbal et le message non verbal qui sont perçus. Lorsqu'une personne transmet, par divers canaux de communication, des messages comportant des éléments contradictoires, cela mène à une confusion quant à la nature du vrai message. C'est pourquoi Bateson croyait, comme plusieurs thérapeutes de son époque, que dans le cas d'une incongruence entre le discours et le langage corporel, seul le message émanant du corps doit être pris en considération, car il se situe à un niveau logique supérieur (David, 1999). Le corps dit la vérité et c'est lui qu'il faut écouter afin d'obtenir le message véritable.

Le tableau 8.1 de la page 156 donne un exemple d'incongruence chez un enfant. Le fait qu'il dise qu'il n'a pas pris le ballon ne concorde pas avec son langage non verbal. Il y a des signes évidents de déséquilibre entre ce qu'il dit et ce qu'il a fait. Un élève qui n'aurait rien à se reprocher aurait probablement une respiration calme et regarderait son interlocuteur dans les yeux en transmettant son message. Une autre application du repérage des incongruences est qu'il permet de déceler plus facilement les consommateurs de drogues.

Le digital et l'analogique

Gregory Bateson (1980) a déterminé, dans le contexte des sciences humaines, qu'il y existe deux niveaux de relation. Le premier niveau est verbal ou digital (l'audible linguistique) ; il porte sur le contenu. Quant au second niveau, il est

Tableau 8.1 Exemple d'incongruence

	Verbal	Non verbal
Langage	• Mots • Prédicats • Expressions	• Rythme • Volume • Mouvements des yeux • Postures • Gestuelle • Respiration
Message	« Ce n'est pas moi qui ai pris le ballon de Joël. »	• Respiration rapide • Regard fuyant • Yeux indiquant le mode visuel remémoré • Rougeur du visage

non verbal ou analogique (l'audible et le non-audible paralinguistiques). Ainsi, un message passe simultanément par ces deux niveaux. Cependant, ces deux niveaux ne s'expriment pas de façon équivalente, le pourcentage de collecte de l'information variant selon qu'elle provient du niveau digital ou du niveau analogique (*voir la figure 8.1*).

Des études réalisées dans les années 1970 par les chercheurs Albert Mehabian, Ferris et Raymond Birdwhistle (1974), de l'université de la Pennsylvanie à Philadelphie, ont démontré que l'essentiel de la communication se trouve en dehors du champ de la conscience. En effet, la communication provient des mots dans une proportion de 7 % seulement, de la voix dans une proportion de 38 % et du langage corporel dans une proportion de 55 % (*voir la figure 8.2*). Cela signifie que le message non verbal perçu compte nettement plus dans une communication que le discours lui-même. Cependant, dans bien des cas, une personne ne retient que les mots qu'elle entend.

En fait, tous les messages verbaux et non verbaux qu'une personne transmet ont une incidence sur la communication. En classe, ces messages, qui sont captés à la fois consciemment et inconsciemment par les élèves, exercent une influence sur eux. Ainsi, le langage non verbal de l'enseignant, qui passe par sa voix et par son corps, produit néanmoins plus d'effet sur ses élèves que le contenu de ses propos. Ce phénomène s'explique par le fait que le langage non verbal se décode de façon analogique, c'est-à-dire **métaphorique**. Pour comprendre l'importance du langage corporel, il est nécessaire de retourner à la structure profonde où sont encodés les référents émotionnels. Il faut alors entrer dans son inconscient pour déchiffrer les sentiments à partir des indices non verbaux disponibles. D'ailleurs, dans une version du test PONS

Métaphorique
Qui se rapporte à la métaphore, utilise des symboles.

Figure 8.1 **Le langage verbal (digital) et le langage non verbal (analogique)**

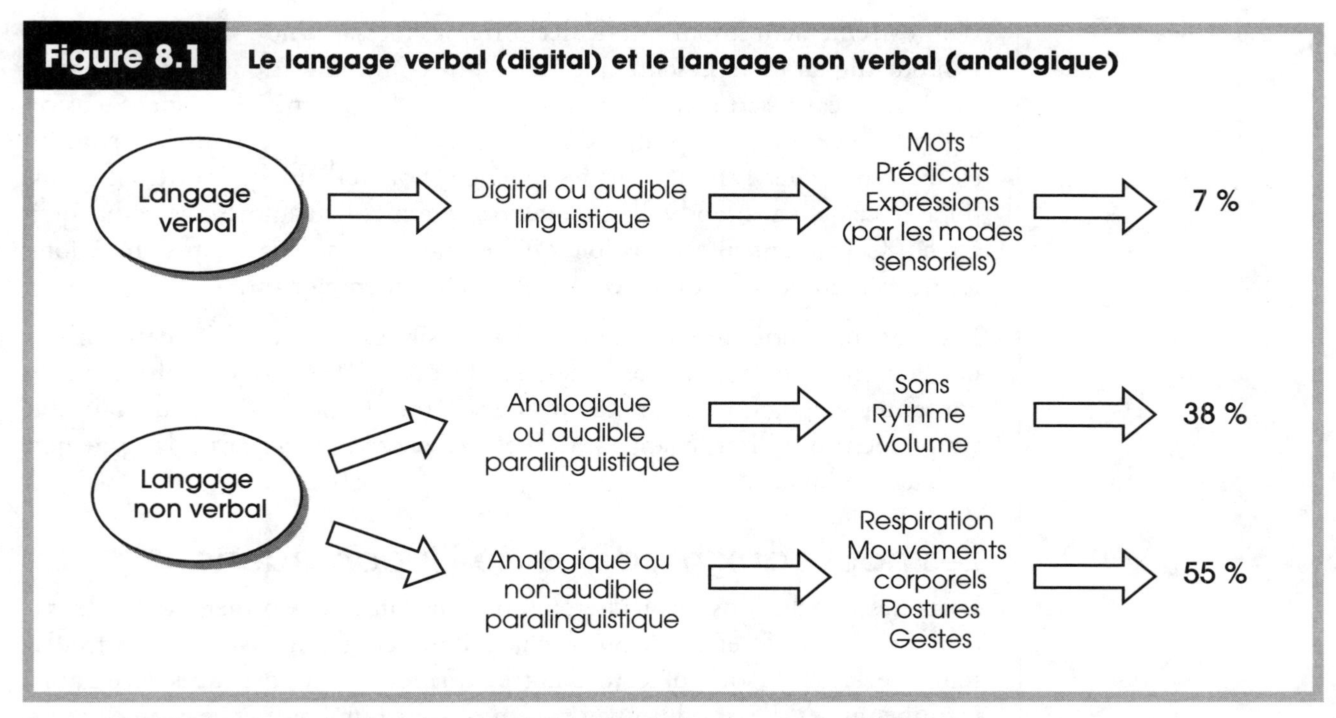

Source : IDCOM International, *Manuel du praticien en PNL,* Sainte-Anne-des-Lacs, 2002.

(Rosenthal *et al.*, 1977) adaptée aux enfants, ce phénomène est apparenté à l'empathie : « Sur 1 011 enfants testés, ceux qui témoignaient d'une aptitude à déchiffrer les sentiments grâce à des signes non verbaux étaient parmi les plus aimés dans leur école, les plus stables psychologiquement. Ils obtenaient aussi de meilleurs résultats scolaires » (Goleman, 1997, p. 90).

Figure 8.2 **La communication**

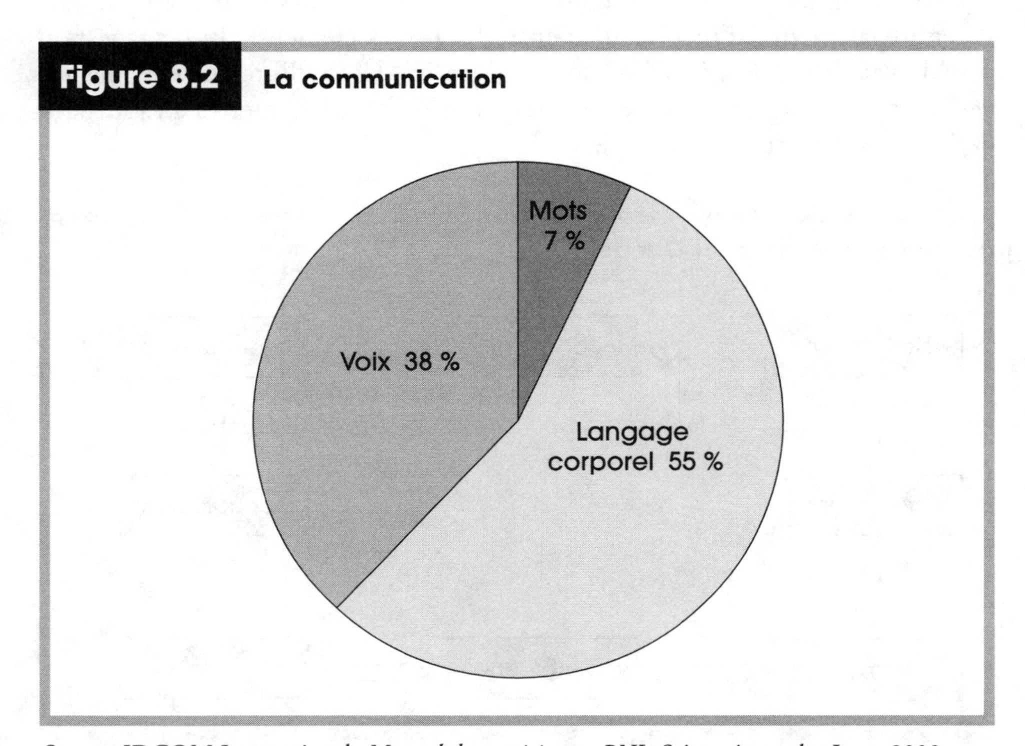

Source : IDCOM International, *Manuel du praticien en PNL,* Sainte-Anne-des-Lacs, 2002.

Il est extrêmement important de déchiffrer les messages non verbaux. Même si le mode digital ne représente que 7 % d'une communication, il conserve tout son intérêt car il sert à encoder l'information. Il participe à la compréhension logique de ce qui est exprimé. C'est pour cette raison que, dans le cas où un élève décode chez l'enseignant des messages non verbaux qui entrent en conflit avec ce qu'il a entendu, il se référera en premier lieu au message verbal qu'il a reçu. Cependant, il est possible qu'il éprouve alors de la confusion. À long terme, cela minera la confiance de l'élève en son enseignant.

Les mots permettent de transmettre les consignes et la conduite déterminées par l'enseignant. Ces éléments demeurent essentiels à la compréhension du contenu pédagogique. Pour établir une communication efficace, il s'agit tout simplement d'utiliser le langage digital et de le renforcer par un langage non verbal conséquent.

Les nouveaux modèles de l'incongruence

Forts des conclusions des recherches de Bateson et des projets de modélisation de Satir, Perls et Erickson, Richard Bandler et John Grinder, les fondateurs de la PNL, ont détecté d'autres formes d'incongruences jusqu'alors insoupçonnées. Ils ont découvert qu'en plus de l'incongruence causée par un double message entre le langage verbal et le langage non verbal, il peut exister une incongruence provenant des divers éléments du langage non verbal. Ainsi, un élève peut avoir un discours et une gestuelle assurés, tout en ayant un timbre de voix qui trahit de la nervosité. De même, il peut utiliser des prédicats (*voir le chapitre 3*) en liaison avec son timbre de voix, tandis que son corps exprime tout autre chose. Ces messages analogiques présentés simultanément entrent en conflit les uns avec les autres. Ainsi, l'incongruence ne se limite plus à une incohérence entre le digital et l'analogique ; elle s'étend également à l'incohérence entre les divers éléments du langage non verbal (*voir la figure 8.3*). Ainsi, lorsqu'il y a un déséquilibre entre le langage verbal et le langage non verbal, l'enseignant veillera à le mettre au jour afin de faire ressortir le vrai message.

Figure 8.3 **L'incongruence selon Bandler et Grinder**

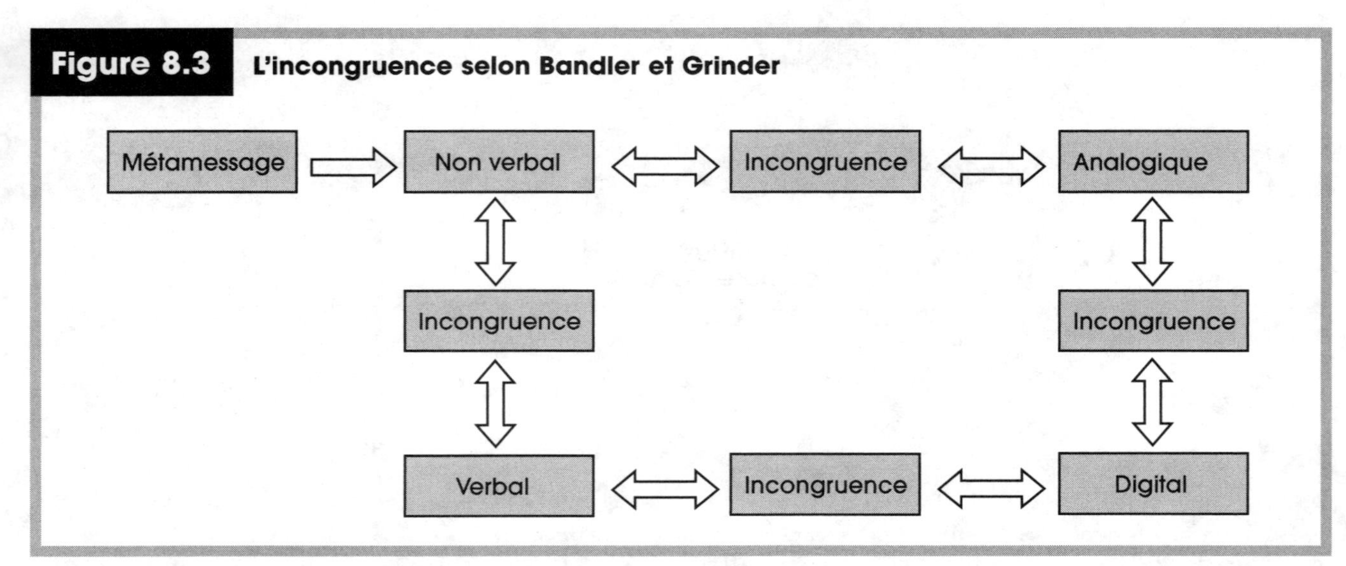

Source : Adapté d'Isabelle David, *Être au cœur de la PNL,* Montréal, Quebecor, 1999, p. 52.

Bandler et Grinder ont grandement contribué aux travaux de Bateson sur l'incongruence grâce à leur classification par **paramessages**, soit des messages de niveau non verbal. Il est maintenant prouvé qu'une personne peut être en partie cohérente, présenter un équilibre entre son langage verbal et son langage non verbal, pendant que plusieurs aspects de son langage non verbal sont en conflit. L'incongruence est également présente lorsqu'il y a une divergence entre le langage non verbal et les mots.

Paramessage
Message provenant du langage non verbal.

Ainsi, selon les théories de Bandler et Grinder, on observe une incongruence latérale entre les divers éléments du langage non verbal, en plus d'une incongruence entre le langage verbal et le langage non verbal, comme l'avait noté Gregory Bateson. Ces distinctions entre divers éléments du langage non verbal ont amené Bandler et Grinder à découvrir d'autres types d'incongruences, comme l'incongruence simultanée et l'incongruence séquentielle. Le repérage de ces types d'incongruences s'avère très utile au cours des interventions effectuées auprès des jeunes.

L'incongruence simultanée

Entre ce que dit un élève et la perception qu'a l'enseignant de ce qu'il dit vraiment, il y a parfois une différence importante. Cette différence provient des incongruences ou incohérences exprimées par le comportement du jeune.

Il existe une **incongruence simultanée** lorsqu'on observe, en même temps, une divergence entre les mots et les divers éléments du langage non verbal. Les paramessages peuvent donc entrer en conflit avec les mots exprimés. La figure 8.4 donne un exemple d'incongruence entre le langage verbal et le langage non verbal de l'enseignant et entre deux éléments de son langage non verbal, soit son visage rouge et sa voix douce.

Incongruence simultanée
Divergence simultanée entre les mots et les divers éléments du langage non verbal.

Figure 8.4 **L'incongruence simultanée**

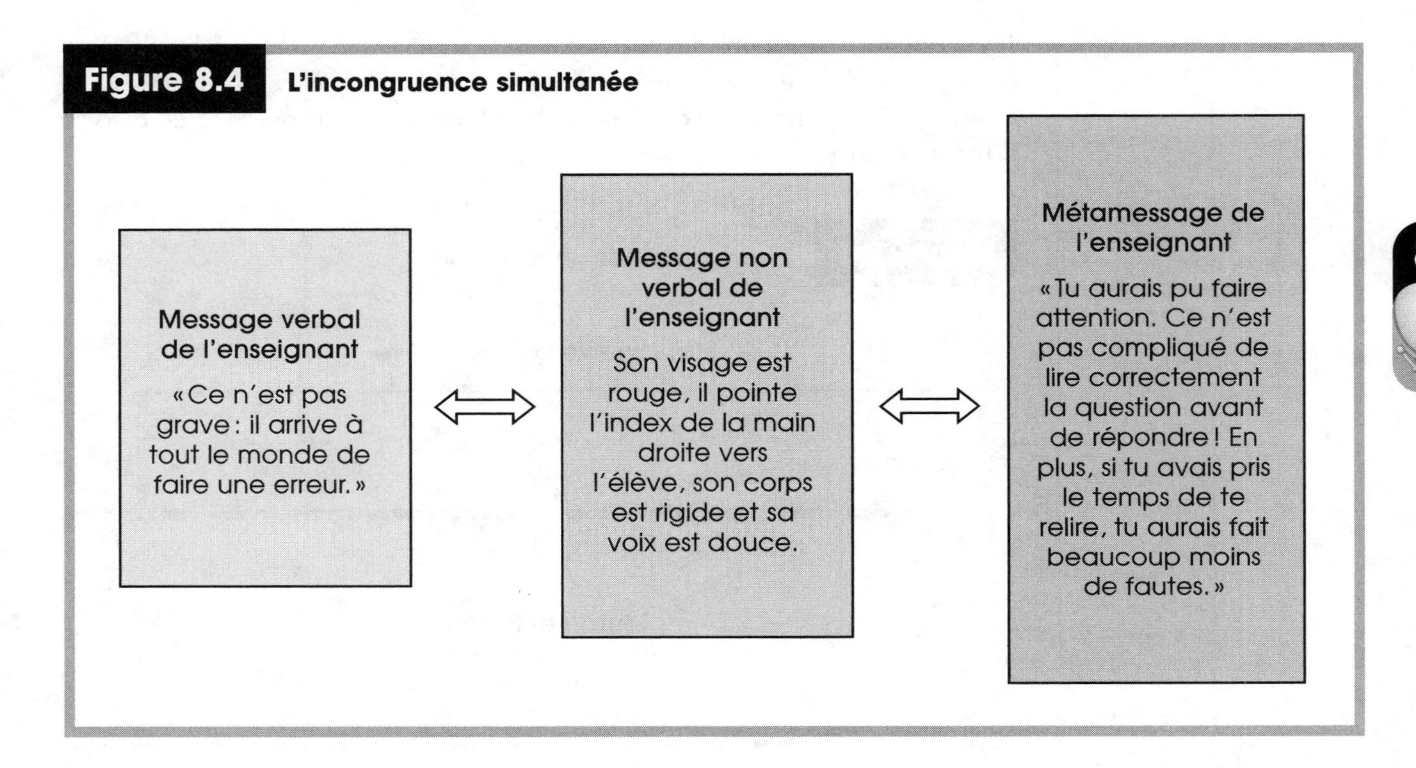

Bandler et Grinder ont démontré qu'il peut aussi exister des incongruences à l'intérieur même d'un type d'expression, et non pas uniquement entre le langage verbal et le langage non verbal. Ils ont également déterminé qu'un élément du langage non verbal n'est pas plus valable qu'un autre en ce qui concerne la découverte du vrai message. Ainsi, ils ont conclu qu'aucun des éléments du langage non verbal n'est plus important qu'un autre. Cette approche de l'incongruence a bouleversé la conception du vrai et du faux message dans le discours thérapeutique. Tous les éléments des canaux de communication sont maintenant pris en considération.

Cette intégration des divers modes de communication permet de comprendre que l'incongruence se manifeste par une contradiction entre le message transmis et le message perçu. Il en résulte que le métamessage, c'est-à-dire le message réel qui est exprimé de façon inconsciente, dénote un conflit interne chez son émetteur. Ainsi, lorsque l'enseignant décèle une incongruence simultanée chez un élève, il peut poursuivre, par des questions du métamodèle (*voir le chapitre 4*) par exemple, sa recherche du vrai message.

L'incongruence séquentielle

Incongruence séquentielle
Emploi de mots charnières liés à une distorsion, tels que « mais » et « sauf que ».

Une autre forme d'incongruence, à savoir l'**incongruence séquentielle**, peut être mise au jour par l'écoute de la séquence des mots qu'utilise l'élève. L'incongruence se situe dans la séquence même et dans les mots charnières qui lient deux parties de phrase entre elles. Dans de tels cas, il existe une distorsion de cause à effet dans l'énoncé.

L'écoute du message verbal permet de déceler facilement ce type d'incongruence. En effet, comme le montre la figure 8.5, certains mots clés se trouvent dans l'explication de l'expérience et indiquent un conflit entre deux aspects de la personne.

Il est possible de repérer les incongruences séquentielles grâce à l'utilisation de mots et d'expressions tels que « mais », « excepté que » et « sauf que ». Le tableau 8.2 fournit des exemples de doubles messages provenant de ce type d'incongruence.

Figure 8.5 L'incongruence séquentielle

Message verbal de l'élève

« Je souhaite réussir mes examens… MAIS … cela risque d'être difficile. »

Métamessage :
« Je risque d'échouer à l'examen. »

Tableau 8.2 Exemples d'incongruences séquentielles

Message	Métamessages
« Je souhaite réussir mes examens, **mais** cela risque d'être difficile. »	• « Je risque d'échouer à l'examen. » • « Je ne suis pas prêt à passer l'examen. » • « Je n'ai pas assez étudié, et il est un peu tard pour m'y mettre. »
« Je voudrais bien apprendre les mathématiques, **excepté que** je n'y comprends rien. »	• « Je n'apprendrai pas les mathématiques. » • « Je suis incapable de comprendre quoi que ce soit de tout cela. » • « À quoi vont me servir les mathématiques de toute façon ? »
« J'aimerais réussir à l'école, **sauf que** les enseignants me donnent du fil à retordre. »	• « Je ne réussirai pas à l'école. » • « Cela risque d'être très difficile de réussir. » • « C'est la faute des enseignants si je ne réussis pas. »

La fiche 22 de l'enseignant (*voir la page 162*) vous suggère d'observer le langage verbal et le langage non verbal des élèves, afin de repérer éventuellement des incongruences.

Calibrage
Technique de la PNL qui permet d'observer les différences entre deux situations ou états et d'en saisir les éléments de comparaison.

Le calibrage

Afin de décoder les incongruences, Richard Bandler et John Grinder ont mis au point une technique d'observation qu'ils ont nommée le **calibrage** (dans la documentation sur la PNL, on trouve fréquemment le terme « calibration »). Il s'agit d'observer, au fil du temps, les différences entre deux situations ou deux états, entre le langage verbal et le langage non verbal, entre deux éléments du langage non verbal (entre l'audible paralinguistique et le non-audible paralinguistique) ; bref, entre ce qui est dit et ce qui est démontré (*voir la figure 8.6*). Cette technique est employée couramment dans le domaine scolaire. En effet,

Figure 8.6 Le calibrage

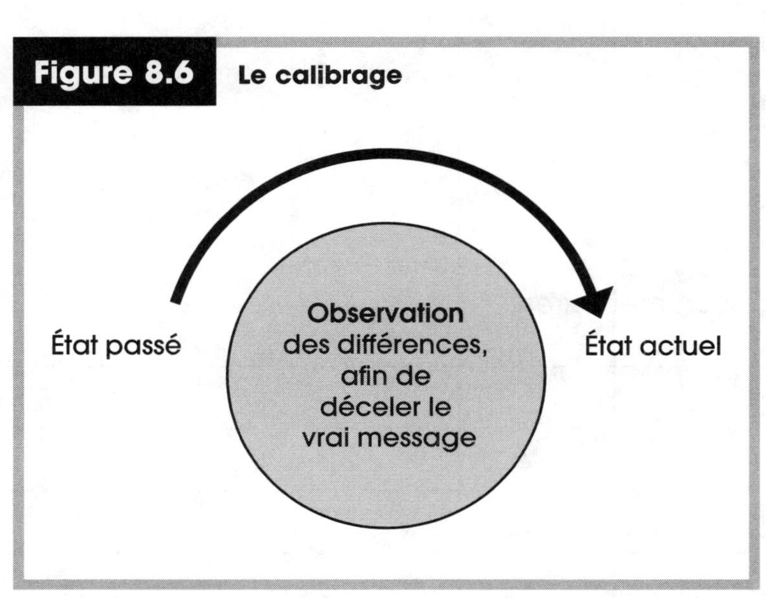

Nom : ______________________ Date : ______________

Fiche 22 de l'enseignant

Le repérage des incongruences

Lors d'un incident opposant certains élèves, écoutez ce qu'ils disent. Prenez un des élèves en particulier et décrivez ci-dessous la position du haut de son corps, la position du bas de son corps, ainsi que les mots qu'il utilise. Notez la gestuelle conflictuelle et les incohérences entre le langage verbal et le langage non verbal.

Contexte (brève description) : ______________________

____

Nom de l'élève observé : ______________________

Haut du corps	Bas du corps	Mots utilisés

Commentaires :

____

____

____

____

8

lorsque l'enseignant compare les paroles d'un élève avec son langage corporel, il lui arrive d'en déduire qu'il cache un mensonge. L'expression « mon petit doigt me l'a dit » prend ici tout son sens. L'observation, l'écoute et les sensations éprouvées confirment qu'il y a anguille sous roche. Le calibrage fait partie de l'aptitude personnelle à déchiffrer les sentiments et les incongruences. Chez un enseignant expérimenté, le processus de calibrage se fait souvent de manière automatique et inconsciente, sans qu'il prenne le temps d'y réfléchir.

Un calibrage efficace permet de déceler les incongruences. Cela demande à l'enseignant d'être attentif, de bien observer les comportements des élèves et de prendre note des messages qu'ils transmettent. Une fois qu'il aura découvert des conflits internes, il utilisera une méthode d'intervention et une technique de PNL appropriées à la situation. Pour bien appliquer la technique choisie, l'enseignant essaiera de créer un esprit de collaboration avec l'élève en maintenant un haut degré de coordination émotionnelle, ou synchronisation, avec lui. Selon Goleman, cet état d'esprit se « reflète dans la manière dont s'orchestrent les gestes des individus pendant qu'ils parlent » (1997, p.180). Bandler et Grinder ont souvent eu l'occasion de se rendre compte de cette synchronisation en observant la modélisation effectuée par Perls, Satir et Erickson. Ces trois thérapeutes utilisaient constamment le mimétisme comportemental, afin d'établir une meilleure relation avec leurs clients.

À l'école, la synchronisation de l'enseignant avec le langage verbal et le langage non verbal d'un élève peut faciliter son intervention en créant un lien de confiance. La raison de l'efficacité de la synchronisation et des techniques de rapport peut être résumée de la façon suivante : « Nous sommes plus à l'aise avec des personnes qui nous ressemblent. » Une personne recherche, souvent inconsciemment, des personnes comme elle, car elle croit que celles-ci sont mieux en mesure de la comprendre.

Le rapport : s'harmoniser au langage verbal et au langage non verbal

Le **rapport** est une technique de synchronisation qui consiste pour une personne à effectuer un ensemble d'ajustements corporels et verbaux faisant en sorte que les gens la perçoivent comme étant semblable à eux. Il permet de créer un lien avec une autre personne, d'établir avec elle un climat de confiance, indépendamment du contexte ou de la situation. Pour l'enseignant, il s'agit d'entrer rapidement en contact avec l'élève et d'établir avec lui une relation basée sur la confiance et l'harmonie.

Rapport
Technique de synchronisation qui consiste pour une personne à effectuer un ensemble d'ajustements corporels et verbaux faisant en sorte que les gens la perçoivent comme étant semblable à eux.

Lorsque le digital (le langage verbal) et l'analogique (le langage non verbal) de l'enseignant s'accordent avec ceux de l'élève, il se produit une synchronisation entre ces deux personnes. Les mots clés, les gestes, le ton de la voix et le volume qu'ils partagent provoquent une coordination des longueurs d'ondes de leur

cerveau. Ce constat résulte des travaux d'Izzy Katzeff de l'université du Witwatersrand à Johannesburg, en Afrique du Sud (*voir la figure 8.7*). L'expression « être sur la même longueur d'onde » est donc plus qu'une métaphore.

La synchronisation

L'établissement du rapport se fait par une synchronisation à la fois verbale et non verbale. En ce qui concerne la synchronisation verbale, ou digitale, au cours d'une conversation avec l'élève, l'enseignant répétera à quelques reprises les mots clés prononcés par l'élève. Puis, il s'ajustera au mode d'encodage de l'information qu'il aura préalablement décelé chez le jeune par l'observation des mouvements oculaires (*voir le chapitre 3*). Il pourra formuler ensuite, suivant le mode sensoriel privilégié par l'élève, des phrases générant un meilleur rapport. Lorsqu'il choisit de s'appuyer sur les préférences sensorielles du jeune dans la conversation et de s'adapter à la structure de son langage et au processus de communication utilisé (généralisation, distorsion ou sélection, *voir le chapitre 4*), l'enseignant met en place les éléments visant à influencer positivement le jeune. Il pourra ainsi faciliter le changement nécessaire à l'amélioration d'un comportement, établir une meilleure compréhension mutuelle ou encore tout simplement fortifier une relation.

Quant à la synchronisation non verbale, ou analogique, elle se produit grâce au calibrage de la gestuelle et à l'écoute du non-audible paralinguistique (*voir la figure 8.8*). En adoptant les mêmes volume et rythme de la voix que l'élève (l'audible paralinguistique), ainsi que le même rythme respiratoire, les mêmes postures et les mêmes gestes (le non-audible paralinguistique), l'enseignant crée des liens plus étroits, influençant ainsi le jeune sur le plan inconscient. D'ailleurs, d'après Radke-Yarrow et Zahn-Waxler (1984), ainsi que Goleman (1997), ce type de synchronisation ou de coordination émotionnelle est une forme de domination se situant au cœur de toute influence.

Ce recours au mimétisme comportemental peut être fait de manière subtile, par exemple lorsque l'enseignant bouge sa jambe droite en suivant le rythme du balancement du pied de l'élève, ou encore lorsqu'il parle lentement puisque l'enfant prend du temps à s'exprimer. Tout ajustement au comportement non verbal de l'élève, ainsi que tout reflet langagier ou sonore, peu importent l'intensité et la durée choisies par l'enseignant, auront un effet sur l'inconscient de l'élève.

L'enseignant pourra également décider de rompre la synchronisation avec l'élève dans le cas où le rapport avec lui serait trop intense ou encore dans le cas où le lien ne serait pas efficace. Il pourra se positionner à l'inverse de l'élève pour créer une désynchronisation. Un changement de posture ou le choix d'un mode sensoriel différent du mode prédominant de l'élève facilitera une coupure parfois nécessaire.

Figure 8.7 **Les effets de la synchronisation sur le cerveau, observés grâce à un électroencéphalogramme (EEG)**

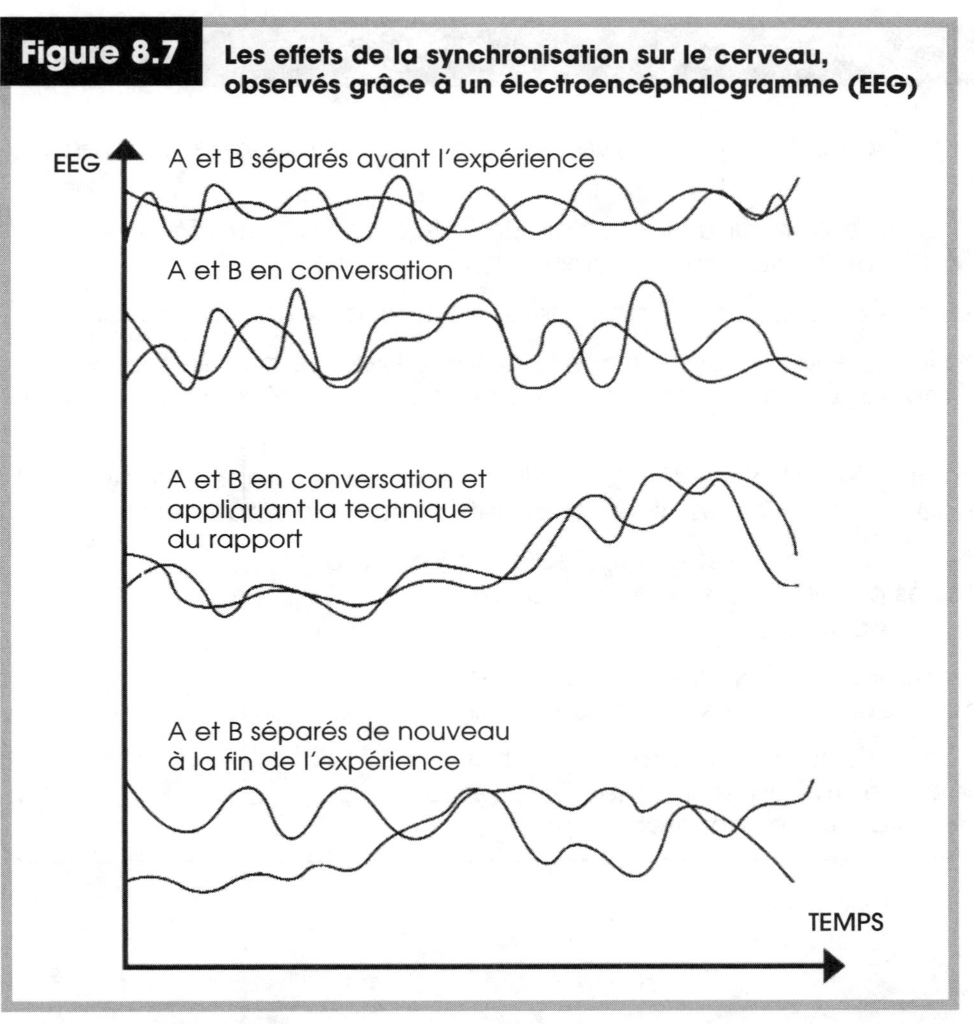

Source : Isabelle David, *Manuel du maître praticien en PNL,* Sainte-Anne-des-Lacs, IDCOM International, 2003.

Figure 8.8 **La synchronisation analogique**

Audible paralinguistique

- Volume
- Rythme

38 %

Non-audible paralinguistique

- Respiration
- Postures
- Gestes

55 %

En bref…

- La communication comprend le langage verbal (digital) et le langage non verbal (analogique).
- La communication est liée dans une proportion de 38 % à la voix, de 55 % au langage corporel et de seulement 7 % aux mots.
- La congruence désigne un alignement de tous les canaux de communication.
- Il y a incongruence lorsque la personne transmet, par le biais de plusieurs canaux d'information, des messages comportant des données conflictuelles ou contradictoires.
- L'incongruence simultanée est observée lorsqu'il y a en même temps une divergence entre le langage verbal et les divers éléments du langage non verbal.
- L'incongruence séquentielle peut-être décelée dans l'écoute de mots charnières liés à une distorsion, tels que « mais », « excepté que » et « sauf que ».
- Le calibrage est l'observation des différences ou des incongruences entre deux situations ou états.
- Le rapport est une technique de synchronisation qui vise à ce qu'une personne effectue un ensemble d'ajustements corporels et verbaux à ceux de son interlocuteur.

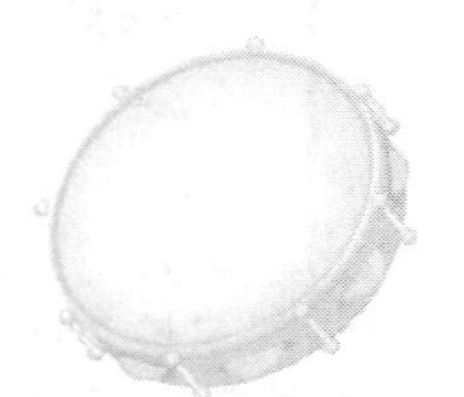

Pour en savoir plus

DAVID, Isabelle (1999). *Être au cœur de la PNL*, Montréal, Quebecor.

DAVID, Isabelle (2003). *Manuel du maître praticien en PNL*, Sainte-Anne-des-Lacs, IDCOM International.

GOLEMAN, Daniel (1997). *L'intelligence émotionnelle*, Paris, Robert Laffont.

MEHABIAN, Albert, Ferris et Raymond BIRDWHISTLE (1974). « Inference of attitudes from nonverbal communication in two channels », *Journal of Counselling Psychology, Kinesics and Communication.*

O'CONNOR, Joseph, et John SEYMOUR (1995). *Introduction à la PNL*, Paris, Vigot.

RADKE-YARROW, Marian, et Carolyn ZAHN-WAXLER (1984). « Roots, motives and patterns in children's prosocial behavior », dans Ervin Staub *et al., Development and Maintenance of Prosocial Behavior*, New York, Plenum.

ROSENTHAL, Robert *et al.* (1977). « The PONS test: Measuring sensitivity to nonverbal cues », dans P. McReynolds (dir.), *Advances in Psychological Assessment*, San Francisco, Jossey-Bass.

SATIR, Virginia, John BANMEN, Jane GERBER et Maria GOMORI (1991). *The Satir Model, Family Therapy and Beyond*, Palo Alto, Science and Behavior Books.

CHAPITRE 9

Le recadrage

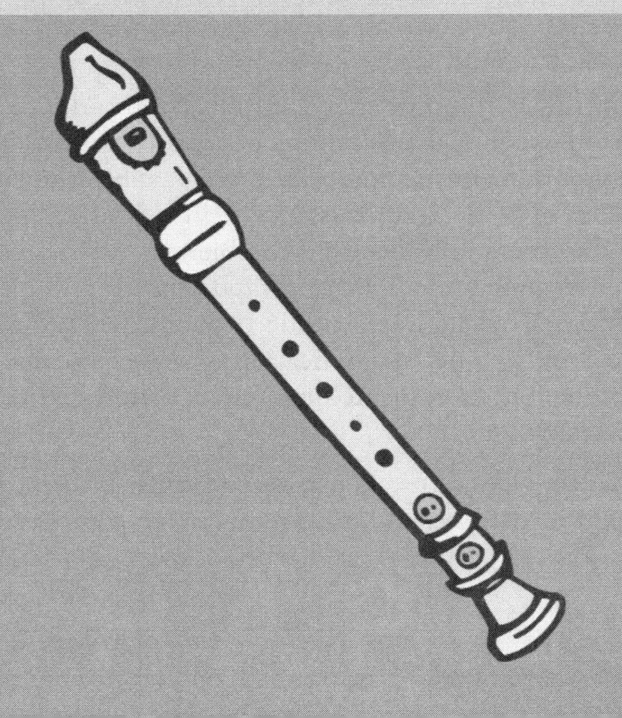

« Pourrais-tu reformuler ton idée ? »

Recadrage

Technique qui permet à une personne de modifier ses émotions et ses pensées liées à une expérience et de changer une expérience jugée négative en une expérience positive, ou encore de la neutraliser.

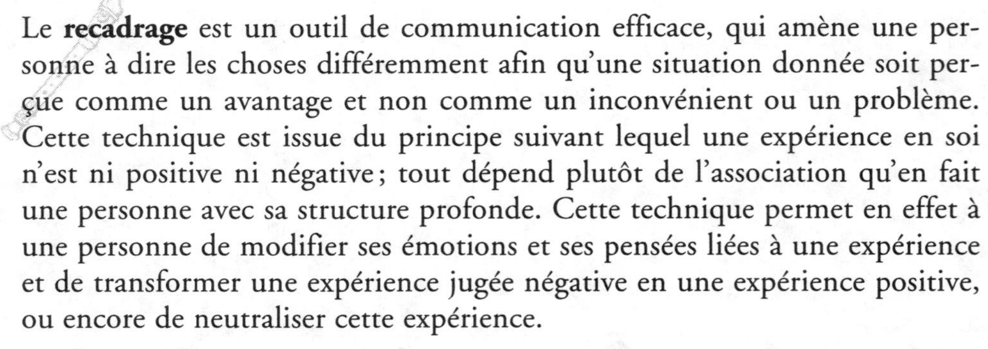

Le **recadrage** est un outil de communication efficace, qui amène une personne à dire les choses différemment afin qu'une situation donnée soit perçue comme un avantage et non comme un inconvénient ou un problème. Cette technique est issue du principe suivant lequel une expérience en soi n'est ni positive ni négative ; tout dépend plutôt de l'association qu'en fait une personne avec sa structure profonde. Cette technique permet en effet à une personne de modifier ses émotions et ses pensées liées à une expérience et de transformer une expérience jugée négative en une expérience positive, ou encore de neutraliser cette expérience.

Expérience primaire

Résultat de la collecte de l'information faite à travers les cinq sens et emmagasinée dans la mémoire.

L'**expérience primaire** est le résultat de la collecte de l'information faite à travers les cinq sens (*voir « VAKOG » au chapitre 3*) et emmagasinée dans la mémoire. Cette expérience provient donc des pensées et des émotions qu'une personne crée à propos de cette expérience.

Le principe du recadrage est issu des applications thérapeutiques dans des situations conflictuelles. Cette technique a beaucoup été utilisée par le Mental Research Institute Group de Palo Alto, en Californie, et par la Philadelphia Child Guidance Clinic, ainsi que par des spécialistes tels que Paul Watzlawick (1980, 1988), Milton Erickson (1983), Virginia Satir (1991) et Frederick Perls (1972). En fait, le recadrage a été influencé par le principe des parties conflictuelles chez une personne, lequel remonte à Carl Jung et à Sigmund Freud au début du XXe siècle.

Watzlawick présente le recadrage comme un outil qui brise « le cadre illusoire propre à toute image du monde et [qui] révèle par ce biais les possibilités réelles de changer ce qui semblait immuable ainsi que l'existence d'alternatives d'ordre supérieur » (1980, p. 126).

À la base du recadrage, il y a un présupposé, ou une croyance, selon lequel tout comportement découle d'une capacité d'adaptation, compte tenu du contexte dans lequel il a été conçu ou appris. De plus, derrière tout comportement se trouve une intention positive. De là vient l'importance de faire une distinction entre le comportement et l'intention de ce dernier. Lorsqu'un élève insulte un enseignant, celui-ci peut faire ressortir l'intention que recouvre ce comportement, inapproprié. Il est possible que l'intention soit un désir d'attention et de reconnaissance. Ainsi, il arrive que l'élève agisse d'une façon inacceptable en vue de combler un désir. L'enseignant pourra alors amener le jeune à modifier ce comportement, afin qu'il réalise son intention première à travers une attitude respectueuse. Enfin, le recadrage repose sur le principe que la signification d'une expérience ou d'un comportement est fonction du contexte dans lequel cette expérience ou ce comportement se réalise.

Dans une rue du centre-ville, se promener nu constitue un comportement inapproprié. Par contre, dans un camp de nudistes, ce comportement est préconisé. Comme on le constate, le contexte détermine si un comportement est socialement acceptable ou non. Lorsque le contexte change, la signification d'un comportement est modifiée.

Le recadrage est également pratiqué en milieu scolaire, dans les cas où des énoncés sont erronés. La formulation de la réaction ou de la réponse, lors du recadrage, prend la forme d'un questionnement qui permettra à l'élève de choisir la solution la plus adaptée à sa situation. Ce mode interrogatif s'appuie sur le fait qu'une personne accepte plus difficilement un ordre ou une suggestion provenant de quelqu'un d'autre, mais qu'elle accepte plus volontiers de s'analyser elle-même à la suite de questions qui lui sont posées.

Les types de recadrage

Il existe plusieurs types de recadrage adaptés aux différents comportements d'un élève. Dans ce livre, nous vous présentons cinq types de recadrage: le recadrage du contenu, le recadrage du contexte, le recadrage de croyances conversationnel, le recadrage du comportement, ou en six étapes, et le recadrage des parties conflictuelles. Il n'en tiendra qu'à vous de choisir la forme de recadrage qui convient le mieux aux situations que vous vivez.

Le recadrage du contenu

Quand une personne vit une expérience qu'elle n'aime pas, ce n'est pas l'expérience elle-même qu'elle n'apprécie pas, mais plutôt le résultat de cette expérience pour elle. La réponse en soi n'est pas basée sur ce qui arrive à une personne, mais plutôt sur la signification qu'elle lui accorde. Il devient alors possible de recadrer ou de changer cette signification, ce qui aura pour effet de modifier la réponse qui en résulte. Le changement de signification ou de contenu procure à la personne une autre perspective qui se transforme en une ressource disponible pour elle.

Le **recadrage du contenu** est utilisé lorsque le comportement qui pose problème est en fait approprié (le comportement n'a rien de mauvais en soi), mais que la signification qui en découle est limitative. Il s'agit alors de conserver le contenu, ou le comportement lui-même, et de changer la signification de ce dernier dans le même contexte. Ce changement ne peut s'opérer seul. Le recadrage doit, en effet, donner lieu à un suivi, car les changements ne se résument pas à cette technique. Cet outil sert à ouvrir l'esprit, à le rendre plus réceptif à une autre signification d'une expérience. Cela ne transforme pas nécessairement la situation, mais plutôt la représentation qu'une personne se fait de cette situation (*voir la figure 9.1, à la page 170*). Un recadrage peut dédramatiser une situation sans pour autant minimiser l'importance de celle-ci; il peut aussi apporter une touche d'humour lors d'une interaction. Pour effectuer un recadrage efficace, il est important de reconnaître l'intensité émotive que donne la personne à un événement.

Recadrage du contenu
Technique par laquelle la signification d'une expérience est modifiée.

9

Figure 9.1 **Exemple de recadrage du contenu**

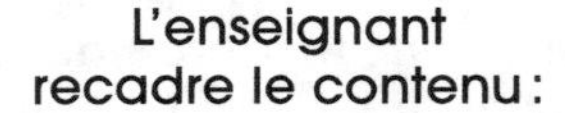

Faire un recadrage du contenu

Pour recadrer le contenu, il faut que l'énoncé de l'élève prenne la forme d'une équivalence complexe (A = B) ou d'une relation de cause à effet (A produit B), comme dans les exemples suivants :

Exemple 1
L'élève dit : « Mon coéquipier me parle tout le temps, et cela m'empêche de travailler. »
Cet énoncé est une équivalence complexe, car « me parle tout le temps » (A) correspond à « m'empêche de travailler » (= B).

Exemple 2
L'élève dit : « Je panique quand je sais que je vais passer un examen. »
Cet énoncé établit une relation de cause à effet. La panique (A) est occasionnée par l'approche d'un examen (B).

À partir de l'énoncé de l'élève, l'enseignant est amené à se demander quelle autre signification ou valeur pourrait être attribuée à son comportement, comment cette situation pourrait être décrite autrement ou quelle intention se cache derrière ce comportement. En réponse à ces questions, l'enseignant créera un énoncé de remplacement qu'il retournera verbalement à l'élève.

Dans le premier exemple, l'enseignant peut se poser la question suivante afin de préparer le recadrage : « Quelle autre signification puis-je donner au fait qu'un élève en dérange un autre ? » La réponse à cette question servira de base au recadrage. L'enseignant pourrait formuler le commentaire suivant à l'élève : « Peut-être que ton coéquipier ne comprend pas, qu'il veut attirer ton attention, qu'il aime travailler avec toi, ou encore qu'il n'a pas le goût de travailler. »

Dans un deuxième temps, il est nécessaire de choisir la réponse la plus constructive, celle qui saura toucher l'élève de la manière la plus appropriée. À l'élève qui se sent toujours dérangé par son coéquipier, l'enseignant peut dire : « C'est une bonne chose que tu sois conscient du fait que tu ne dois pas être dérangé lorsque tu travailles. »

Voici quelques exemples supplémentaires susceptibles d'aider l'enseignant à bien reformuler certains énoncés.

Exemple 3
L'élève dit : « Mon père me critique tout le temps. »
L'enseignant recadre le contenu de l'énoncé : « N'es-tu pas content de savoir que ton père se préoccupe de toi ? »

Exemple 4
L'élève dit : « Monsieur Bélanger, vous donnez trop de devoirs ! »
L'enseignant lui répond : « As-tu pensé à quel point tu vas être plus intelligent ? »

Exemple 5
L'élève dit : « Il provoque tout le monde avec ses cheveux mauves. »
L'enseignant lui répond : « As-tu pensé que peut-être il se trouve beau et s'aime comme cela ? »

La fiche 23 de l'enseignant (*voir la page 172*) vous donnera l'occasion d'uti liser la technique du recadrage du contenu.

Le recadrage du contexte

Le **recadrage du contexte** se fonde sur le principe que tout comportement a son utilité dans certains contextes. Lorsque l'enseignant recadre un comportement, il adapte ce comportement aux situations dans lesquelles il est approprié. Au lieu de rechercher l'élimination d'un comportement, il est plus avantageux de recadrer celui-ci dans un contexte où il devient approprié. Le recadrage du contexte permet de réévaluer des comportements à la lumière de nouvelles données et ressources.

Recadrage du contexte
Technique par laquelle un comportement inapproprié est placé dans un autre contexte, où ce comportement devient utile.

Faire un recadrage du contexte

Les énoncés formulés selon un contexte spécifique peuvent être élargis ou adaptés. Dans l'exemple où un jeune déclare : « Mon père me dit que je suis entêté », il s'agit de placer l'énoncé dans un contexte différent. Il est possible de recontextualiser le comportement d'entêtement dans une situation où il serait utile. Ainsi, l'enseignant pourrait répondre à l'élève : « As-tu pensé que plusieurs considèrent comme une qualité le fait d'être entêté ? L'entêtement de Thomas Edison lui a permis de réaliser de grands projets, comme l'invention du phonographe et du microphone. »

Voici quelques questions qui peuvent vous aider à préparer la formulation d'un recadrage du contexte :

- Dans quels contextes le comportement inapproprié pourrait-il être valable ?
- À quels moments ce comportement serait-il utile ?
- Dans quels contextes ce comportement serait-il considéré comme une ressource positive ?

Voyons maintenant quelques exemples de recadrage du contexte.

Exemple 1
L'élève dit : « Je n'aime pas faire mes exercices seul à l'école. »
L'enseignant recadre l'énoncé dans un nouveau contexte : « As-tu pensé à travailler avec tes camarades après l'école ? »

Nom : ______________________ Date : ______________

Fiche 23 de l'enseignant

Le recadrage du contenu

Relevez quelques énoncés d'élèves et formulez un recadrage du contenu pour chacun de ces énoncés.

Énoncé	Énoncé recadré
Exemple : « Mon père me critique tout le temps. »	« N'es-tu pas content de savoir que ton père se préoccupe de toi ? »

9

Exemple 2

L'élève dit: « Je suis nul en dessin. »

L'enseignant recadre l'énoncé: « Tu ne m'as pas déjà dit que tu étais bon en musique ? »

Exemple 3

L'élève dit: « Je ne suis pas capable de m'organiser. »

L'enseignant recadre l'énoncé: « N'est-ce pas toi qui as été nommé entraîneur de l'équipe de l'école ? »

Exemple 4

L'élève dit: « On me ridiculise à l'école à cause de mes cheveux roux. »

L'enseignant recadre l'énoncé: « As-tu pensé à la fortune que dépensent certaines femmes pour avoir des cheveux de la couleur des tiens ? »

La fiche 24 de l'enseignant (*voir la page 174*) vous invite à utiliser la technique du recadrage du contexte.

Le recadrage de croyances conversationnel

Le **recadrage de croyances conversationnel** est constitué d'un ensemble de catégories du langage dont le but est de changer une croyance au moyen, justement, du langage. Les catégories que nous présentons ont été établies par Robert Dilts (1999) dans le cadre d'une modélisation des catégories de langage de Richard Bandler. Ces diverses catégories sont utilisées lorsque l'énoncé d'une personne, représentant sa croyance, contient une équivalence complexe ou une relation de cause à effet.

Recadrage de croyances conversationnel

Technique qui permet de changer une croyance au moyen d'un échange verbal.

Faire un recadrage de croyances conversationnel

Il existe plusieurs catégories permettant de créer des énoncés de recadrage de croyances conversationnel (*voir la figure 9.2*). Il s'agit pour l'enseignant de choisir la catégorie qui conviendra le mieux au changement souhaité. C'est la réponse, verbale ou non verbale, de l'élève qui dirigera le choix de l'enseignant.

Figure 9.2 **Les diverses catégories de recadrage de croyances conversationnel**

- Cause
- Effet
- Redéfinition
- Conséquences
- Intention
- Regroupement
- Morcellement
- Contre-exemple
- Autre objectif
- Analogie
- Application du critère à lui-même
- Hiérarchie des critères
- Taille du cadre
- Métacadre
- Modèle du monde
- Stratégie de la réalité
- Indice de référence

Source: IDCOM International, *Manuel du praticien en PNL,* Sainte-Anne-des-Lacs, 2002.

Nom : ______________________________ **Date :** ______________

Fiche 24 de l'enseignant

Le recadrage du contexte

Relevez quelques énoncés d'élèves et formulez un recadrage du contexte pour chacun de ces énoncés.

Énoncé	Énoncé recadré
Exemple : « On me ridiculise à l'école à cause de mes cheveux roux. »	« As-tu pensé à la fortune que dépensent certaines femmes pour avoir des cheveux de la couleur des tiens ? »

Pour commencer, il faut déterminer dans l'énoncé l'« élément cause » et l'« élément effet », c'est-à-dire quelle cause et quel effet de celui-ci sont formulés dans la croyance. Il s'agit donc de rechercher l'origine de la croyance et son effet. Dans le contexte où un élève en pleurs confie à l'enseignant : « Il paraît que je dis des choses méchantes. Je suis une mauvaise personne », l'élément cause est « Je dis des choses méchantes » et l'élément effet est « Je suis une mauvaise personne ». L'enseignant recadrera cette croyance limitative en offrant des perspectives différentes à l'élève. Le tableau 9.1 reprend cet exemple en définissant pour chacune des catégories de recadrage de croyances conversationnel une réponse probable de la part de l'enseignant.

À première vue, cette technique peut sembler complexe et rébarbative. Néanmoins, elle s'avère très efficace et peut être utilisée facilement. Pour ce faire, il n'est pas nécessaire de l'appliquer à toutes les situations ni de recourir à toutes les catégories du langage. Cependant, cette liste exhaustive peut servir de référence pour le choix d'une catégorie lorsque vous êtes en panne d'idées.

Tableau 9.1 Exemples de recadrage de croyances conversationnel à partir des diverses catégories

L'élève dit : « Il paraît que je dis des choses méchantes. Je suis une mauvaise personne. »
La cause : dire des choses méchantes
L'effet : être une mauvaise personne

Catégorie	Définition	Recadrage
Redéfinition	Changer l'équivalence complexe : •par rapport à la cause, •par rapport à l'effet.	« Tu as juste dit ce que tu pensais. » « Tu es franc et direct, c'est tout. »
Conséquences	Orienter l'élève vers des conséquences sur n'importe quel plan de l'expérience	« Mieux vaut que tu t'exprimes plutôt que de passer à l'acte. »
Intention	Diriger l'attention de l'élève sur son intention par rapport à cette croyance	Sur lui : « Ton intention n'est pas d'être méchant mais de te protéger. » Sur l'autre : « Tu es fâché à cause de lui. »
Regroupement	Généraliser un élément de la croyance en le situant dans un contexte plus large	Cause : « Crois-tu que tout le monde dit des choses méchantes ? » Effet : « Crois-tu que les gens irrités sont nécessairement de mauvaises personnes ? »
Morcellement	Amener l'attention de l'élève sur un élément précis de la croyance	Cause : « Qu'est-ce qui te fait penser que tu dis des choses méchantes ? » Effet : « Comment sais-tu que tu es une mauvaise personne ? »

Tableau 9.1 Suite

Catégorie	Définition	Recadrage
Contre-exemple	Trouver un exemple qui n'est pas lié à la croyance formulée	« Connais-tu des personnes qui disent de belles choses et qui trahissent à leur insu ? »
Autre objectif	Diriger l'attention de l'élève sur un autre objectif	« La question n'est pas de savoir si tu as été méchant, mais de savoir si tu as dit ce que tu voulais. »
Analogie	Créer des expériences analogues ou métaphoriques	« Est-ce qu'un chien est méchant lorsqu'il protège son os ? »
Application du critère à lui-même	Faire porter le critère sur les valeurs contenues dans l'énoncé	« Il est mauvais de juger quelqu'un comme étant mauvais. » « Il est méchant de dire cela. »
Hiérarchie des critères	Réévaluer le critère contenu dans l'énoncé en fonction d'un critère plus important	« Est-il plus important d'être franc ou d'être gentil ? »
Taille du cadre	Reconsidérer la croyance dans un contexte plus large ou plus spécifique	Contexte plus large : « Cela peut te sembler méchant aujourd'hui d'être franc, mais à long terme cette expérience te sera utile. » Contexte plus spécifique : « Si tu es méchant avec ton meilleur ami, cela risque de t'attirer des ennuis. »
Métacadre	Placer la croyance dans un cadre de référence plus vaste en vue de créer une croyance à propos de la croyance	« Tu dis cela uniquement parce que tu es trop sensible ou que tu n'es pas assez sûr de toi. »
Modèle du monde	Réévaluer la croyance à partir d'une perspective différente	« Cela peut te sembler méchant mais, dans certaines relations, c'est une preuve d'affection. »
Stratégie de la réalité	Réévaluer la croyance à partir de perceptions cognitives	« Comment sais-tu que c'est mauvais ou méchant ? »
Indice de référence	Changer l'indice de référence en attribuant la croyance à une autre personne	« Celui qui t'a dit cela t'a dit des choses méchantes. » « Celui qui le dit, c'est celui qui l'est ! »

La fiche 25 de l'enseignant vous donnera l'occasion d'utiliser la technique du recadrage de croyances conversationnel suivant les différentes catégories qui ont été décrites. Vous trouverez à la page 185 des suggestions d'énoncés pour ces catégories.

Nom : ______________________ Date : ______________

Fiche 25 de l'enseignant

Le recadrage de croyances conversationnel

Pour chacune des catégories, recadrez cet énoncé d'un élève : « Je ne serai jamais capable de réussir mon examen parce que je suis trop nerveux. »

Cause : ______________________

Effet : ______________________

Catégorie	Énoncé recadré
Redéfinition de la cause	
Redéfinition de l'effet	
Conséquences	
Intention personnelle	
Intention de l'autre	
Regroupement autour de la cause	
Regroupement autour de l'effet	
Morcellement de la cause	
Morcellement de l'effet	
Contre-exemple	
Autre objectif	
Analogie	
Application du critère à lui-même	
Hiérarchie des critères	
Taille du cadre plus large	
Taille du cadre plus spécifique	
Métacadre	
Modèle du monde	
Stratégie de la réalité	
Indice de référence	

Le recadrage du comportement

Recadrage du comportement
Technique par laquelle un plus grand choix de comportements est offert à l'élève lorsqu'il a à agir dans une situation donnée.

Le **recadrage du comportement**, également appelé « recadrage en six étapes » ou « en six pas », est une technique visant à effectuer une séparation entre l'intention positive et le comportement inapproprié. Cette technique, qui est l'une des premières à avoir été mises au point par la PNL, permet à la personne de conserver les bénéfices et les gains inconscients qui sont associés à un comportement donné. Il s'agit pour l'enseignant de faciliter le changement chez l'élève sans porter atteinte à l'intégrité de sa personne et de son milieu (*voir la figure 9.3*).

L'objectif premier de cette forme de recadrage consiste à établir un pont entre le conscient et l'inconscient de la personne et de générer ainsi une croyance selon laquelle toutes les parties engagées dans ce comportement sont interdépendantes et alliées. Le comportement inadéquat résulte du conflit qui existe entre les parties consciente et inconsciente.

Cette technique est unique, car elle permet de faire des interventions vis-à-vis d'un grand éventail de comportements jugés problématiques. Elle se préoccupe du bien-être de la personne et veille au respect de son milieu. L'idée à la base du recadrage du comportement est de maintenir l'intention positive, de changer le comportement et d'offrir un plus grand choix de comportements. Avec ce type de recadrage, il n'est pas nécessaire d'examiner le contenu du comportement inapproprié ou de remonter à ses causes. En effet, dans le domaine de la PNL, le travail porte sur le processus plutôt que sur le contenu ; il touche à la structure de l'**expérience subjective** qui a entraîné ce comportement. Cette façon de procéder apporte une aide précieuse, surtout dans les cas de comportements graves où l'enfant ne désire pas s'ouvrir ou répugne à revivre des émotions éprouvantes ou des événements traumatisants. Le fait que l'enseignant ne cherche pas à explorer ces émotions ou ces événements est à la fois moins menaçant pour l'enfant et moins stressant pour l'enseignant.

Expérience subjective
Fait ou événement tel qu'il est perçu par un individu.

Figure 9.3 **L'intention positive**

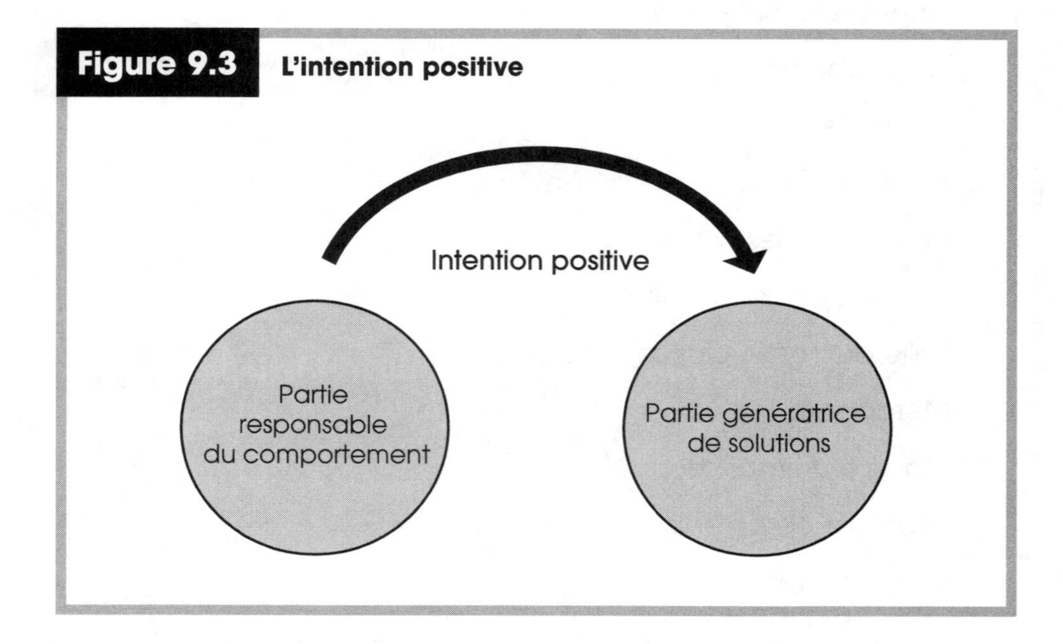

L'utilisation de cette technique implique la notion de partie. Le mot « partie » constitue une façon métaphorique de désigner un ensemble de comportements appris, qui sont associés à une habitude ou à un symptôme donné. Bien entendu, cela ne signifie pas qu'une partie se trouve réellement à un endroit précis dans la personne. Cependant, on suppose qu'une personne possède une partie qui serait responsable d'un comportement négatif et une autre partie qui, elle, serait responsable d'un comportement positif. La mise au jour de l'intention positive permet de recréer le lien entre l'une et l'autre partie, et de modifier le comportement inadéquat.

Les étapes du recadrage du comportement

D'entrée de jeu, il est important de souligner que cette technique doit être employée dans le cadre d'une relation individuelle avec un élève, et non avec un groupe. Pour accomplir un recadrage du comportement, l'enseignant pourra suivre les six étapes que voici :

1. Précisez le comportement inadéquat de l'élève.
2. Demandez à la partie responsable de ce comportement inadéquat si elle accepte de communiquer avec vous.
3. Demandez à cette partie quelle est son intention positive.
4. Invitez l'élève à entrer en contact avec sa partie créatrice inconsciente, afin de découvrir d'autres comportements pouvant satisfaire son intention positive.
5. Demandez à la partie responsable du comportement inadéquat si elle accepte d'adopter ces nouveaux comportements.
6. Amenez l'élève à s'imaginer en train d'agir selon les comportements choisis (projection dans l'avenir).

Concrètement, il s'agit pour l'enseignant de faire preuve d'imagination et d'adapter ces étapes à l'âge de l'élève. De toute évidence, il utilisera cette technique différemment avec un enfant de la maternelle et avec un adolescent. Pour les plus jeunes, il y aura peut-être lieu de se servir de marionnettes ou de leur faire faire des dessins. Les adolescents, quant à eux, pourront suivre la démarche précédente ou encore écrire un texte métaphorique contenant les six étapes du recadrage du comportement.

Revenons à l'exemple du coéquipier qui dérange son voisin par son babillage incessant. Il s'agit alors, pour l'enseignant, de rencontrer seul à seul cet élève dont le comportement est inapproprié. L'enseignant a en tête le comportement à modifier, soit le babillage incessant, qui a pour effet de déranger son camarade et toute la classe. Il suivra les étapes du recadrage avec cet élève en faisant une mise en situation. Ainsi, il introduira deux personnages : un personnage représentant la partie responsable du comportement et l'autre personnage figurant sa partie créatrice. L'enseignant expliquera au jeune que le premier personnage est dérangeant lorsqu'il va au cinéma (exemple de contexte). Il parle, il bouge et il importune tout le monde. Encouragé en cela par l'enseignant, l'élève tentera d'expliquer les avantages pour ce personnage d'être aussi dérangeant. Il pourrait indiquer quelque chose comme « Je veux jouer » ou encore « Je veux qu'on s'occupe de moi ».

Une fois l'information obtenue (« Je veux qu'on s'occupe de moi »), le second personnage entre en scène. Ce personnage est présenté comme un héros qui a réponse à tout. Ensuite, l'enseignant demande au jeune de quelles façons le héros pourrait amener les autres à s'occuper de lui et lui permettre ainsi de satisfaire son intention positive. Voici des réponses possibles de ce personnage : « Manger du maïs soufflé », « Demander à ma mère de se rapprocher de moi » ou encore « Quitter la salle ». À ce stade-ci de la technique, le jeune est appelé à trouver le plus grand nombre de comportements possible sans que l'enseignant porte de jugements de valeur.

Lorsque toutes les idées ont émergé, l'enseignant demande à l'élève et à son premier personnage (le jeune qui dérange les autres) s'il accepte de mettre en pratique ces nouveaux choix de comportements. Dans l'affirmative, quelles suggestions de comportements ce personnage retient-il ? Dans la négative, le héros pourrait-il lui proposer d'autres idées ? L'élève sera ensuite invité à s'imaginer dans une situation semblable à celle du cinéma (en classe) pour vérifier si le nouveau comportement est bien acquis. Dans le cas où il ne l'est pas, il faudra retourner à la mise en situation comportant les deux personnages.

Le recadrage des parties conflictuelles

Recadrage des parties conflictuelles
Technique permettant de repérer des incongruences entre le langage verbal et le langage non verbal.

Le **recadrage des parties conflictuelles** est une technique de recadrage permettant de repérer des incongruences (*voir le chapitre 8*) entre le langage verbal et le langage non verbal. Il s'applique principalement aux incongruences séquentielles, qui se manifestent sous forme d'énoncés comprenant des mots tels que « mais », « sauf que » ou « excepté que ». Dans le recadrage des parties conflictuelles, il s'agit d'intégrer les deux éléments mis en cause dans l'énoncé en créant une nouvelle partie qui prendra en considération les expériences et les intentions des parties qui sont en conflit (*voir la figure 9.4*). Cette troisième partie générera des comportements congruents et appropriés au contexte.

Faire le recadrage des parties conflictuelles

Voici la démarche qui vous permettra de recadrer les parties conflictuelles :

1. Déterminez, d'une part, les incongruences séquentielles suscitant un conflit et, d'autre part, les parties en cause.
2. Placez chaque partie dans une ancre spatiale (*voir le chapitre 3*), soit une partie dans chaque main, ou encore les deux parties sur des cartons posés sur le sol.

Figure 9.4 **Le recadrage des parties conflictuelles**

3. Demandez à l'élève de décrire chacune des deux parties.
4. Faites ressortir l'intention positive du comportement de chaque partie.
5. Établissez une négociation entre les deux parties, afin de dégager une intention commune.
6. Procédez à l'intégration des parties conflictuelles en les superposant l'une à l'autre.
7. Vérifiez l'intégration des deux parties en posant à l'élève des questions sur la façon dont il perçoit maintenant cette troisième partie. Si le résultat n'est pas convaincant, il s'agira de répéter les étapes 4 à 6.
8. Demandez à l'élève d'imaginer le troisième comportement dans une situation future.

L'exemple suivant peut être appliqué en classe:

Un élève dit: « Je veux réussir mon examen, mais j'ai de la difficulté à me concentrer. »

L'énoncé de cet élève se compose de la partie A, « Je veux réussir mon examen », et de la partie B, « J'ai de la difficulté à me concentrer ».

L'enseignant demandera à l'élève d'ouvrir les mains devant lui et d'installer dans une main la partie A et dans l'autre main la partie B. (Pour les élèves plus jeunes, les mains peuvent être remplacées par des cartons de couleurs différentes sur lesquels les comportements seront inscrits (*voir la figure 9.5*). L'enseignant encourage alors l'élève à parler de la partie A. Ensuite, il recherche l'intention positive qui se trouve derrière ce comportement.

L'enseignant demande à l'élève: « En quoi est-ce important pour toi de réussir l'examen ? »

L'élève répondra peut-être: « Parce que je veux aller à l'université. »

L'enseignant demandera alors: « Pour quelle raison veux-tu aller à l'université ? »

Figure 9.5 **Exemple de cartons utiles au recadrage des parties conflictuelles**

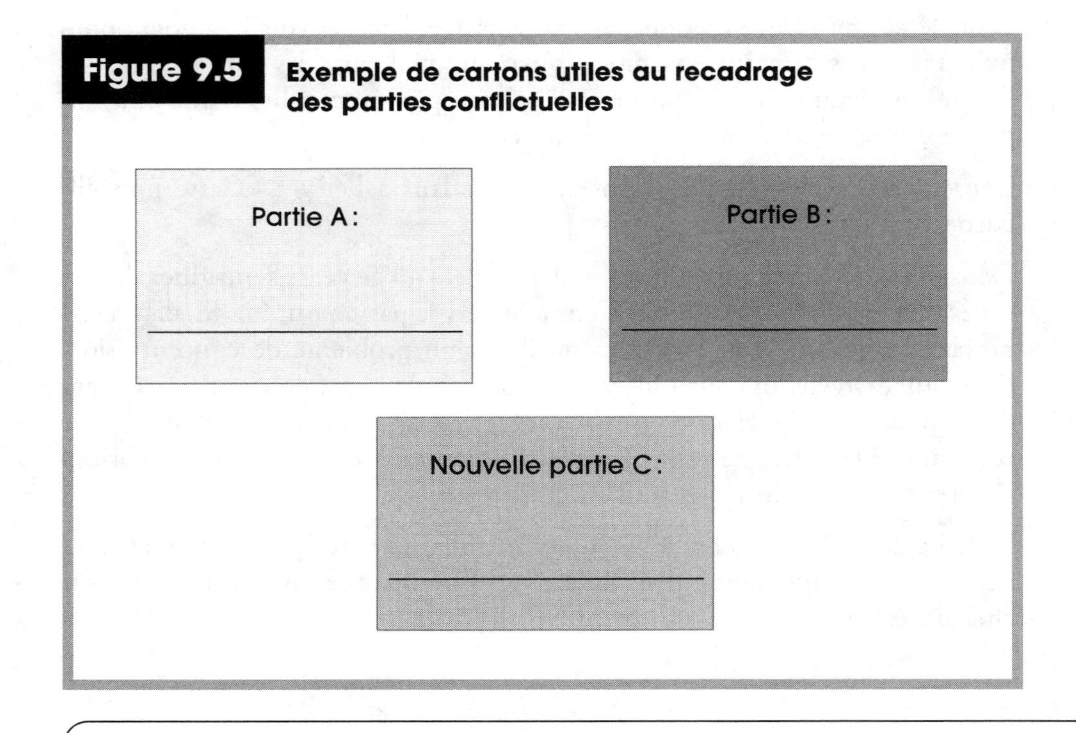

L'élève répond: « Pour avoir un bon emploi plus tard. »

L'enseignant demande: « Dans quel but veux-tu avoir un bon emploi plus tard ? »

L'élève répond: « Pour gagner un bon salaire. »

Par la suite, l'enseignant s'adressera à la partie B.

L'enseignant demande: « Qu'est-ce que t'apporte le fait d'avoir de la difficulté à te concentrer ? »

L'élève: « Je prends plus de temps. »

L'enseignant: « Quelle est l'utilité de prendre plus de temps ? »

L'élève: « Cela me permet d'être certain de bien réussir. »

L'enseignant: « À quoi cela te servira-t-il de bien réussir ? »

L'élève: « À bien gagner ma vie. »

Au bout du compte, il s'agit pour l'enseignant d'interroger chaque partie responsable du comportement jusqu'à ce que ressorte l'intention commune. Dans cet exemple, l'intention commune de A et de B est de « bien gagner ma vie en faisant un bon salaire ». Une fois cette intention cernée, le processus de négociation entre les deux parties peut alors être entrepris, lequel consiste à rechercher les différentes façons de réaliser l'intention positive.

L'enseignant pourrait dire à l'élève: « As-tu remarqué que les deux mains (parties) veulent la même chose: gagner ta vie en faisant un bon salaire ? »

L'élève répondra: « Oui. »

L'enseignant poursuivra ses questions: « Que dirais-tu de créer une autre partie qui comprendrait les deux premières ? Dans le fond, elles veulent la même chose, non ? »

Dans le cas où l'élève répond par l'affirmative, l'enseignant le guidera pour qu'il ramène ses mains ensemble (ou pour qu'il pose les cartons l'un sur l'autre), intégrant ainsi les parties qui ne sont plus en conflit en une nouvelle partie C disposant de toutes les ressources.

L'enseignant vérifie l'intégration en demandant à l'élève: « Cette nouvelle partie veut un bon salaire, n'est-ce pas ? »

Dans le cas où la réponse est oui, il demandera à l'élève de s'imaginer durant un examen futur et d'expliquer comment cela se passe pour lui. Si, dans cette projection, persiste une situation où il y a un problème de concentration, l'enseignant reviendra sur l'intention positive de chacune des parties avant de reprendre la négociation entre elles. Dans le cas où la réponse est non, où cette nouvelle partie ne veut pas avoir un bon salaire, d'autres interventions s'avéreront nécessaires.

La fiche 26 de l'enseignant vous invite à appliquer la technique du recadrage des parties conflictuelles à partir d'une situation que vous aurez observée chez un élève.

Nom : ______________________ Date : ______________

Fiche 26 de l'enseignant

Le recadrage des parties conflictuelles

Lorsque se présentera une situation nécessitant une intégration des parties conflictuelles, appliquez la technique du recadrage en suivant les étapes décrites dans ce chapitre. Inscrivez ici tous les éléments d'un tel recadrage.

	Intention	Commentaires
Partie A		
Partie B		

Intention commune :

____

____

____

Partie C :

____

____

____

Projection dans l'avenir :

____

____

____

En bref...

- Le recadrage est un outil de communication qui amène l'élève à percevoir une situation comme étant un avantage et non un inconvénient.
- Le recadrage du contenu change la signification d'une expérience.
- Le recadrage du contexte place un comportement inapproprié dans un autre contexte où il devient alors utile.
- Le recadrage de croyances conversationnel permet de modifier une croyance par un échange verbal.
- Le recadrage du comportement, ou «recadrage en six étapes», offre à l'élève un plus grand nombre de choix de comportements.
- Le recadrage des parties conflictuelles part de deux éléments en situation conflictuelle causés par une incongruence séquentielle et les intègre dans une troisième partie.

Pour en savoir plus

BANDLER, Richard, et John GRINDER (1982). *Reframing*, Moab, Utah, Real People Press.

BODENHAMER, Bobby G., et Michael HALL (1997). *Mind-lines: Lines for Changing Mind*, Colorado, E.T. Publications.

DILTS, Robert (1999). *Sleight of Mouth: The Magic of Conversational Belief Change*, Cupertino, Meta Publications.

GOLEMAN, Daniel (1997). *L'intelligence émotionnelle*, Paris, Robert Laffont.

WATZLAWICK, Paul (1980). *Le langage du changement,* Paris, Éditions du Seuil.

WATZLAWICK, Paul, et G. NARDONE (2000). *Stratégie de la thérapie brève*, Paris, Éditions du Seuil.

Interprétation des résultats

Fiche 25 de l'enseignant (page 177)

Voici des suggestions d'énoncés pour les différentes catégories.

Énoncé de départ:
« Je ne serai jamais capable de réussir mon examen parce que je suis trop nerveux. »

Catégorie	Énoncé recadré
Redéfinition de la cause Redéfinition de l'effet	« Tu n'es pas assez détendu. » « Tu es capable de faire bien des choses. »
Conséquences	« Tes échecs passés te permettent d'être plus vigilant pour les prochains examens. »
Intention personnelle Intention de l'autre	« Tu veux passer l'examen sans être stressé. » « Tes parents souhaitent que tu réussisses l'examen. »
Regroupement autour de la cause Regroupement autour de l'effet	« Certaines personnes ont un meilleur rendement quand elles sont stressées. » « De grands esprits ont échoué à un examen. »
Morcellement de la cause Morcellement de l'effet	« Es-tu nerveux dans toutes les situations ? » « Crois-tu que si tu rates un examen, tu rateras ta vie au complet ? »
Contre-exemple	« Connais-tu des personnes nerveuses durant un examen, mais qui le réussissent quand même ? » « Connais-tu des personnes calmes durant un examen, mais qui y échouent quand même ? »
Autre objectif	« Certaines personnes apportent des fétiches avec elles durant un examen pour se détendre. »
Analogie	« Est-ce que Harry Potter est calme en effectuant ses examens de sorcier ? »
Application du critère à lui-même	« Le fait de penser que tu seras nerveux durant un examen suffit à te rendre nerveux. »
Hiérarchie des critères	« Ta réussite scolaire est-elle plus importante que tout le reste pour toi ? »
Taille du cadre plus large Taille du cadre plus spécifique	« C'est difficile pour toi aujourd'hui, mais plus tard tu seras récompensé. » « Est-ce que la peur d'oublier ton crayon te rend nerveux ? »
Métacadre	« La plupart du temps, tu es calme pendant tes activités. »
Modèle du monde	« Tu es nerveux sur le coup, mais remarque que la tension retombe dès que l'examen est terminé. »
Stratégie de la réalité	« Comment sais-tu que tu es nerveux ? »
Indice de référence	« Martin est nerveux, lui aussi, durant un examen. Pourtant, cela ne l'empêche pas de réussir. »

CHAPITRE 10

Le transfert de compétences par la modélisation

« À qui veux-tu ressembler ? »

Qui, dans son enfance, n'a pas rêvé de ressembler à un héros, à une personnalité publique ou à un membre de son entourage qui semblait posséder des pouvoirs illimités et une maîtrise parfaite de tous les aspects de sa vie, comme un guide ou un mentor ? Un tel modèle exerce une grande influence sur l'individu en lui ouvrant l'esprit et en l'aidant à devenir une meilleure personne et à adopter des attitudes confiantes. Cette empreinte, qui a persisté au fil des années, a contribué à former sa personnalité et à développer son savoir-être.

Dès ses débuts, la PNL a utilisé le principe du mentor en cherchant à découvrir comment les mentors, ou experts, faisaient pour exceller dans leur domaine respectif. Pour Richard Bandler et John Grinder, l'important était le transfert des compétences clés facilitant l'apprentissage et permettant d'obtenir un effet important à long terme. Pouvoir choisir consciemment un guide et acquérir ses ressources, voilà le but de la modélisation. Dans la PNL, ce processus inclut le savoir-faire, les compétences, le savoir-être, les attitudes, les valeurs et les croyances.

Bandler et Grinder ont observé divers leaders dans des champs de compétences variés. Ils ont relevé les éléments qui permettaient à ces personnes d'obtenir un grand succès et d'être reconnues par la société en tant qu'experts. De leurs observations est né le processus de modélisation que nous présentons dans ce chapitre. De même, nous examinons la métaphore, dont le pouvoir d'association facilite la modélisation chez l'élève.

La modélisation

Modélisation

Technique par lequel on peut mettre au jour les éléments essentiels du processus de pensée, des croyances, des valeurs, des attitudes, ainsi que des comportements d'un expert, de même que transférer à d'autres personnes ces éléments essentiels au moyen d'un programme de formation structuré.

La **modélisation** permet de mettre au jour les éléments critiques du processus de pensée, les croyances, les valeurs, les attitudes, ainsi que les comportements d'un expert, et de transférer ces éléments critiques à d'autres personnes, même si ces dernières n'ont pas, au préalable, développé ces compétences au moyen d'un programme de formation. Il devient alors possible de se modeler sur un expert, ou de le modéliser, et de s'approprier les facteurs responsables de sa réussite. La modélisation étudie la réalité subjective des experts, c'est-à-dire la manière dont leurs images, leur processus auditif, leurs sensations tactiles, leurs émotions, leurs croyances, leurs valeurs et leurs attitudes sont organisés et liés entre eux dans des stratégies leur permettant d'être motivés, d'apprendre, de prendre des décisions et de créer.

Cette approche met l'accent autant sur le processus que sur le contenu, et son efficacité vient du fait qu'elle tient compte de plusieurs variables déterminantes qui ne sont pas retenues dans les domaines conventionnels de l'éducation et de la formation, comme les émotions, les sensations et le langage corporel. Elle se préoccupe à la fois de ce qu'une personne fait et de la manière dont elle pense.

Pour cette raison, le concept de modélisation constitue une façon novatrice de décoder les processus inconscients et de les rendre explicites. Toutefois, précisons que le processus de modélisation est applicable à des contextes spécifiques qui sont définis par le choix du modèle à suivre. Par exemple, un sportif de haut calibre peut avoir une compétence très développée en ski, tout en éprouvant beaucoup de difficulté dans ses relations interpersonnelles. Selon ses exigences, l'élève modélisera principalement les éléments se rapportant aux compétences clés recherchées, soit les performances en ski, sans prendre en considération les autres compétences. Ainsi, il est possible de sélectionner une ou plusieurs compétences.

La modélisation tient compte de quatre facteurs rattachés à la performance, soit les croyances aidantes, les valeurs, les stratégies mentales et le langage corporel.

Par ailleurs, malgré le fait que la modélisation soit souvent employée dans le milieu des affaires en vue d'améliorer le rendement des employés, elle peut aussi être utilisée dans le domaine de l'éducation à la fois pour promouvoir le rendement des élèves et pour amener ceux-ci à adopter des comportements appropriés.

Les croyances aidantes

Les croyances, ou présupposés, sont à la base de la performance ou de la non-performance selon qu'elles sont aidantes ou limitatives. Les croyances constituent des aptitudes qui permettent de réussir dans une tâche donnée (*voir le chapitre 1*). Par exemple, une élève croyait qu'elle ne pouvait réussir en sciences, puisque sa mère et sa sœur avaient échoué auparavant. Cette croyance était assurément limitative. Tout au long de l'année scolaire, son enseignant a dû l'aider à changer cette croyance. Il a démontré à cette élève qu'elle n'était pas identique à sa mère ou à sa sœur, qu'elle était une personne unique. À chacune de ses réussites, l'enseignant l'a amenée à reconnaître l'importance de ses capacités. Ce passage d'une croyance limitative à une croyance aidante a permis à l'élève de terminer son cours avec un résultat nettement supérieur à ceux qu'elle avait obtenus auparavant. La clé du succès réside donc dans le remplacement des croyances limitatives par des croyances aidantes.

Les valeurs

Les valeurs sont le fondement de la motivation. Elles incitent une personne à atteindre un but ou à éviter une situation indésirable. Il est fréquent, pour les personnes qui obtiennent beaucoup de succès, d'atteindre un niveau de motivation élevé. Cela est dû au fait qu'elles s'appuient sur un système de valeurs aidantes et hiérarchisées. En relation étroite avec la dimension émotionnelle d'une personne, les valeurs déterminent ce qui pousse celle-ci à agir, ce qui lui donne le goût de se lever le matin et d'entreprendre la journée avec confiance. La modélisation permet de découvrir ces valeurs qui motivent l'expert, l'incitant à obtenir un rendement supérieur et, par la suite, à encourager d'autres personnes à emprunter cette voie par le transfert des compétences mises au jour chez le modèle.

Voici ce qui est arrivé, il y a quelques années, à un adolescent timide, peu sûr de lui, qui avait une importante décision à prendre. Diplômé du secondaire, il devait choisir une carrière. Mais laquelle? Un de ses enseignants avait la même passion que lui pour une auteure de science-fiction. Il prêtait des livres de cette auteure au jeune en prenant soin de sélectionner des ouvrages dans lesquels on trouvait des comportements héroïques, le but recherché étant que le jeune s'identifie à ces héros. Après que l'adolescent eut lu ces livres, l'enseignant lui a demandé à quel personnage il aimerait ressembler. À la suite de sa réponse, l'enseignant et son élève ont relevé ensemble les valeurs et les compétences de ce personnage. Le jeune s'est alors rendu compte qu'il possédait déjà ces valeurs et ces compétences, sans cependant les mettre en pratique. Il n'en tenait qu'à lui de les exploiter; c'est ce qu'il a fait. Cet exercice a permis à ce jeune de voir plus clair dans ses préférences rattachées au choix d'une carrière et de découvrir qu'il se passionnait pour les livres. Il s'est alors engagé dans des études de bibliothéconomie.

Le choix éclairé d'une orientation professionnelle favorisé par le processus de modélisation tient au fait que, pour être capable de parler d'une chose, comme des compétences, il est essentiel que ces compétences se trouvent déjà dans la structure profonde de l'expérience personnelle. En d'autres mots, une personne remarque et retient uniquement les éléments qui sont déjà en elle. Ainsi, il est impossible pour une personne de reconnaître chez les autres ce qu'elle ne possède pas en elle. Dans l'exemple précédent, la lecture s'est avérée un reflet des compétences que l'élève souhaitait développer pour sa carrière.

Les stratégies mentales

Stratégie mentale

Séquence de représentations internes, sous forme d'images, de sons et de sensations, qui ont pour effet de générer un comportement efficace.

Une **stratégie mentale** est une séquence de représentations internes, sous forme d'images, de sons et de sensations, qui ont pour effet de générer un comportement efficace. L'expertise ne s'acquiert pas par la répétition aveugle d'activités éparses, mais plutôt par la répétition et la maîtrise de la stratégie mentale de l'expert. En classe, l'enseignant a tout intérêt à demander à un élève qui a réussi un exercice particulièrement difficile de l'expliquer à ses camarades. Ces derniers peuvent ainsi s'approprier plus aisément une approche par l'exemple, d'autant plus que cet exemple provient d'un des leurs. Il en va de même pour un individu débutant dans un sport. C'est par l'observation et l'étude des techniques des experts de ce sport qu'il peut atteindre un degré d'excellence qu'autrement il n'aurait jamais atteint ou qu'il aurait atteint beaucoup plus tard.

Le langage corporel

Les experts se placent dans des positions physiques, innées ou acquises, qui les amènent à un haut niveau de rendement. Ces postures peuvent être décodées et transférées à des individus qui aspirent à adopter celles-ci dans le but de se comporter aussi efficacement que l'expert. Le processus de modélisation tient d'ailleurs compte de cet aspect, qu'on appelle la modélisation externe, et s'assure que les aspirants adopteront un langage corporel et une gestuelle qui favoriseront un rendement élevé dans la conduite d'activités.

Le processus de modélisation

Le processus de modélisation comporte plusieurs variantes. En effet, selon qu'une personne appartient au monde des affaires, à celui de l'éducation ou à tout autre domaine, cette méthode nécessite des ajustements. Dans ces pages, nous vous présentons le processus qui semble le plus approprié au monde de l'enseignement et qui peut être appliqué à des élèves du primaire et du secondaire. Notons, toutefois, qu'en général le processus de modélisation ne se réalise pas en un clin d'œil. Il requiert une réflexion, un transfert des compétences clés, des applications quant à l'attitude et aux valeurs, de même qu'une formation adaptée. Dans certains cas, ce processus peut s'échelonner sur quelques mois et nécessiter des ajustements en cours de route, selon qu'une personne souhaite transférer des compétences, des valeurs, des croyances ou des postures.

Le processus de modélisation, qui s'avère très efficace, permet de mieux cerner l'expert sur lequel une personne veut se modeler. Ce processus demande de la réflexion et suscite des discussions ; en outre, il s'insère très bien dans un projet de classe, d'équipe ou même dans un projet individuel. Selon l'âge des participants, ceux-ci devront être plus ou moins encadrés. Faites faire à vos élèves une étape à la fois, car la présentation de toutes les étapes d'un seul coup générera chez eux un sentiment de panique, et plusieurs élèves risqueront de brûler des étapes. La figure 10.1 de la page 192 présente la synthèse de ce processus.

1re étape : la sélection de l'expert

Les modèles d'excellence étant des personnes importantes, il n'est pas toujours facile de décoder avec justesse leur personnalité. Selon le changement de comportement souhaité, il s'agit de trouver le meilleur modèle. Cet expert peut être un personnage imaginaire tel qu'un héros ou une personne absente de l'entourage immédiat comme un athlète olympique. Ce peut également être un ami ou encore un membre de la famille. Peu importe le modèle choisi, il faut s'assurer que les composantes recherchées chez l'expert correspondent bien aux compétences recherchées dans une situation donnée.

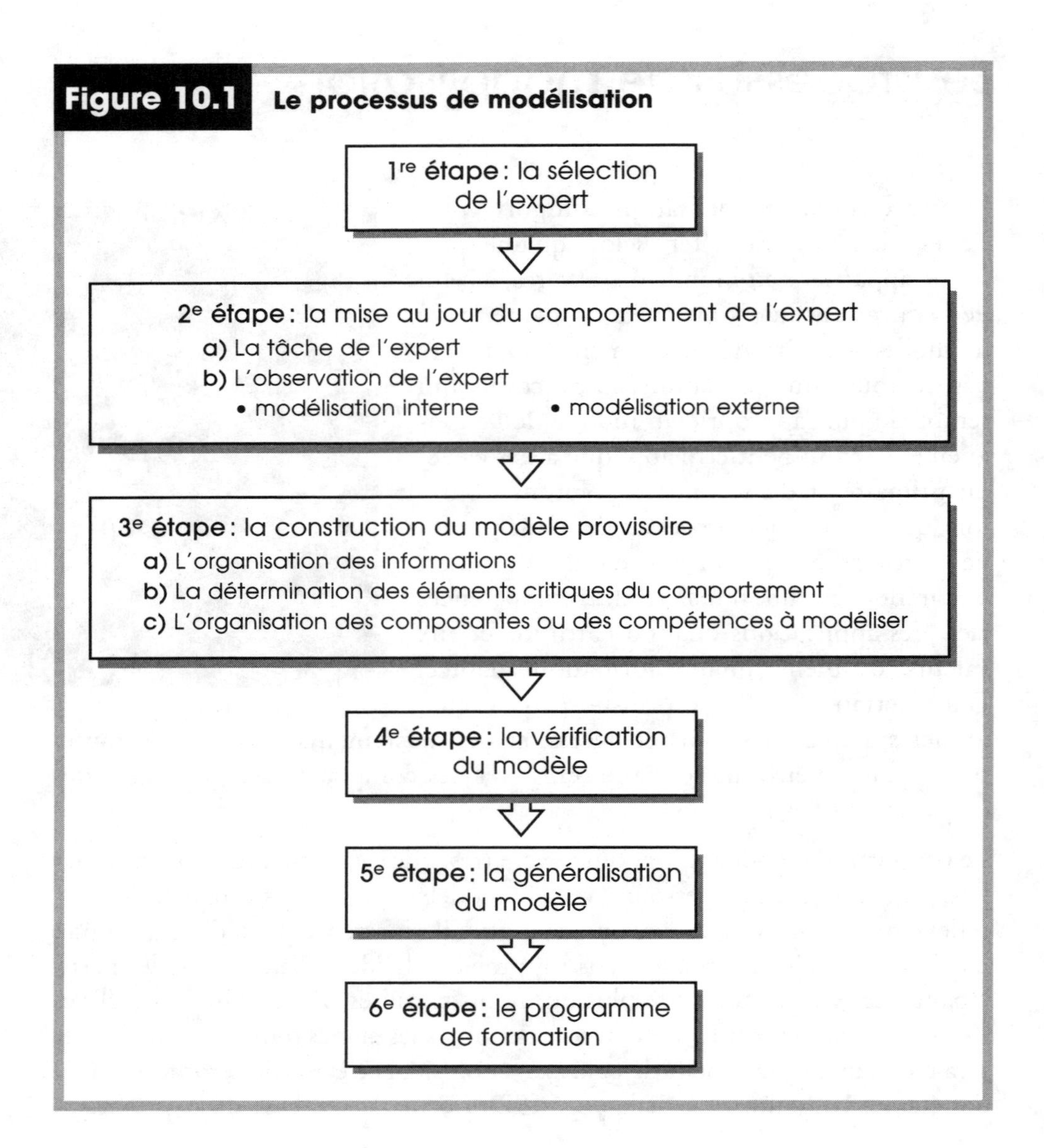

Figure 10.1 Le processus de modélisation

2e étape : la mise au jour du comportement de l'expert

À cette étape, il s'agit de mettre au jour le comportement recherché chez l'expert. C'est l'étape la plus critique du processus de modélisation, car, selon les besoins, elle implique de bien repérer chez l'expert un ou plusieurs des éléments suivants : son langage corporel, ses croyances, ses valeurs, ses particularités, ses attitudes heuristiques, ses stratégies et son mode sensoriel dominant. Le tableau 10.1 présente les différentes parties de cette mise au jour.

3e étape : la construction du modèle provisoire

Une fois que l'expert a été modélisé et que toutes les informations ont été collectées, il s'agit d'effectuer une synthèse de ces données pour construire un modèle provisoire. La capacité des élèves à apprendre une compétence de l'expert et à la maîtriser dépend de la quantité d'informations et de leur qualité, des connaissances que le sujet a acquises vis-à-vis du modèle et du transfert à accomplir. Cette synthèse comprend trois parties, présentées au tableau 10.2.

Tableau 10.1 2ᵉ étape : la mise au jour du comportement de l'expert

1ʳᵉ partie : la tâche de l'expert

Il s'agit de décomposer la tâche ou la compétence de façon à relever ses diverses composantes, de même que la séquence qu'il faut suivre pour reproduire les résultats de l'expert.

Pour ce faire, il faut observer l'expert dans son environnement, lorsqu'il utilise la compétence à modeler dans un contexte donné. Cela permettra de déterminer les frontières de la compétence, c'est-à-dire quand celle-ci commence à se manifester et quand elle finit de se manifester. Il s'agit alors de préciser son étendue, sa direction et les sous-compétences nécessaires à la réalisation de la tâche.

2ᵉ partie : l'observation de l'expert

Afin de dégager et d'enregistrer les croyances, les valeurs, les idées, ainsi que les comportements de l'expert, il importe de se référer à certains éléments de sa personnalité.

La modélisation externe	La modélisation interne
• Gestes	• Croyances
• Postures	• Valeurs
• Respiration	• Idées
• Voix (rythme, volume, ton)	• Stratégies mentales
• Contenu des paroles (prédicats liés aux modes sensoriels)	• Métaprogrammes
• Tout autre comportement physique	• Mouvements oculaires
	• Tout autre comportement psychologique

Tableau 10.2 3ᵉ étape : la construction du modèle provisoire

1ʳᵉ partie : l'organisation des informations

Il s'agit de rassembler les informations et de les subdiviser en catégories : compétences, comportements spécialisés et processus internes.

2ᵉ partie : la détermination des éléments critiques du comportement

Il faut ici déterminer les éléments critiques du comportement sur lequel le sujet veut se modeler, c'est-à-dire les éléments qu'il désire retenir. Au départ, de nombreuses données ont été collectées. Cependant, toutes ne sont pas essentielles. Il est donc nécessaire d'élaguer ces dernières, de se débarrasser de celles qui ne sont pas pertinentes.

3ᵉ partie : l'organisation des composantes ou des compétences à modéliser

Il importe, à ce stade-ci, de hiérarchiser les composantes des compétences sur lesquelles le sujet veut se modeler. Une fois que ces composantes ont été obtenues, il s'agit de les ordonner, d'établir des liens entre elles, ainsi que la séquence dans laquelle elles se réalisent.

4e étape : la vérification du modèle

La modélisation est maintenant prête à être transférée ou enseignée. Le succès de cette démarche peut être mesuré par la capacité des élèves à reproduire les compétences en cause ou par l'obtention de résultats identiques à ceux du modèle. Dans ce cas, la modélisation est complète. Par contre, si certaines informations manquent, il sera nécessaire de retourner à l'expert afin d'acquérir celles-ci.

5e étape : la généralisation du modèle

Une fois les composantes du modèle précisées, vérifiées et révisées, le modèle s'avère complet et conforme aux critères que le sujet s'est donnés au départ. Il possède alors un modèle pur, capable de produire des résultats à la fois efficaces et de qualité susceptibles d'être transférés.

Dans le cas où l'enseignant désire enseigner ce modèle ou le transférer à un plus grand nombre d'élèves, il doit tenter de généraliser ce processus de modélisation. Cependant, en généralisant le contenu du processus, il risque d'en atténuer la force et l'effet. Il n'en tient qu'à lui, alors, d'évaluer la pertinence et l'application du modèle créé, dans le contexte des contraintes scolaires telles que le nombre d'élèves, leur âge, ainsi que leurs capacités physiques et mentales.

6e étape : le programme de formation

Lorsque le modèle satisfait à tous les critères sélectionnés, il est possible d'élaborer un programme de formation à partir des informations collectées. Celui-ci permettra de développer les compétences désirées. L'enseignant peut rédiger un tel programme avec ou sans l'aide des élèves ou du personnel enseignant et non enseignant, qu'on appelle l'équipe-école. Par exemple, au sujet du développement de compétences en mathématiques, l'enseignant pourrait demander aux élèves : « Qu'est-ce que vous devriez faire pour être aussi bons qu'Albert Einstein en mathématiques ? »

Dans une classe du primaire, afin d'aider les élèves en difficulté et d'autres élèves qui éprouvent certains problèmes, l'enseignant peut utiliser la technique de la modélisation avec le groupe entier et lui poser la question précédente. En premier lieu, il fractionnera le groupe en équipes de quatre élèves. Celles-ci souligneront les caractéristiques d'Albert Einstein. Leurs remarques s'appuieront sur une recherche approfondie. Par la suite, une plénière permettra au groupe-classe de prendre connaissance des informations provenant de chacune des équipes. Un modèle plus général englobant les recherches de toutes les équipes sera alors mis au point. Ce modèle permettra d'élaborer un programme de formation adapté au transfert des compétences et des qualités souhaitées. Les élèves pourraient concevoir ce programme de formation avec le soutien de l'enseignant, qui ferait alors office de consultant pédagogique.

La fiche 27 de l'enseignant vous invite à appliquer le processus de modélisation. Quant à la fiche 5 de l'élève (*voir la page 196*), elle permettra à celui-ci de faire le même exercice.

Nom : ______________________ **Date :** ______________

Fiche 27 de l'enseignant

Le processus de modélisation

À partir de votre propre vie, de celle d'un ami ou d'une situation vécue avec un élève, appliquez le processus de modélisation.

Étape	Réponse
1re étape : la sélection de l'expert	
2e étape : la mise au jour du comportement de l'expert a) La tâche de l'expert	
b) L'observation de l'expert • La modélisation interne • La modélisation externe	
3e étape : la construction du modèle provisoire a) L'organisation des informations	
b) La détermination des éléments critiques du comportement	
c) L'organisation des composantes ou des compétences à modéliser	
4e étape : la vérification du modèle	
5e étape : la généralisation du modèle Commentaires :	
6e étape : le programme de formation	

Commentaires généraux :

____

____

Nom : ______________________ Date : ____________

Fiche 5 de l'élève

Le processus de modélisation

À partir des indications de ton enseignant, construis la modélisation d'un expert.

Étape	Réponse
1re étape : la sélection de l'expert	
2e étape : la mise au jour du comportement de l'expert a) La tâche de l'expert	
b) L'observation de l'expert • La modélisation interne • La modélisation externe	
3e étape : la construction du modèle provisoire a) L'organisation des informations	
b) La détermination des éléments critiques du comportement	
c) L'organisation des composantes ou des compétences à modéliser	
4e étape : la vérification du modèle	
5e étape : la généralisation du modèle Commentaires :	
6e étape : le programme de formation	

Commentaires généraux :

____

____

La modélisation par contrastes

Il se dégage de ce que nous avons vu jusqu'à présent qu'une personne peut se modeler sur un expert, sur son comportement, sur ses attitudes, etc. Elle peut également se modeler sur un contexte. La **modélisation par contrastes** est une technique qui permet de modéliser les deux situations : l'expert et le contexte. Pour ce faire, il s'agit de recourir à une méthode d'analyse des contrastes en quatre étapes.

Modélisation par contrastes
Technique qui permet, au moyen d'une analyse des contrastes, de modéliser deux situations, soit l'expert et le contexte.

1re étape : les interrogations

Il s'agit de répondre à quelques questions qui aideront à cerner le contexte « efficace » et le contexte « non efficace », c'est-à-dire celui qui entraîne un défi ; le contexte peut être remplacé par un comportement ou un expert selon la situation à travailler. Ces interrogations s'effectuent facilement à l'aide d'un tableau sur lequel l'élève inscrit ses réponses ; celles-ci seront nécessaires à l'étape suivante.

Comme le montre le tableau 10.3, le questionnement commence avec la situation actuelle dans un contexte non efficace, puis il est repris, cette fois avec une mise en situation dans un contexte efficace.

2e étape : la comparaison

La deuxième étape de la modélisation par contrastes exige une comparaison des réponses qu'ont données les élèves dans les deux contextes, ce qui permettra de faire ressortir les différences.

Tableau 10.3 Le questionnement dans un contexte non efficace et dans un contexte efficace

Questionnement	Réponses dans un contexte	
	non efficace	efficace
« Quel est ton objectif ? »		
« Comment sais-tu que tu as atteint ton objectif ? »		
« Que dois-tu faire pour atteindre ton objectif ? »		
« Que fais-tu quand tu as atteint ton objectif ? »		
« De quelles compétences ou ressources as-tu besoin pour atteindre ton objectif ? »		

3e étape : la transposition

À la lumière des différences observées, l'enseignant transpose les données du contexte efficace dans le contexte inefficace. Il s'agit alors de réévaluer la situation et de s'adapter en conséquence. La question « qu'arriverait-il si... ? » facilite cette adaptation.

4e étape : l'application

À partir du moment où l'élève prend conscience des éléments qui lui sont nécessaires pour adopter un comportement dans un contexte efficace, il s'agit de déterminer les ressources qui lui permettront d'atteindre ses objectifs.

Voici un exemple de modélisation par contrastes. Un élève ne fait pas ses devoirs, même s'il sait bien qu'il est important de les faire. Signalons que les interventions qui suivent sont des réponses suggérées.

a) Les interrogations

Pour cette situation où un élève ne fait pas ses devoirs, le tableau 10.4 présente le questionnement s'appliquant au contexte non efficace et au contexte efficace.

b) La comparaison

À partir du portrait que l'enseignant a tracé avec ses élèves, celui-ci peut trouver les différences et les similitudes entre le contexte non efficace et le contexte efficace. Dans l'exemple précédent, l'objectif souhaité et l'objectif réel de l'élève ne concordaient pas. Dans ce cas, il faudra mettre en place un comportement plus approprié. Ce comportement a déjà été dégagé par l'élève : « Je fais mes devoirs avant d'écouter de la musique. » L'étape suivante consiste à voir l'élève adopter ce nouveau comportement.

c) La transposition

À ce stade, il est intéressant de questionner l'élève sur ce qui arriverait s'il se produisait tel fait. Ce cadre conditionnel permet de trouver des solutions. L'enseignant pourra poser cette question à l'élève en prenant un énoncé du contexte efficace et en le transposant dans le contexte non efficace :

- « Qu'arriverait-il si tu réussissais tes mathématiques et si tu écoutais de la musique ? »
- « Qu'arriverait-il si tes résultats en mathématiques étaient meilleurs, tout en écoutant de la musique et en sachant que tes parents sont contents ? »
- « Qu'arriverait-il si tu faisais tes devoirs immédiatement tout en écoutant de la musique ? »

d) L'application

Maintenant, l'enseignant et l'élève discutent afin de découvrir les compétences et les ressources dont ce dernier a besoin et d'établir la marche à suivre. Pour cela, l'enseignant posera à l'élève des questions de plus en plus précises.

L'enseignant : « De quoi as-tu besoin pour pouvoir faire tes devoirs et écouter de la musique ? »

Tableau 10.4 Exemples de réponses lors d'une modélisation par contrastes

Questionnement	Réponses dans un contexte	
	non efficace	efficace
« Quel est ton objectif ? »	« Je veux écouter de la musique. »	« Je veux réussir mes maths. »
« Comment sais-tu que tu as atteint ton objectif ? »	« J'écoute de la musique. » « Mes parents sont en colère. » « Mes notes sont très mauvaises. »	« Mes résultats sont meilleurs. » « Mes parents sont contents de moi. »
« Que dois-tu faire pour atteindre ton objectif ? »	« Je me dis que je ferai mes devoirs après avoir écouté de la musique, mais j'oublie de les faire. »	« Je fais mes devoirs avant d'écouter de la musique. »
« Que fais-tu quand tu as atteint ton objectif ? »	« Je suis content d'écouter de la musique, mais je me sens mal parce que je n'ai pas fait mes devoirs. »	« Je suis content. » « J'ai de bonnes notes en maths et je vais me faire plaisir en écoutant la musique que je préfère. »

L'élève : « J'ai besoin de mes livres et de mon baladeur. »

L'enseignant : « Comment vas-tu t'y prendre pour faire tes devoirs et écouter de la musique ? »

L'élève : « Je vais faire mes devoirs en rentrant de l'école et écouter de la musique en même temps, tout en demeurant concentré. »

La fiche 28 de l'enseignant (*voir la page 200*) vous donnera l'occasion d'appliquer la technique de modélisation par contrastes.

La métaphore : pour communiquer autrement

Les films d'action ou de suspense, comme *Star Wars*, *Star Trek*, *Indiana Jones* ou *Harry Potter*, exercent une fascination sur les jeunes. Ces derniers aiment s'identifier à un personnage aux pouvoirs illimités. Toutefois, ce personnage poursuit une quête. De tout temps, les contes ont fait appel à l'imaginaire pour permettre à l'individu de comprendre, d'apprendre et de résoudre les problèmes de la vie.

La métaphore est « un procédé par lequel on attribue à une personne ou à une chose un nom qui lui convient par une comparaison sous-entendue, une analogie » (Dufour, 1993, p. 23). Il est possible de construire des contes ou

Nom : ______________________________ Date : ________________

Fiche 28 de l'enseignant

La modélisation par contrastes

À partir de votre propre vie, de celle d'un ami ou d'une situation vécue avec un élève, appliquez la technique de modélisation par contrastes.

Contexte : ______________________________

____

Questionnement	Réponses dans un contexte	
	non efficace	efficace
« Quel est ton objectif ? »		
« Comment sais-tu que tu as atteint ton objectif ? »		
« Que dois-tu faire pour atteindre ton objectif ? »		
« Que fais-tu quand tu as atteint ton objectif ? »		
« De quelles compétences ou ressources as-tu besoin pour atteindre ton objectif ? »		

Commentaires :

____

____

____

____

____

des métaphores adaptés à une situation précise dans laquelle des élèves ont une difficulté à surmonter. Afin que la métaphore atteigne le but visé, elle doit respecter certaines règles. Le langage, qui constitue la clé de la métaphore, est choisi avec soin, dans une séquence qui guidera l'élève à qui est destiné le conte pour apporter un changement positif chez lui.

La perception individuelle du réel, soit le modèle du monde, se bâtit peu à peu au fil des expériences de vie. Tout apport nouveau au modèle du monde nécessite un réajustement. La métaphore utilisée pour exercer une influence permet l'ouverture sur de nouvelles possibilités. Cependant, si l'histoire est trop éloignée de la structure profonde du récepteur, il y a de fortes chances que celui-ci ne s'y intéresse pas. C'est pourquoi il est nécessaire d'élaborer une structure de référence permettant de donner un sens concret à la métaphore, de la rattacher à une expérience.

L'évocation produite par la métaphore est le processus par lequel une personne fait une découverte provenant de sa structure interne et de son expérience subjective. Elle accède de cette façon à un état qui émerge de l'inconscient et s'installe dans le conscient. Dans la majorité des cas, il ne s'agit pas tant de nouvelles informations que d'une nouvelle vision de la réalité.

Toutes les métaphores sont utilisées dans un but de synchronisation pour mener la personne qui écoute vers un état, un comportement ou une émotion choisis à l'avance. Les métaphores sont des symboles ou des analogies permettant d'associer des idées et ainsi de comprendre, en renvoyant à une expérience de vie, un ou plusieurs éléments jusqu'alors insaisissables. En plus de refléter la compréhension de certains aspects de la vie, les métaphores sont un moyen privilégié de passer consciemment un message. Elles permettent d'exprimer des concepts qui, autrement, seraient difficilement compris. La figure 10.2 de la page 202 présente quelques-uns des avantages de l'utilisation de la métaphore.

Les métaphores peuvent prendre de nombreuses formes, en fonction de l'effet recherché, du contenu à transmettre, du temps disponible ou de l'interlocuteur (le lecteur ou la personne qui écoute). Le tableau 10.5 de la page 203 en propose quelques-unes, allant de la forme métaphorique la plus simple à la forme métaphorique la plus complexe.

La métaphore individuelle

La métaphore individuelle est utilisée pour décrire les états et les sentiments d'une personne. L'effet des métaphores d'une personne sur son état intérieur est important. Ces métaphores individuelles consistent en des représentations des aspects de la vie d'une personne qui lui collent à la peau. Elles symbolisent ce qu'elle croit être ou ce à quoi elle s'associe. Pour cette raison, elles sont très

Figure 10.2 **Les effets bénéfiques de la métaphore**

- Elle sème des idées.
- Elle suggère des solutions, tout en évitant de créer des résistances.
- Elle redéfinit une situation en la plaçant dans un nouveau contexte.
- Elle développe une ressource.
- Elle favorise de nouvelles façons de penser, de sentir et de réagir.
- Elle facilite l'acquisition d'informations.
- Elle favorise un climat de détente.
- Elle engendre une nouvelle manière d'écouter.
- Elle fait apparaître de multiples connexions entre les choses.
- Elle stimule la réflexion.
- Elle fournit une structure permettant d'établir de nouvelles associations d'idées.
- Elle facilite l'accès à un état émotionnel ou à une attitude.
- Elle permet de créer une relation positive entre la personne qui conte et celle qui écoute.
- Elle permet de tester ou de vérifier la réponse de la personne aux idées qui lui sont suggérées.
- Elle respecte l'écologie (*voir le chapitre 2*) de l'individu, ses systèmes interdépendants.
- Elle véhicule des éléments cachés que seul l'inconscient peut repérer et utiliser.

importantes et donnent de bons indices des motivations d'une personne. Néanmoins, si certaines métaphores individuelles peuvent propulser la personne vers de nouveaux accomplissements (par exemple: «Je suis chargé à bloc»), d'autres ont pour effet de la limiter (par exemple: «Je me heurte toujours à un mur»).

L'enseignant pourra présenter à ses élèves des métaphores individuelles déterminant à l'avance l'effet souhaité de l'identification. Ainsi, il pourra dire: «Tu es une star», «Tu es fort comme Popeye» ou «Tu es un champion».

Lorsque l'enseignant veut amener ses élèves à adopter un nouveau comportement ou leur inculquer un nouveau concept, il peut exploiter une métaphore déjà existante qui a un rapport avec son but, comme le cheminement de Harry Potter dans son entraînement de sorcier. De même, il peut construire une métaphore inédite au bénéfice d'un élève en particulier ou de toute la classe. La construction de cette métaphore peut s'inscrire dans un projet pédagogique entrepris par l'enseignant, un élève ou toute la classe.

Tableau 10.5 Les différents types de métaphores

Type de métaphore	Définition	Exemples
Image	Expression qui change de contexte, donc de sens.	• Voir des étoiles • Être bouche bée
Comparaison	Image qui contient un élément de rapprochement, d'association.	• Un enfant sage comme une image • Gai comme un pinson • « Cet enfant est une vraie petite bombe. »
Proverbe	Vérité qui découle de l'expérience et de la sagesse populaire ; le proverbe est commun à un groupe socioculturel et s'exprime généralement par une formule imagée.	• Chat échaudé craint l'eau froide. • L'enfer est pavé de bonnes intentions.
Anecdote et citation	Relation d'événements vécus par d'autres et repris, entre guillemets, par l'auteur du discours ou du texte.	• « Comme disait l'enseignant de sciences de l'année dernière… » • « Un tel disait que… »
Mythe et conte	Récit fabuleux, souvent d'origine populaire, qui met en scène un héros incarnant des forces de la nature ou des aspects de la condition humaine.	• Les contes de fées • Les *Fables* de La Fontaine
Récit, parabole et histoire	Formes métaphoriques les plus complètes et les plus complexes ; pour qu'elles aient une résonance chez un interlocuteur, elles doivent adopter des formes semblables à la réalité vécue par celui-ci.	• Les paraboles de Jésus • *Star Wars* • *Star Trek* • Les aventures d'*Indiana Jones* • Les aventures de *Harry Potter*

La technique de construction d'une métaphore

La construction de la métaphore s'appuie sur une démarche en trois étapes.

- **1re étape :** la recherche d'informations sur le problème à résoudre

L'enseignant observera les élèves et veillera à repérer leur état interne, leurs comportements, leurs croyances, leurs stratégies mentales, ainsi que les relations qu'ils entretiennent et l'environnement dans lequel ils évoluent. Par la suite, il relèvera les caractéristiques de l'**état actuel** des élèves, qui pose problème. Puis il spécifiera l'**état désiré** et les ressources des élèves en relation avec leurs habiletés et leurs compétences.

- **2e étape :** la construction proprement dite de la métaphore

Lorsque tous les éléments de la problématique auront été relevés, l'enseignant commencera à rédiger une métaphore appropriée à cette situation. Cette métaphore, qui sera plus ou moins élaborée, s'adaptera aux élèves en question.

État actuel

État dans lequel se trouve l'élève au moment de l'application d'une technique donnée. La description de cet état nécessite le recours au mode sensoriel dominant et la détermination des ressources que possède l'élève.

État désiré

État dans lequel se trouverait l'élève lorsqu'il aurait atteint ses objectifs. La description de cet état nécessite le recours au mode sensoriel dominant et la détermination des ressources que l'élève devrait posséder au moment de l'atteinte de ses objectifs.

Durant la rédaction de la métaphore, l'enseignant aurait intérêt à considérer les éléments suivants afin d'atteindre l'effet désiré :

- La rapport : choisir le contexte qui convient à l'élève et le synchroniser avec son modèle du monde.
- La ressemblance : établir des liens entre la situation problématique, les élèves, les personnages de la métaphore et l'environnement de celle-ci.
- Les ressources : introduire les ressources nécessaires au changement.
- La résolution : utiliser des ressources pour résoudre les difficultés et pour atteindre l'état désiré.

Le célèbre mythologue américain Joseph Campbell (1988) avance que toutes les métaphores ont certains éléments communs : un personnage principal qui doit surmonter des obstacles dans une quête, un compagnon de voyage qui sert souvent de conseiller (sa conscience), un magicien qui procure au héros des ressources et des pouvoirs, des adversaires coriaces et des étapes initiatiques qui amènent le héros à réaliser sa quête. Le tableau 10.6 présente deux exemples du contenu d'une métaphore à partir des films *Star Wars* et des livres *Harry Potter*.

- **3e étape :** l'intégration de la métaphore

Afin d'amener l'élève à intégrer la métaphore dans sa vie, l'enseignant pourra adopter la démarche qui suit :

- Il déterminera chez l'élève l'état actuel et l'état désiré.
- Il choisira une métaphore déjà existante ou construira une nouvelle métaphore.
- Il demandera à l'élève de choisir un personnage de la métaphore auquel il s'identifie.
- Il déterminera les ressources nécessaires à l'élève pour la résolution du problème dans la métaphore. (Tout au long du récit, l'enseignant pourra lui demander : « De quelles ressources as-tu besoin pour atteindre… (nommer l'objectif) ? »)
- Il utilisera toute information provenant du mode sensoriel dominant de l'élève, de ses croyances, de sa gestuelle, et ainsi de suite.
- Il utilisera un langage d'influence (*voir le chapitre 7*).
- Il conclura l'histoire par une victoire.

À l'aide de cartons (*voir la figure 10.3*), l'enseignant peut faire déplacer l'élève sur le sol durant le récit de la métaphore. Il lui demandera d'adopter différentes positions, ce qui amènera l'élève à intérioriser les états correspondant aux ressources. Les ressources s'ancreront d'abord dans la résolution du problème du héros, puis dans la résolution du problème du jeune.

Cet enchaînement d'ancres concentre toutes les ressources dans l'espace de l'état désiré, ce qui favorise du même coup un état interne constructif. Des accessoires supplémentaires, comme des capes ou des épées, peuvent augmenter le réalisme de la métaphore.

Tableau 10.6 Les composantes d'une métaphore

Élément	*Star Wars*	*Harry Potter*
Personnage principal	Luke Skywalker	Harry Potter
Compagnons	• R2D2 • C3PO	• Ron Weasley • Hermione Granger
Quête (problématique)	• Retrouver ses origines. • Contrôler la Force.	Devenir un sorcier compétent.
Adversaire	Darth Vader	Voldemort
Ressources	• Concentration • Force de caractère • Engagement • Persévérance • Intelligence • Perspicacité, etc.	• Concentration • Force de caractère • Engagement • Persévérance • Intelligence • Perspicacité, etc.
Obstacles	• Les troupes de l'Empire • L'Empereur • Jabba the Hutt	• Des études ardues • Malefoy et ses acolytes • Voldemort dans différentes incarnations
Magiciens	• Obi Wan Kenobi • Yoda	• Dumblemore • Hagrid
Étapes initiatiques	1. Rencontre avec Obi Wan Kenobi et entraînement 2. Entraînement dans les forces rebelles 3. Destruction de l'Étoile Noire 4. Réconciliation avec son père, etc.	1. Entraînement année après année 2. À la fin de chaque livre, maîtriser des épreuves scolaires. 3. Obtenir du succès au Quidtich. 4. Provoquer la déchéance de l'ennemi.

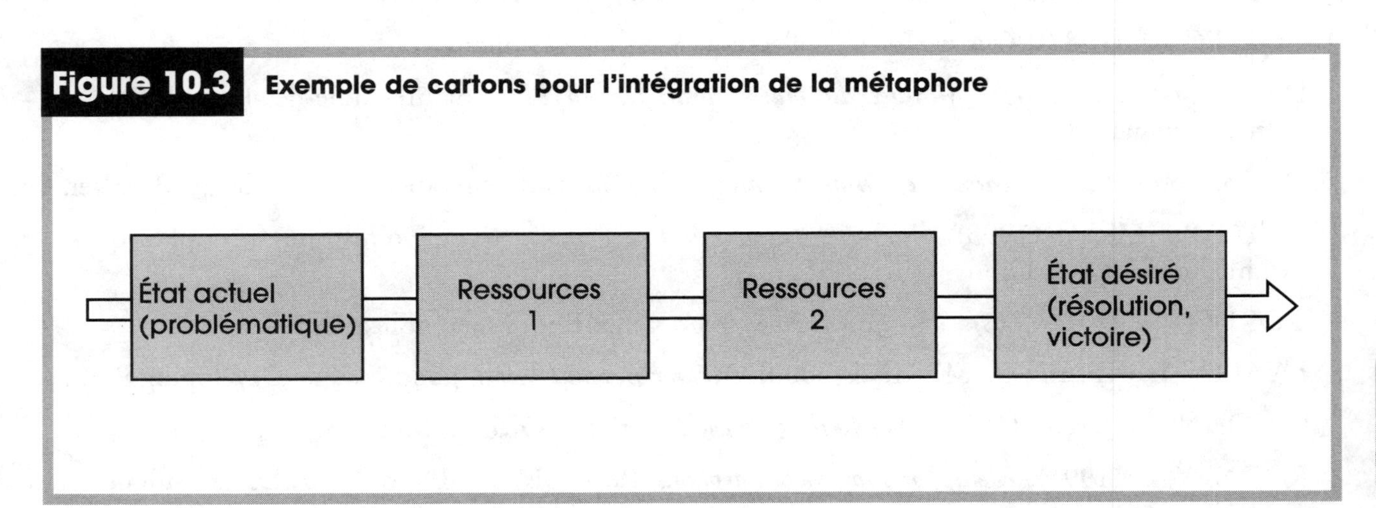

En bref…

- La modélisation permet de mettre au jour les éléments critiques du processus de pensée, les croyances, les valeurs, les attitudes, ainsi que les comportements d'un expert, et de transférer ces éléments critiques à d'autres personnes au moyen d'un programme de formation.
- La modélisation comprend quatre variables : les croyances aidantes, les valeurs, les stratégies mentales et le langage corporel.
- Le processus de modélisation comporte six étapes : la sélection de l'expert, la mise au jour du comportement de l'expert, la construction du modèle provisoire, la vérification du modèle, la généralisation du modèle et le programme de formation.
- La technique de modélisation par contrastes comporte quatre étapes : les interrogations, la comparaison, la transposition et l'application.
- La modélisation par contrastes est une technique qui peut porter autant sur un expert que sur un contexte.
- La métaphore est un ensemble de mots et de phrases utilisés dans un nouveau contexte, dont les symboles permettent de mieux saisir des concepts ou des notions préétablis.
- La métaphore peut être utilisée comme ancrage.

Pour en savoir plus

BERRY, Joy (1984). *Parlons de…*, collection, Montréal, Grolier.

CAMPBELL, Joseph (1988). *The Power of Myth with Bill Moyers*, New York, Doubleday.

COLLECTIF (1980). *Un bon exemple de… (un modèle) raconté aux enfants*, Montréal, Grolier.

COLLECTIF (1982). *Livre-Loisirs*, collection, Montréal, Grolier. (Exemples d'ouvrages de cette collection : *Le guide des jeunes consommateurs, Fais-toi une idée, Télé-choix.*)

COLLECTIF (1989). *Que signifie…*, collection, Montréal, Grolier.

DAVID, Isabelle (2003). *Manuel du maître praticien en PNL*, Sainte-Anne-des-Lacs, IDCOM International.

DILTS, Robert (1996). *Mozart et Disney : stratégies du génie*, Paris, Méridienne et Desclée de Brouwer.

DUFOUR, Michel (1993). *Allégories pour guérir et grandir*, recueil d'histoires métaphoriques, Chicoutimi, Les Éditions JCL.

GORDON, David (1978). *Therapeutic Metaphore*, Cupertino, Metapublications.

LAWLEY, J., et Penny TOMPKINS (2000). *Métaphores and Mind*, Londres, The Developing Press.

O'CONNOR, Joseph (1987). *Not Pulling Strings*, Portland, Oregon, Metamorphous Press.

ROONEY, E. (1991). *Metaphores for Metamorphosis*, Reynoldsburg, Ohio, L.E.A.D. Consultants.

Conclusion

Dans les pages précédentes, nous avons présenté quelques tonalités qui font partie de l'orchestre de la programmation neurolinguistique. Ces expressions musicales sont autant de portées qui visent à faciliter la construction d'une communication efficace.

Les techniques de la PNL ne sont pas les solutions miracles de toute situation conflictuelle ou problématique. La PNL peut compléter et rehausser le « gros bon sens ». L'utilisation de la PNL et l'intégration de ses présupposés dans le quotidien permettent d'obtenir une flexibilité et une adaptabilité plus grandes dans le respect des différentes nuances de l'être humain. La PNL constitue également un excellent outil d'intervention scolaire axé sur les solutions à apporter aux problèmes.

Par ailleurs, la PNL est dynamique ; elle n'est pas ancrée dans son passé ou attachée à un répertoire clos de techniques. Elle est en constante évolution, comptant sur de nouveaux outils et approches qui visent à rendre les interventions plus précises et plus utiles. Dans cet ouvrage, nous avons décrit quelques-unes des techniques éprouvées en classe, mais il en existe bien d'autres. La PNL est riche d'applications diverses, car chacun peut l'adapter à ses besoins et à son contexte. Nous espérons que vous vous servirez de la PNL comme d'une approche de changement dans le respect de l'intégrité des élèves.

Il est important de contribuer à l'épanouissement des jeunes et de leur offrir tout le soutien nécessaire à leur croissance physique, psychique et intellectuelle. Il s'agit pour nous, intervenants scolaires et parents, de munir notre orchestre des meilleurs instruments et partitions, soit les outils et les techniques de la PNL, et, bien entendu, de nous en servir judicieusement afin de les transmettre aux prochaines générations.

Bon succès !

Isabelle David

France Lafleur

Johanne Patry

Pour nous joindre

Écrivez-nous ou faites-nous parvenir par courrier électronique vos commentaires et vos suggestions. Sentez-vous libre de partager avec nous vos expériences.

Isabelle David : idcom@cgocable.ca

France Lafleur : France.lafleur@sympatico.ca

Johanne Patry : patryjo@videotron.ca

Glossaire

Ancrage
Association entre un stimulus et une réponse désirée. Les déclencheurs (ancres) sont liés aux différents modes sensoriels.

Ancre
Déclencheur, ou stimulus, qui, une fois activé, permet d'accéder à une information ou à un état désiré.

Attention
Métaprogramme qui traite de l'attitude d'une personne dans un contexte donné, attitude correspondant à des états subjectifs dirigés vers soi-même ou vers les autres.

Audible linguistique
Contenu linguistique, qui représente 7 % d'une communication. Il correspond au mode digital.

Audible paralinguistique
Langage non verbal constitué par les éléments sonores d'une communication, comme le rythme, le ton et le volume. Représentant 38 % d'une communication, il correspond au langage analogique.

Auditif (A)
Mode sensoriel qui utilise les sons pour collecter de l'information ou pour s'exprimer.

Auditif construit (A^c)
Processus par lequel des sons ou des mots sont construits lors de la recherche de l'information interne.

Auditif digital (A_d)
Processus par lequel une personne dialogue avec elle-même.

Auditif remémoré (A^r)
Processus par lequel des sons ou des mots sont remémorés lors de la recherche de l'information interne.

Calibrage
Technique de la PNL qui permet d'observer les différences entre deux situations ou états et d'en saisir les éléments de comparaison.

Champ
Métaprogramme qui précise les éléments environnementaux qu'une personne préfère et qui lui permettent de se sentir efficace et productive. Il détermine le type d'information (général ou spécifique) qui lui convient le mieux.

Charge émotive
Capacité que possède un mot donné de générer une émotion positive ou négative plus ou moins intense.

Choix
Métaprogramme qui détermine la facilité qu'a une personne à concevoir et à créer des orientations ou des processus (possibilité ou nécessité).

Classification
Métaprogramme qui précise comment une personne traite les éléments de l'environnement qu'elle perçoit à travers ses modes sensoriels et ses critères (gens, choses, tâches ou information).

Conformiste
Niveau 4 du système de valeurs de Graves. Il est basé sur les notions du bien et du mal, qui procurent au monde ordre et stabilité. Le monde est déterministe, logique et ordonné ; il est formé par des êtres, des idées, des objets et des événements qui appartiennent à des catégories bien distinctes.

Congruence
Équilibre parfait entre les différents canaux de communication, soit les mots exprimés, les mouvements du corps et le ton de la voix.

Conseil de coopération
Lieu de gestion visant à développer des habiletés sociales et de coopération, ainsi qu'à inculquer des droits collectifs et individuels.

Conséquence logique
Tout effet résultant d'une action précise. La personne est renseignée de ce qui lui arrivera si une action donnée est entreprise.

Décision
Métaprogramme qui détermine comment une personne rassemble l'information selon un processus de collecte de l'information (vue, audition, lecture, action) et ce qui la pousse à agir sur cette information selon un processus de conviction (nombre d'exemples, automaticité, continuité, période de temps).

Déclenchement
Métaprogramme qui détermine la rapidité avec laquelle une personne agit et la manière dont elle réagit.

Direction
Métaprogramme qui détermine comment une personne trouve sa motivation (inclusion ou exclusion).

Distorsion
Processus de communication qui associe des éléments d'information modifiés les uns par rapport aux autres.

Écologie
« Étude des milieux où vivent les êtres vivants, ainsi que des rapports de ces êtres entre eux et avec leur milieu » (*Le petit Robert*).

Effet placebo
Effet généré chez une personne, qui a été causé par une intervention virtuelle remplaçant une intervention réelle. Par exemple, en pharmacologie, un comprimé neutre est administré comme antidouleur à un patient, mais il est présenté en tant que médicament éprouvé. Le patient, en raison de ses croyances en l'effet du médicament, est soulagé de la douleur.

Effet Rosenthal
Aussi appelé « effet Pygmalion ». « Effet que les opinions, les points de vue, les attentes, ainsi que les préjugés théoriques et pratiques d'un expérimentateur, d'un intervieweur, d'un professeur ou d'un thérapeute exercent sur la performance des sujets, même lorsque des préjugés, des attentes, etc., ne sont pas explicites » (Legendre, 1993).

Égocentrique

Niveau 3 du système de valeurs de Graves. La personne cherche à acquérir assez de pouvoir pour satisfaire ses besoins. Elle est prête à combattre ses ennemis, réels ou imaginaires. Elle est souvent affirmative et sûre d'elle-même ; elle peut aussi être impulsive et centrée sur l'action.

État actuel

État dans lequel se trouve l'élève au moment de l'application d'une technique donnée. La description de cet état nécessite le recours au mode sensoriel dominant et la détermination des ressources que possède l'élève.

État désiré

État dans lequel se trouverait l'élève lorsqu'il aurait atteint ses objectifs. La description de cet état nécessite le recours au mode sensoriel dominant et la détermination des ressources que l'élève devrait posséder au moment de l'atteinte de ses objectifs.

Expérience primaire

Résultat de la collecte de l'information faite à travers les cinq sens et emmagasinée dans la mémoire.

Expérience subjective

Fait ou événement tel qu'il est perçu par un individu.

Filtre

Croyance, valeur, métaprogramme et expérience passée d'un individu.

Généralisation

Processus de communication qui applique à un ensemble général un contexte spécifique.

Gustatif (G)

Mode sensoriel qui utilise le goût pour collecter de l'information ou pour s'exprimer.

Incongruence

Présence de messages provenant de plusieurs canaux d'information et comportant des données contradictoires ou conflictuelles.

Incongruence séquentielle

Emploi de mots charnières liés à une distorsion, tels que « mais » et « sauf que ».

Incongruence simultanée

Divergence simultanée entre les mots et les divers éléments du langage non verbal.

Intention positive

Selon le contexte, but pour lequel une personne possède un désir de réussite ou d'accomplissement en liaison avec les objectifs qu'elle s'est fixés.

Kinesthésique (K)

Mode sensoriel qui utilise les émotions et les mouvements du corps pour collecter de l'information ou pour s'exprimer. De plus, processus par lequel les émotions sont vécues ou remémorées lors de la recherche de l'information interne.

Langage d'influence

Mots et phrases qui visent à agir sur l'auditeur en ayant un effet sur ses représentations mentales.

Matérialiste

Niveau 5 du système de valeurs de Graves. Le monde est riche en ressources permettant aux personnes d'actualiser leur potentiel ; ces dernières sont organisées et méthodiques.

Métacommunication

Connaissance que l'on possède de ses propres processus de communication. La personne qui communique est alors dans une position de dissociation par rapport à la communication.

Métamessage

Message réel qui est transmis de façon inconsciente.

Métamodèle

Outil linguistique, en liaison avec l'expression, permettant de reconnaître le processus qu'utilise une personne dans ses énoncés.

Métaphorique

Qui se rapporte à la métaphore, utilise des symboles.

Métaprogramme

Filtre le plus ancré dans l'inconscient. Il sert à motiver et à trier l'information. Variant selon le contexte, il influe sur les comportements.

Mode sensoriel

Une modalité des représentations sensorielles ; celle-ci peut être visuelle, auditive, kinesthésique, olfactive ou gustative.

Modèle du sandwich

Modèle de communication qui permet de donner une rétroaction. Ce modèle comporte trois étapes : un énoncé spécifique positif, un énoncé sur le comportement à corriger et un énoncé général constructif.

Modélisation

Technique par lequel on peut mettre au jour les éléments essentiels du processus de pensée, des croyances, des valeurs, des attitudes, ainsi que des comportements d'un expert, de même que transférer à d'autres personnes ces éléments essentiels au moyen d'un programme de formation structuré.

Modélisation par contrastes

Technique qui permet, au moyen d'une analyse des contrastes, de modéliser deux situations, soit l'expert et le contexte.

Mouvement oculaire

Mouvement des yeux dans une certaine direction, lequel permet de découvrir le mode d'encodage de l'information et de différencier une expérience construite d'une expérience remémorée.

Non-audible paralinguistique

Langage corporel, qui représente 55 % d'une communication. Il correspond au mode analogique.

Olfactif (O)

Mode sensoriel qui utilise les odeurs pour collecter de l'information ou pour s'exprimer.

Orientation temporelle

Métaprogramme qui permet de préciser l'origine des références personnelles, c'est-à-dire si une personne préfère agir en fonction du passé (ce qu'elle a déjà fait), du présent (ce qu'elle est en train de faire) ou du futur (ce qu'elle fera).

Paramessage

Message provenant du langage non verbal.

Prédicat
Mot ou expression spécifique favorisé par un mode sensoriel donné.

Prédiction créatrice
Aussi appelée « prophétie autoréalisante ». Attente qu'un comportement ou un événement se produise, qui accroît la probabilité que ce comportement ou cet événement se réalise effectivement.

Présentation de l'information
Métaprogramme qui renseigne sur la façon dont une personne rapporte l'information ou décrit une situation (description, interprétation ou évaluation).

Présupposé
Croyance sur laquelle s'appuient la mise au point et l'application de diverses techniques; principe de base de la PNL.

Rapport
1. Métaprogramme qui précise la manière dont une personne s'adapte à un modèle proposé, à une nouvelle situation (ressemblance ou différence); 2. Technique de synchronisation qui consiste pour une personne à effectuer un ensemble d'ajustements corporels et verbaux faisant en sorte que les gens la perçoivent comme étant semblable à eux.

Réactif
Niveau 1 du système de valeurs de Graves. L'attention et l'énergie de la personne sont centrées sur la satisfaction de ses besoins fondamentaux (se nourrir, se vêtir, se loger, se protéger, se déplacer et communiquer), afin d'assurer sa survie.

Recadrage
Technique qui permet à une personne de modifier ses émotions et ses pensées liées à une expérience et de changer une expérience jugée négative en une expérience positive, ou encore de la neutraliser.

Réaction au stress
Métaprogramme qui permet de prédire comment une personne réagira à une situation stressante (état émotif, état émotif/non émotif ou état non émotif).

Recadrage de croyances conversationnel
Technique qui permet de changer une croyance au moyen d'un échange verbal.

Recadrage des parties conflictuelles
Technique permettant de repérer des incongruences entre le langage verbal et le langage non verbal.

Recadrage du comportement
Technique par laquelle un plus grand choix de comportements est offert à l'élève lorsqu'il a à agir dans une situation donnée.

Recadrage du contenu
Technique par laquelle la signification d'une expérience est modifiée.

Recadrage du contexte
Technique par laquelle un comportement inapproprié est placé dans un autre contexte, où ce comportement devient utile.

Règles
Métaprogramme qui détermine les états subjectifs internes d'une personne et qui révèle ses attitudes dans un contexte donné. Il précise si une personne adopte des règles et des convictions par rapport au comportement qui lui paraît le plus approprié pour elle-même et pour les autres (catégories oui-oui, non-oui et oui-non).

Relation
Métaprogramme qui permet de préciser le genre de rapport de travail qu'une personne privilégie (indépendante, membre d'une équipe ou responsable).

Rétroaction
Dans le contexte scolaire, comportement ou commentaire constituant une réaction à un événement ou à une situation. Cette réaction est généralement sous forme verbale.

S'associer
S'absorber dans un événement, une situation ou une expérience; être en contact direct avec ses émotions.

Sélection
Processus de communication qui centre l'attention sur une partie de l'information seulement.

Sociocentrique
Niveau 6 du système de valeurs de Graves. L'énergie de chaque personne est dirigée vers le groupe, la communauté, de façon que chacun obtienne sa juste part et atteigne la prospérité. Les personnes mettent l'accent sur les rapports interpersonnels et sociaux, centrés sur le « je » et le « nous ».

Source
Métaprogramme qui détermine l'origine (interne ou externe) de la motivation d'une personne.

Stratégie mentale
Séquence de représentations internes, sous forme d'images, de sons et de sensations, qui ont pour effet de générer un comportement efficace.

Structure de surface
Expérience racontée par une personne.

Structure profonde
Expérience réelle d'une personne sur le plan sensoriel.

Système de représentation sensoriel
Système qu'utilise l'individu pour collecter de l'information et pour s'exprimer. Ce système comprend les modes sensoriels visuel, auditif, kinesthésique, olfactif et gustatif.

Système de valeurs de Graves
Système établi par Clare Graves, qui comprend huit niveaux de valeurs. Ces valeurs peuvent être appliquées à une personne, à une société, à une civilisation ou à l'humanité dans son ensemble.

Systémique
Niveau 7 du système de valeurs de Graves. La personne concentre son énergie sur l'expression de soi, afin d'atteindre une liberté et une autonomie très grandes, sans pour autant le faire au détriment des autres.

Transdérivation

Technique linguistique qui permet de passer de la structure de surface à la structure profonde et qui mène à une expérience sélectionnée, distordue ou généralisée.

Transpersonnel

Niveau 8 du système de valeurs de Graves. Ce niveau est en voie d'émerger en réponse à des problèmes de coordination et de survie de la planète. La personne dirige son énergie à la fois vers elle-même et vers les autres dans l'espoir que la vie pourra se maintenir.

Tribal

Niveau 2 du système de valeurs de Graves. Le chef ou le leader régit tous les aspects de la vie des membres de sa famille, de son organisation ou de sa bande (gang). Le membre, quant à lui, remet sa vie entre les mains de son supérieur.

Valeur

Motivation ancrée dans l'inconscient qui pousse l'être humain à agir ou à réagir.

Visuel (V)

Mode sensoriel qui utilise les images pour collecter de l'information ou pour s'exprimer.

Visuel construit (V^c)

Processus par lequel des images sont construites lors de la recherche de l'information interne.

Visuel remémoré (V^r)

Processus par lequel des images sont remémorées lors de la recherche de l'information interne.

Bibliographie

ALLAWAY, David (juillet 2000). « NLP and motivation in schools: Doctoral research », *AnchorPoint Magazine*, vol. 14, nº 7, p. 32-39.

ASHBY, W.R. (1963). *An Introduction to Cybernetics*, New York, John Wiley and Sons.

BANDLER, Richard (1984). *Magic in Action*, Capitola, Meta Publications.
— (1995). *Un cerveau pour changer*, Paris, InterÉditions.

BANDLER, Richard, et John GRINDER (1975a). *The Structure of Magic I*, Palo Alto, Californie, Science & Behavior Books.
— (1975b). *Patterns of the Hypnotic Techniques of Milyon H. Erickson*, volume 1, Capitola, Meta Publications.
— (1976). *The Structure of Magic II*, Palo Alto, Californie, Science & Behavior Books.
— (1982a). *Les secrets de la communication*, Montréal, Le Jour.
— (1982b). *Reframing*, Moab, Utah, Real People Press.

BANDLER, Richard, John GRINDER et Virginia SATIR (1976). *Changing with Families*, Palo Alto, Californie, Science & Behavior Books.

BARTLETT, Frederick C. (1967). *Remembering: A Study in Experimental and Social Psychology*, Cambridge, Cambridge University Press.

BATESON, Gregory (1977). *Vers une écologie de l'esprit*, Paris, Éditions du Seuil.
— (1980). *Vers une écologie de l'esprit 2*, Paris, Éditions du Seuil.

BECK, D.E., et C.C. COWAN (1994). *Value Systems Reference Manual*, Oxford, Basil Blackwell Publishers.
— (1996). *Spiral Dynamics: Mastering Values, Leadership, and Change*, Malden, Massachusetts, Blackwell Business.

BERRY, Joy (1984). *Parlons de…*, collection, Montréal, Grolier.

BODENHAMER, Bobby G., et Michael HALL (1997). *Mind-lines: Lines for Changing Minds*, Colorado, E.T. Publications.

BROWN, A. (1987). « Metacognition, executive control, self-regulation, and other more mysterious mechanisms », dans F.E. Weinert et R.H. Kluwe, (dir.), *Metacognition, Motivation and Understanding*, New Jersey, Lawrence Erlbaum Associates, p. 65-115.

BULLA DE VILLARET, Hélène (1973). *Introduction à la sémantique générale de Korzybski*, Paris, Éditions Le Courrier du Livre.

CAMERON-BANDLER, Leslie, D. GORDON et M. LEBEAU (1985). *The Emprint Method. A Guide to Reproducing Competence*, Moab, Utah, Real People Press.

CAMPBELL, Joseph (1988). *The Power of Myth with Bill Moyers*, New York, Doubleday.

CANAL, Jean-Luc, Pascal PAPILLON et Jean-François THIRION (1994). *Les outils de la PNL à l'école*, Paris, Les Éditions d'Organisation.

CANFIELD, Jack (1982). *How to Build High Self-esteem: A Practical Process for Your Personal Growth*, Niles, Nightingale-Conant.
— (1989). *Self-esteem and Peak Performance*, cassette audio d'une conférence, Boulder, Colorado, CareerTYrack Publications.
— (1993). *101 Ways to Develop Student Self-esteem and Responsibility*, 2 vol., Massachusetts, Allyn and Bacon.

CAYROL, A., et J. DE SAINT-PAUL (1984). *Derrière la magie, la programmation neurolinguistique*, Paris, InterÉditions.

CHARVET, Shelle Rose (1999). *Le plein pouvoir des mots: maîtriser le langage d'influence*, Brossard, Éditions pour tous.

CHOMSKY, Noam (1969). *Le langage et la pensée*, Paris, Payot.
— (1977a). *Langue, linguistique, politique*, Paris, Flammarion.
— (1977b). *Réflexions sur le langage*, Paris, François Maspero.

COLLECTIF (1980). *Un bon exemple de… (un modèle) raconté aux enfants*, Montréal, Grolier.

COLLECTIF (1982). *Livre-Loisirs*, Montréal, Grolier. (Exemples d'ouvrages de cette collection: *Le guide des jeunes consommateurs, Fais-toi une idée, Télé-choix*)

COLLECTIF (1989). *Que signifie…*, collection, Montréal, Grolier.

CSIKSZENTMIHALYI, Mihaly (1993). *The Evolving Self: A Psychology for the Third Millennium*, New York, HarperCollins.

DAVID, Isabelle (octobre 1998). « Le langage qui fait du bien », *Lumière*, vol. 8, p. 55 ; http://www.idcominter.com.
— (février 1999). « L'influence des mots », *Lumière*, vol. 7, nº 6, p. 60 ; http://www.idcominter.com.
— (1999). *Être au cœur de la PNL*, Montréal, Quebecor.
— (2002). *Manuel du praticien en PNL*, Sainte-Anne-des-Lacs, IDCOM International.
— (2003). *Manuel du maître praticien en PNL*, Sainte-Anne-des-Lacs, IDCOM International.

DELOZIER, Judith (mars 1995). « Mastery, new coding and systemic NLP », *NLP World*, vol. 2, nº 1.

DELOZIER, Judith, et John GRINDER (1987). *Turtles All the Way Down: Prerequisites to Personal Genius*, Scotts Valley, Grinder & Associates.

DE ROSNAY, Joël (1995). *Le macroscope: vers une vision globale*, Paris, Éditions du Seuil.

DE SAINT PAUL, Josiane, et Sylvie TENNENBAUM (1995). *L'esprit de la magie*, Paris, InterÉditions.

DILTS, Robert (1983). *Roots of Neuro-Linguistic Programming*, Cupertino, Meta Publications.
— (1996). *Mozart et Disney: stratégies du génie*, Paris, Méridienne et Desclée de Brouwer.
— (1999). *Sleight of Mouth: The Magic of Conversational Belief Change*, États-Unis, Meta Publications.

DILTS, Robert *et al.* (1980). *NLP: The Study of the Structure of Subjective Experience.*

DILTS, Robert, et J. DELOZIER (2000). *Encyclopedia of Systemic Neurolinguistic Programming and NLP New Coding*, 2 vol., Scotts Valley, NLP University Press.

DILTS, Robert, T. HALLBOM et S. SMITH (1991). *Beliefs: Pathways to Health & Well-being*, Portland, Oregon, Metamorphous Press.

DOVERO, M., et E. GREBOT (1995). *Enseigner, former, conseiller avec la PNL*, Paris, ESF Éditeur.

DUBÉ, Louis (1996). *Psychologie de l'apprentissage*, Québec, Presses de l'Université du Québec.

DUFOUR, Michel (1993). *Allégories pour guérir et grandir, recueil d'histoires métaphoriques*, Chicoutimi, Éditions JCL.

ENRIQUEZ, Eugene (1983). *De la horde à l'État. Essai de psychanalyse du lien social*, Paris, Gallimard.

ERICKSON, Milton H. (1983). *Healing in Hypnosis*, vol. 1, New York, Irvington Publishers.

ESSER, Monique (1993). *La PNL en perspective*, Bruxelles, Labor.

FINN, Édouard (1989). *Stratégies de communication, un guide de la P.N.L.*, Boucherville, Éditions de Mortagne.

FLAVELL, J.H. (1976). « Metacognitive aspects of problem solving », dans L.B. Resnick (dir.), *The Nature of Intelligence*, New Jersey, Lawrence Erlbaum Associates.
— (1987). « Speculations about the nature and development of metacognition », dans F.E. Weinert et R.H. Kluwe (dir.), *Metacognition, Motivation and Understanding*, New Jersey, Lawrence Erlbaum Associates, p. 21-29.

GAZZANIGA, Michael (1995). *The Cognitive Neurosciences*, Cambridge, MIT Press.

GOLEMAN, Daniel (1997). *L'intelligence émotionnelle*, Paris, Robert Laffont.

GORDON, David (1978). *Therapeutic Metaphore*, Cupertino, Meta Publications.

GORDON, Thomas (1979a). *Enseignants efficaces*, Montréal, Éditions du Jour.
— (1979b). *De la théorie à la pratique: les parents efficaces se racontent*, Paris, Belfond.

GRAVES, Clare W. (1971). *Levels of Human Existence*, transcription de William R. Lee, Santa Barbara, ECLET Publisher; http://www.clarewgraves.org.

GRINDER, Michael (1991). *Righting the Educational Conveyor Belt*, Portland, Oregon, Metamorphous Press.

HALL, Michael (1996). *The Linguistics of Psychotherapy: How Language Works Psycho-therapeutically*, Grand Jonction, Colorado.

JACOBSON, Sid (1983). *Meta-Cation: Prescriptions for Some Ailing Educational Processes*, 3 vol., Cupertino, Meta Publications.

JAMES, Tad, et Wyatt WOODSMALL (1988). *Time Line Therapy and the Basis of Personality*, Cupertino, Meta Publications.

KELLY, George (1955). *The Psychology of Social Constructs*, 2 vol., New York, Norton.

KORZYBSKI, Alfred (1958). *Science and Sanity: An Introduction to Non-Aristotelian Systems and General Semantics*, Lakeville, États-Unis, The International Non-Aristotelian Library Publishing Company.

LABORDE, Genie (1987). *Influencer avec intégrité: la programmation neurolinguistique dans l'entreprise*, Paris, InterÉditions.

LAFLEUR, France (2000). *L'utilisation du langage transformationnel à l'école*, mémoire de maîtrise, Montréal, Université de Montréal, Faculté des sciences de l'éducation.

LAFONTAINE, Raymond (1996). *Visuels et auditifs: une autre vision du modèle*, Montréal, Trécarré.

LAFORTUNE, L., S. JACOB et D. HÉBERT (2000). *Pour guider la métacognition*, Sainte-Foy, Presses de l'Université du Québec.

LAFORTUNE, L., P. MONGEAU et R. PALLASCIO (1998). *Métacognition et compétences réflexives*, Montréal, Logiques.

LANDINE, J., et J. STEWART (1998). « Relationship between metacognition, motivation, locus of control, self-efficacy and academic achievement », *Canadian Journal of Counselling*, vol. 32 nº 3, p. 200-211.

LAWLEY, J. (automne 1997). « The application of metaprogrammes in the classroom », *Rapport Magazine*, nº 37.
— (2001). http://www.devco.demon.co.uk.

LAWLEY, J., et Penny TOMPKINS (2000). *Metaphors in Mind*, Londres, The Developing Company Press.

LEGENDRE, Richard (1993). *Dictionnaire actuel de l'éducation*, Montréal et Paris, Guérin et Aska.

LEPINEUX, Reine, Nicole SOLEILHAC et Andrée ZERAH (1994). *La programmation neurolinguistique à l'école*, Paris, Nathan.

LLOYD YERO, Judith (octobre 2001). « NLP and education. Part 2: The influence of teachers' beliefs », *Anchor Point Magazine*, vol. 15, nº 10.

MASLOW, Abraham (1962). *Toward a Psychology of Being*, Princeton, New Jersey, Van Nostrand.

MCCLENDON, Terrence L. (1989). *The Wild Days: NLP 1972-1981*, Cupertino, Meta Publications.

MCDERMOTT, Ian, et Joseph O'CONNOR (1997). *Harmonisez votre corps et votre esprit avec la programmation neurolinguistique*, Montréal, Le Jour éditeur.

MCMASTER, Michael, et John GRINDER (1980). *Precision: A New Approach to Communication*, Bonny Doon, Precision Models.

MEHABIAN, Albert, Ferris et Raymond BIRDWHISTLE (1974). « Inference of attitudes from nonverbal communication in two channels », *Journal of Counselling Psychology, Kinesics and Communication.*

MILLER, George (1956). « The magical number seven plus or minus two: Some limits on our capacity for processing information », *Psychological Review*, vol. 63, p. 81-97.

NATIONAL VALUES CENTER (2001). Texas, États-Unis; http://www.spiraldynamics.com.

NOËL, N., M. ROMAINVILLE et J.L. WOLFS (juillet-août 1995). « La métacognition: facettes et pertinence du concept en éducation », *Revue française de pédagogie*, vol. 112, p. 47-56.

O'CONNOR, Joseph (1987). *Not Pulling Strings*, Portland, Oregon, Metamorphous Press.

O'CONNOR, Joseph, et John SEYMOUR (1995). *Introduction à la PNL*, Paris, Vigot.

PALLASCIO, R., et L. LAFORTUNE (2000). *Pour une pensée réflexive en éducation*, Sainte-Foy, Presses de l'Université du Québec.

PALLASCIO, R., Martin BENNY et Johanne PATRY (2001). « Pensée critique et pensée métacognitive », dans P.-A. Doudin, D. Martin et O. Albanese (dir.), *Métacognition et éducation: aspects transversaux et disciplinaires*, Berne, Peter La, p. 31-46.

PATRY, Johanne (2002). *Effets de l'entraînement à la cartographie conceptuelle sur le développement de la métacognition*, thèse de doctorat, Montréal, Université du Québec à Montréal.

PERLS, Frederick S. (1972). *Rêves et existence en gestalt-thérapie*, Paris, Épi éditeurs.

PIAGET, Jean (1926). *La représentation du monde chez l'enfant*, Paris, Alcan.

REIN, Martin (2000). « Primary and secondary reframing. Cybernetics & human knowing: A journal of second-order cybernetics autopoiesis and cyber-semiotics », *Imprint Academic Publisher*, vol. 7, nº 2-3, p. 89-103.

ROBBIE, E. (novembre 2000). « The ordering principle of the meta model of NLP », *NLP World*, vol. 7, nº 3, p. 25-66.

ROONEY, E. (1991). *Metaphores for Metamorphosis*, Reynoldsburg, Ohio, L.E.A.D. Consultants.

ROSENTHAL, Robert *et al.* (1977). « The PONS test: Measuring sensitivity to nonverbal cues », dans P. MCreynolds (dir.), *Advances in Psychological Assessment*, San Francisco, Jessey-Bass.

SATIR, Virginia, John BANMEN, Jane GERBER et Maria GOMORI (1991). *The Satir Model. Family Therapy and Beyond*, Palo Alto, Californie, Science and Behavior Books.

SAUCET, Michael (1987). *La sémantique générale aujourd'hui*, Paris, Éditions Le Courrier du Livre.

THIRY, Alain, et Yves LELLOUCHE (1995). *Apprendre à apprendre avec la PNL*, Bruxelles, De Boeck et Wesmael.

TOMATIS, Alfred (1988). *Les troubles scolaires: comment les vaincre*, Paris, Éditions de la Seine.

VERMERSCH, Pierre (février 1996). « Pour une psychophénoménologie », *GREX*, nº 13.

WATZLAWICK, Paul (1980). *Le langage du changement*, Paris, Éditions du Seuil.
— (1988). *L'invention de la réalité. Contributions au constructivisme*, Paris, Éditions du Seuil.

WATZLAWICK, Paul, J. HELMICK BEAVIN et D.D. JACKSON (1972). *Une logique de la communication*, Paris, Éditions du Seuil.

WATZLAWICK, Paul, et G. NARDONE (2000). *Stratégie de la thérapie brève*, Paris, Éditions du Seuil.

WATZLAWICK, Paul, et J.H. WEAKLAND (1981). *Sur l'interaction, Palo Alto 1965-1974: une nouvelle approche thérapeutique*, Paris, Éditions du Seuil.

WATZLAWICK, Paul, J.H. WEAKLAND et R. FISCH (1975). *Changements, paradoxes et psychothérapie*, Paris, Éditions du Seuil.

WEINBERG, Harry L. (1996). *Puissance et pouvoir des mots: la sémantique générale de Korzybski*, Paris, Édions Le Courrier du Livre.

WITTEZAELE, Jean-Jacques, et Teresa GARCIA (1992). *À la recherche de l'école de Palo Alto*, Paris, Éditions du Seuil.

WITTROCK, M.C. (1986). «Students' thought processes», dans M.C. Wittrock, (dir.), *Handbook of Research on Teaching*, New York, MacMillan, p. 297-314 .

WOODSMALL, Marilyne, et Wyatt WOODSMALL (1998). *People, Pattern, Power: The Nine Keys to Business Success*, Vienne, Woodsmall Publisher.

YEAGER, Joseph (1985). *Thinking about Thinking with NLP*, Cupertino, Meta Publications.

YERRICK, R., H. PARKE et J. NUGENT (1997). «Struggling to promote deeply rooted change: The filtering effet of teachers' beliefs on understanding transformational view of teaching science», *Science Education*, vol. 81, p. 137-159.

Chenelière/Didactique

A APPRENTISSAGE

Accompagner la construction des savoirs
Rosée Morissette, Micheline Voynaud

Au pays des gitans
Un répertoire d'outils pour développer la gestion cognitive de l'attention, de la mémoire et de la planification
Martine Leclerc

Des idées plein la tête
Exercices axés sur le développement cognitif et moteur
Geneviève Daigneault, Josée Leblanc

Déficit d'attention et hyperactivité
Stratégies pour intervenir autrement en classe
Thomas Armstrong

Être attentif... une question de gestion!
Un répertoire d'outils pour développer la gestion cognitive de l'attention, de la mémoire et de la planification
Pierre-Paul Gagné, Danielle Noreau, Line Ainsley

Être prof, moi j'aime ça!
Les saisons d'une démarche de croissance pédagogique
L. Arpin, L. Capra

Intégrer les intelligences multiples dans votre école
Thomas R. Hoerr

La gestion mentale
Au cœur de l'apprentissage
Danielle Bertrand-Poirier, Claire Côté, Francesca Gianesin, Lucille Paquette Chayer
- Compréhension de lecture
- Grammaire
- Mémorisation
- Résolution de problèmes

L'apprentissage à vie
La pratique de l'éducation des adultes et de l'andragogie
Louise Marchand

L'apprentissage par projets
Lucie Arpin, Louise Capra

Le cerveau et l'apprentissage
Mieux comprendre le fonctionnement du cerveau pour mieux enseigner
Eric Jensen

Les intelligences multiples
Guide pratique
Bruce Campbell

Les intelligences multiples dans votre classe
Thomas Armstrong

Les secrets de l'apprentissage
Robert Lyons

Par quatre chemins
L'intégration des matières au cœur des apprentissages
Martine Leclerc

Pour apprendre à mieux penser
Trucs et astuces pour aider les élèves à gérer leur processus d'apprentissage
Pierre Paul Gagné

PREDECC
Programme d'entraînement et de développement des compétences cognitives
Pierre Paul Gagné, Line Ainsley
- Module 1 : Cerveau... mode d'emploi !

Programme Attentix
Gérer, structurer et soutenir l'attention en classe
Alain Caron

Stratégies pour apprendre et enseigner autrement
Pierre Brazeau

Un cerveau pour apprendre
Comment rendre le processus enseignement-apprentissage plus efficace
David A. Sousa

Vivre la pédagogie du projet collectif
Collectif Morissette-Pérusset

C CITOYENNETÉ ET COMPORTEMENT

Citoyens du monde
Éducation dans une perspective mondiale
Véronique Gauthier

Collection Rivière Bleue
Éducation aux valeurs par le théâtre
Louis Cartier, Chantale Métivier
- Les petits plongeons (l'estime de soi, 6 à 9 ans)
- Les yeux baissés, le cœur brisé (la violence, 6 à 9 ans)
- Sois poli, mon Kiki (la politesse, 6 à 9 ans)
- Ah ! les jeunes, ils ne respectent rien (les préjugés, 9 à 12 ans)
- Coup de main (la coopération, 9 à 12 ans)
- Bris et graffitis (le vandalisme, 9 à 12 ans)

Droits et libertés... à visage découvert
Au Québec et au Canada
Sylvie Loslier, Nicole Pothier

Et si un geste simple donnait des résultats...
Guide d'intervention personnalisée auprès des élèves
Hélène Trudeau et coll.

J'apprends à être heureux
Robert A. Sullo

La réparation: pour une restructuration de la discipline à l'école
Diane C. Gossen
- Manuel
- Guide d'animation

La théorie du choix
William Glasser

L'éducation aux droits et aux responsabilités au primaire
Commission des droits de la personne et des droits de la jeunesse du Québec

L'éducation aux droits et aux responsabilités au secondaire
Commission des droits de la personne et des droits de la jeunesse du Québec

Mon monde de qualité
Carleen Glasser

PACTE: Un programme de développement d'habiletés socio-affectives
B. W. Doucette, S. M. Fowler
- Trousse pour 4e à 7e année (primaire)
- Trousse pour 7e à 12e année (secondaire)

Ec ÉDUCATION À LA COOPÉRATION

Ajouter aux compétences
Enseigner, coopérer et apprendre au postsecondaire
Jim Howden, Marguerite Kopiec

Apprendre la démocratie
Guide de sensibilisation et de formation selon l'apprentissage coopératif
C. Évangéliste-Perron, M. Sabourin, C. Sinagra

Apprenons ensemble
L'apprentissage coopératif en groupes restreints
Judy Clarke et coll.

Coopérer pour réussir
Scénarios d'activités coopératives pour développer des compétences
M. Sabourin, L. Bernard, M.-F. Duchesneau, O. Fugère, S. Ladouceur, A. Andreoli, M. Trudel, B. Campeau, F. Gévry
- Préscolaire et 1er cycle du primaire
- 2e et 3e cycles du primaire

Découvrir la coopération
Activités d'apprentissage coopératif pour les enfants de 3 à 8 ans
B. Chambers et coll.

Je coopère, je m'amuse
100 jeux coopératifs à découvrir
Christine Fortin

La coopération au fil des jours
Des outils pour apprendre à coopérer
Jim Howden, Huguette Martin

La coopération en classe
Guide pratique appliqué à l'enseignement quotidien
Denise Gaudet et coll.

L'apprentissage coopératif
Théories, méthodes, activités
Philip C. Abrami et coll.

Le travail de groupe
Stratégies d'enseignement pour la classe hétérogène
Elizabeth G. Cohen

Structurer le succès
Un calendrier d'implantation de la coopération
Jim Howden, Marguerite Kopiec

E ÉVALUATION ET COMPÉTENCES

Comment construire des compétences en classe
Des outils pour la réforme
Steve Bisonnette, Mario Richard

Le plan de rééducation individualisé (PRI)
Une approche prometteuse pour prévenir le redoublement
Jacinthe Leblanc

Le portfolio
Évaluer pour apprendre
Louise Dore, Nathalie Michaud, Libérata Mukarugagi

Le portfolio au service de l'apprentissage et de l'évaluation
Roger Farr, Bruce Tone
Adaptation française: Pierrette Jalbert

Le portfolio de développement professionnel continu
Richard Desjardins

Portfolios et dossiers d'apprentissage
Georgette Goupil
- Vidéocassette

Profil d'évaluation
Une analyse pour personnaliser votre pratique
Louise M. Bélair
- Guide du formateur

G GESTION DE CLASSE

À la maternelle... voir GRAND!
Louise Sarrasin, Marie-Christine Poisson

Apprivoiser les différences
Guide sur la différenciation des apprentissages et la gestion des cycles
Jacqueline Caron

Apprendre... c'est un beau jeu
L'éducation des jeunes enfants dans un centre préscolaire
M. Baulu-MacWillie, R. Samson

Bien s'entendre pour apprendre
Réduire les conflits et accroître la coopération, du préscolaire au 3e cycle
Lee Canter, Katia Petersen, Louise Dore, Sandra Rosenberg

Construire une classe axée sur l'enfant
S. Schwartz, M. Pollishuke

Je danse mon enfance
Guide d'activités d'expression corporelle et de jeux en mouvement
Marie Roy

La multiclasse
Outils, stratégies et pratiques pour la classe multi-âge et multiprogramme
Colleen Politano, Anne Davies
Adaptation française : Monique Le Pailleur

Le conseil de coopération
Un outil pédagogique pour l'organisation de la vie de classe et la gestion des conflits
Danielle Jasmin

L'enfant-vedette (vidéocassette)
Alan Taylor, Louise Sarrasin

Pirouettes et compagnie
Jeux d'expression dramatique, d'éveil sonore et de mouvement pour les enfants de 1 an à 6 ans
Veronicah Larkin, Louie Suthers

Quand les enfants s'en mêlent
Ateliers et scénarios pour une meilleure motivation
Lisette Ouellet

Quand revient septembre...
Jacqueline Caron
- Guide sur la gestion de classe participative (volume 1)
- Recueil d'outils organisationnels (volume 2)

Une enfance pour s'épanouir
Des outils pour le développement global de l'enfant
Sylvie Desrosiers, Sylvie Laurendeau

L LANGUE ET COMMUNICATION

À livres ouverts
Activités de lecture pour les élèves du primaire
Debbie Sturgeon

Attention, j'écoute
Jean Gilliam DeGaetano

Chercher, analyser, évaluer
Activités de recherche méthodologique
Carol Koechlin, Sandi Zwaan

Conscience phonologique
Marilyn J. Adams, Barbara R. Foorman, Ingvar Lundberg, Terri Beeler

De l'image à l'action
Pour développer les habiletés de base nécessaires aux apprentissages scolaires
Jean Gilliam DeGaetano

Écouter, comprendre et agir
Activités pour développer les habiletés d'écoute, d'attention et de compréhension verbale
Jean Gilliam DeGaetano

Histoire de lire
La littérature jeunesse dans l'enseignement quotidien
Danièle Courchesne

L'apprenti lecteur
Activités de conscience phonologique
Brigitte Stanké

L'extrait, outil de découvertes
Le livre au cœur des apprentissages
Hélène Bombardier, Elourdes Pierre

Le français en projets
Activités d'écriture et de communication orale
Line Massé, Nicole Rozon, Gérald Séguin

Le sondage d'observation en lecture-écriture
Mary Clay, Gisèle Bourque, Diana Masny
- Livret Les Roches
- Livret Suis-moi, madame la lune

Le théâtre dans ma classe, c'est possible!
Lise Gascon

Lire et écrire à la maison
Programme de littératie familiale favorisant l'apprentissage de la lecture
Lise Saint-Laurent, Jocelyne Giasson, Michèle Drolet

Lire et écrire en première année... et pour le reste de sa vie
Yves Nadon

Plaisir d'apprendre
Louise Dore, Nathalie Michaud

Une phrase à la fois
Brigitte Stanké, Odile Tardieu

P PARTENARIAT ET LEADERSHIP

Avant et après l'école
Mise sur pied et gestion d'un service de garde en milieu scolaire
Sue Tarrant, Alison Jones, Diane Berger

Communications et relations entre l'école et la famille
Georgette Goupil

Devoirs sans larmes
Lee Canter
- GUIDE À L'INTENTION DES PARENTS POUR MOTIVER LES ENFANTS À FAIRE LEURS DEVOIRS ET À RÉUSSIR À L'ÉCOLE
- GUIDE POUR LES ENSEIGNANTES ET LES ENSEIGNANTS DE LA 1re À LA 3e ANNÉE
- GUIDE POUR LES ENSEIGNANTES ET LES ENSEIGNANTS DE LA 4e À LA 6e ANNÉE

Enseigner à l'école qualité
William Glasser

Le leadership en éducation
Plusieurs regards, une même passion
Lyse Langlois, Claire Lapointe

Nouveaux paradigmes pour la création d'écoles qualité
Brad Greene

Pour le meilleur… jamais le pire
Prendre en main son devenir
Francine Bélair

S SCIENCES ET MATHÉMATIQUES

Calcul en tête
Stratégies de calcul mental pour les élèves de 8 à 12 ans
Jack A. Hope, Barbara J. Reys, Robert J. Reys

Cinq stratégies gagnantes pour l'enseignement des sciences et de la technologie
Laurier Busque

De l'énergie, j'en mange!
Alimentation à l'adolescence : information et activités
Carole Lamirande

Question d'expérience
Activités de résolution de problèmes en sciences et en technologie
David Rowlands

Sciences en ville
J. Bérubé, D. Gaudreau

Supersciences
Susan V. Bosak
- À LA DÉCOUVERTE DES SCIENCES
- L'ENVIRONNEMENT
- LE RÈGNE ANIMAL
- LES APPLICATIONS DE LA SCIENCE
- LES ASTRES
- LES PLANTES
- LES ROCHES
- LE TEMPS
- L'ÊTRE HUMAIN
- MATIÈRE ET ÉNERGIE

T Technologies de l'information et des communications

La classe branchée
Enseigner à l'ère des technologies
Judith H. Sandholtz et coll.

La classe multimédia
A. Heide, D. Henderson

L'ordinateur branché à l'école
Du préscolaire au 2e cycle
Marie-France Laberge, Louise Dore, Nathalie Michaud

L'ordinateur branché à l'école
Scénarios d'apprentissage
Marie-France Laberge

Regard critique et pédagogique sur les technologies de l'information et de la communication
Claire IsaBelle

POUR PLUS DE RENSEIGNEMENTS OU POUR COMMANDER, COMMUNIQUEZ AVEC NOTRE SERVICE À LA CLIENTÈLE AU **(514) 273-8055.**

Chenelière/McGraw-Hill
7001, boul. Saint-Laurent
Montréal (Québec)
Canada H2S 3E3
Téléphone : (514) 273-1066
Télécopieur : (514) 276-0324
chene@dlcmcgrawhill.ca